Mysterien des Lebens

Die Liebe zu träumen, heißt alles zu träumen;
es ist die Unendlichkeit des Glücks, das Mysterium der Lust.
Gustave Flaubert

Saleem Matthias Riek

Mysterien des Lebens

Wie uns Liebe, Eros und Bewusstsein verwandeln

Bibliografische Information der Deutschen Nationalbibliothek:
Die Deutsche Nationalbibliothek verzeichnet diese Publikation in der Deutschen Nationalbibliografie; detaillierte bibliografische Daten sind im Internet über http://dnb.dnb.de abrufbar.

© 2016 Saleem Matthias Riek

Lektorat und Korrektorat: Alaka Susanne Harkort
Titel © Pjotr Marcinski, fotolia
Fotos fotolia S.44 © marianorb S.155 © Nadezhda Sundikova, S.90 Clipdealer
Covergestaltung und weitere Fotos: © Saleem Matthias Riek

Herstellung und Verlag: BoD – Books on Demand, Norderstedt
ISBN: 978-3-7412-4006-5

Inhalt

1.	Was ist uns wirklich wichtig im Leben?	7
2.	Das Mysterium klopft an	11
3.	Kostbarkeiten des Körpers	15
4.	Vertrauen in sexuelle Impulse	22
5.	Sexuelle Identität	28
6.	Sexuelle Fantasien – Gleichnisse mystischer Ekstase	37
7.	Unwahrscheinlich erotisch	45
8.	Jenseits der Geschlechterklischees	52
a)	*Männer entdecken ihre Vielfalt*	*52*
b)	*Frauen finden zu ihrem Begehren*	*58*
9.	Der lustvolle Tanz zwischen Ziel und Zyklus	65
10.	Die Illusion erotischer Einvernehmlichkeit	72
11.	Heiliger Sex in ritueller Vereinigung	79
12.	Durch Sex zur Erleuchtung	87
13.	Stufen der Liebesfähigkeit – eine Heldenreise	95
14.	Liebe und Selbstliebe	103
15.	Wie Wahrheit Lust und Liebe beflügelt	109
16.	Die Logik der Liebe	117
17.	Wünschen und loslassen	123
18.	Mutig intim	126
19.	Das Geschenk der Ohnmacht	132
20.	Werte, Fluch und Segen	138
21.	Die Magie des Augenblicks	148

22.	Das Leben annehmen	154
23.	Glauben, wissen, erfahren	159
24.	Regressive Idealisierung	166
25.	Tore in höheres Bewusstsein	175
26.	Sex im Kopf	183
27.	Einfach sein	191
Autor, Kontaktadresse		194
Interview		195
Anmerkungen		197

1. Was ist uns wirklich wichtig im Leben?

Manche Menschen stellen sich diese Frage erst dann, wenn das Leben dem Ende entgegengeht. Doch wenn du dieses Buch in die Hand nimmst, gehörst du möglicherweise zu den Menschen, die damit nicht so lange warten wollen.

„Das Leben ist kein Problem, das gelöst werden muss, sondern ein Mysterium, das gelebt werden will". Dieser Satz wird dem indischen Mystiker Osho zugeschrieben, gehört aber in einer anderen Variante – indem das Wort Mysterium durch das Wort Abenteuer ersetzt wird – zu den beliebtesten Postkartenweisheiten.

Abenteuer haben mit Mysterien gemeinsam, dass sie sich vom schnöden Alltag unterscheiden, eine besondere Erlebnisqualität besitzen und eine Reise ins Unbekannte darstellen, mit ungewissem Ausgang. Darüber hinaus bezeichnet Mysterium (von griechisch „mysterion" für kultische Feiern mit einem geheim bleibenden Kern) einen Sachverhalt, der sich eindeutiger Beschreibung und Erklärbarkeit entzieht. Wir haben es hier also mit einem Geheimnis zu tun.

Auch wenn die Wissenschaft unaufhaltsam dabei voranschreitet, die Geheimnisse des Lebens zu entschlüsseln, darf doch bezweifelt werden, dass dieses Ansinnen jemals von endgültigem Erfolg gekrönt wird.

Zumindest wünsche ich mir das, denn es ist gerade das Geheimnisvolle des Lebens, das uns staunen lässt und uns Gelegenheit gibt, über unsere persönlichen Begrenzungen hinaus vom Leben ergriffen zu sein. Das kann unter einem Sternenhimmel sein, in wilder Natur oder am Strand, im Angesicht der Weite des Ozeans. Das kann bei der Geburt eines Babys sein, im Augenkontakt mit einem geliebten Menschen oder in der Ekstase eines Orgasmus. Es kann sich beim Lesen eines Buches, beim Betrachten eines Gemäldes oder beim Hören eines Musikstückes einstellen. Allerdings auch in Krisen, bei Krankheit, Katastrophen und im Angesicht des Todes.

Vom Leben ergriffen sind wir meistens nur für kurze Momente, die uns allerdings wie eine Ewigkeit vorkommen können. Diese Momente entziehen sich einer Reproduzierbarkeit. Genau das macht unter anderem ihren Reiz aus. Dennoch können uns diese besonderen Augenblicke im Leben einiges darüber mitteilen, was uns wirklich wichtig ist im Leben.

Wenn wir auf das Verhalten der meisten Menschen in unserer Kultur schauen, dann scheinen es Dinge wie materieller Wohlstand, Sicherheit, Erfolg, Anerkennung, schneller Genuss oder gar Macht zu sein, um die es im Leben geht. Wenn wir berücksichtigen, was wir uns gegenseitig gerne zum Geburtstag wünschen, dann kommen Gesundheit, Freude, Glück, Zufriedenheit und Gelassenheit dazu. Schauen wir auf die Suchbegriffe im Internet, dann stehen auch Sex, Liebe und Partnerschaft ganz oben auf der Prioritätenliste. Wenn wir zusätzlich berücksichtigen, was die meisten Menschen auf dem Sterbebett bereuen, nicht getan zu haben, dann geht es weniger um Arbeit, sondern um Treue zu sich selbst, um Gefühle und Freundschaft sowie Gelegenheiten, sich einfach des Lebens zu freuen.

Wie wir uns am besten am Leben erfreuen, ist nun wiederum ein Geheimnis. Es ist ähnlich wie mit der Suche nach dem Glück. Je mehr und je dringender wir danach suchen, desto mehr entzieht es sich unserem Zugriff. Wer noch tiefer forscht, stößt auf weitere Phänomene, die uns im Laufe des Lebens wichtig werden können: Sinn, Wirksamkeit und Kreativität, aber auch Loslassen, ungetrübtes Bewusstsein oder gar Erleuchtung.

Ich möchte in diesem Buch dazu anregen, die Frage „Was ist mir wirklich wichtig" im Inneren zu bewegen, ohne sie gleich beantworten zu wollen. Schnelle Antworten können hier nur Täuschungen sein und führen früher oder später zur Enttäuschung. Stattdessen lade ich dich, liebe Leserin, lieber Leser, dazu ein, die Frage schwingen zu lassen, frei dazu zu assoziieren und neugierig gespannt zu erleben, welche Wirkung diese Frage hat, wenn sie innerlich Raum und Atem bekommt.

Meine persönlichen Präferenzen – sowohl privat als auch beruflich – liegen im Bereich von Lust und Liebe, von Intimität und Bewusstsein. Davon ist auch dieses Buch geprägt, doch diese Themen weisen über sich selbst hinaus. Was wir im Sex und in der Liebe erleben, mit was wir in unseren nahen Beziehungen konfrontiert sind und wie wir bewusst mit den Wechselfällen, der Unberechenbarkeit und der Widersprüchlichkeit des Lebens umgehen, das hat Konsequenzen und spiegelt sich in jedem Bereich unseres Lebens. Viele Überlegungen, Erfahrungen und Perspektiven, die du in diesem Buch findest, kannst du also gerne auf ganz andere Fragestellungen und Situationen übertragen, die für dich persönlich relevant sind.

Die meisten der nachfolgenden Kapitel sind vollständig überarbeitete Texte, die bereits früher erschienen sind, die meisten in der inzwischen eingestellten Zeitschrift „Connection Spirit". Thematisch bewegen wir vom Eros über die Liebe zu Phänomenen des Bewusstseins. Du kannst sie dennoch in beliebiger Reihenfolge lesen, denn jedes Kapitel steht für sich. Bei der Überarbeitung habe ich allerdings festgestellt, dass sich ein roter Faden durch alle Texte hindurchzieht, der mir beim Schreiben nicht bewusst war. Er besteht aus meiner Faszination für das Geheimnisvolle, das sich unserem Wissen entzieht und das wir mit dem Verstand nur annäherungsweise begreifen können. Es stellt sich aber in unserem Erleben als entscheidend heraus, wenn wir voll und ganz am Leben teilnehmen und dies auch spüren wollen. Darauf werden wir immer wieder zu sprechen kommen. Das Geheimnisvolle nenne ich die Mysterien des Lebens.

Die Mysterien des Lebens zeigen sich auf verschiedenen Gebieten. Wie gesagt erforsche ich sie am liebsten auf dem Terrain von Lust und Liebe. Diesen beiden höchst delikaten Phänomenen werden wir uns mit besonderer Intensität zuwenden. Wir staunen über unseren Körper sowie dessen Erotik und Sexualität, wir gehen unseren sexuellen Impulsen und Fantasien nach und fragen uns, wer wir als sexuelle Wesen eigentlich sind. Wir gehen erotische Risiken ein und untersuchen, welche Auswirkung unser Frau- bzw. Mannsein auf unser Liebesleben hat.

Die Erforschung unserer Liebesfähigkeit umfasst die Selbstliebe genauso wie die Intimität mit anderen Menschen. Von dort aus ist es nicht mehr weit, uns mit unseren Wünschen, mit der Magie des Augenblicks, mit unseren Werten, mit unseren Widersprüchen und mit unserem Verständnis von Wahrheit zu befassen, von wo aus wir zu der Frage zurückkehren, was uns wirklich wichtig ist im Leben.

Meine Perspektive auf das Leben ist vom Tantra inspiriert. Aus tantrischer Sicht ist das Leben ein unüberschaubares Gewebe, in dem alles mit allem verbunden ist. Wir dürfen das Leben ganz und gar undogmatisch in allen seinen Aspekten feiern.

Damit ist keine oberflächliche Feierlaune gemeint, sondern die tiefe Hinwendung zu genau dem, worum es in diesem Buch gehen soll: um die Geheimnisse, um die Mysterien, um die Essenz aller Existenz. Um die Qualitäten des Seins also, die uns staunen lassen und uns motivieren, uns neugierig auf das Abenteuer einzulassen, das wir in die Wiege gelegt bekommen haben. Unser Leben.

Saleem Matthias Riek   Freiburg im Breisgau im Mai 2016

2. Das Mysterium klopft an

Lust und Liebe können uns beglücken, aber auch in den Wahnsinn treiben. Wie wir unser Glück darin finden, Schmerz und Qualen jedoch meiden, damit beschäftigt sich die Menschheit seit Menschengedenken, allerdings ohne eine allgemeingültige und zugleich praktikable Lösung gefunden zu haben. Dabei klingen viele Lösungsversuche auf den ersten Blick durchaus vielversprechend. Hier ein paar Beispiele:

- Die Angst vor Bindung überwinden wir, indem wir uns voll und ganz auf einen Partner einlassen.
- Sexuelle Anziehung dauert nicht ewig, sie ist ihrer Natur nach frei, also verzichten wir besser auf lebenslange Treue.
- Eifersucht können wir überwinden, indem wir unsere Besitzansprüche loslassen.
- Sex wird umso besser, je weniger wir uns von oberflächliche Reize ablenken lassen und je tiefer wir uns verbindlich einlassen.

Alle Lösungsansätze klingen zunächst plausibel. Aber sie widersprechen sich. Genau darauf möchte ich die Aufmerksamkeit richten. Wir könnten die Widersprüchlichkeit zunächst dadurch entschärfen, dass die genannten Lösungsvorschläge stets persönlich zu verstehen sind. Was für den einen gilt, muss mitnichten für jemand anderen hilfreich sein. Aber dann wartet schon ein neues Problem, das wir wohl alle zur Genüge kennen: Wir „paaren" uns oft so, dass unsere Lösungsansätze (wir können sie auch „Konditionierungen" oder einfach „Vorlieben" nennen) zumindest teilweise diametral denen unseres Partners entgegenstehen.

Martina denkt daran, sich von Sven zu trennen. Sie ist fassungslos – hatte sie ihm doch so gerne geglaubt, seine Bindungsängste überwunden zu haben. Nun hat er sich schon wieder neu verliebt und „geht mit seiner Energie", wie er das nennt. Sie spürt einfach nur Hass.

Petra fühlt sich frustriert. Sie hat zusammen mit Leo ein Tantratraining begonnen, um wieder mehr Erotik und Sex miteinander zu leben. Aber Leo steht jetzt leider noch klarer dazu, dass er eben manchmal keine Lust hat und sich da „nie mehr unter Druck setzen lässt". So war das nicht gedacht.

Solche Erfahrungen sind schmerzhaft, können uns verzweifeln lassen und verführen uns dazu, weiter nach Lösungen zu suchen – wenn wir nicht resignieren wollen. Eine ganze Bibliothek von Ratgebern lockt uns mit Titeln wie „Die 7 Glücksregeln" oder „So gelingt die Liebe!" Vielleicht hat ja doch einer das Ei des Kolumbus gefunden und verkündet das große Geheimnis in Millionenauflage? Ist es nicht endlich an der Zeit, die Mysterien des Lebens zu entschlüsseln?

Diese Frage ist ein guter Moment um innezuhalten. Wie wäre es – anstatt nach Lösungen zu suchen, um die Widersprüche des Liebeslebens zu überwinden – uns mitten ins Mysterium des Lebens hinein zu begeben? Wir werden die Geheimnisse des Lebens womöglich niemals ganz begreifen und niemals alle Probleme lösen. Und doch werden wir es immer wieder versuchen – solange wir unsere tiefen Sehnsüchte nicht verraten.

Mancher würde gerne dem Satz zustimmen: In Sex und Liebe können wir das Leben feiern, so wie es ist. Aber meinen wir damit wirklich das Leben, wie es ist oder nicht doch eher unsere Vorstellung davon, wie wir es gerne hätten? Meinen wir auch unsere Angst vor Zurückweisung, unseren Schmerz der letzten Trennung, unsere manchmal unstillbare Bedürftigkeit oder unseren zeitweiligen inneren Zwang, uns abzugrenzen?

Wenn wir innehalten und etwas Abstand gewinnen, können wir leichter erkennen: Zum Leben gehören auch Hindernisse. Sexuelle Anziehung will nicht immer so, wie wir wollen. Auch bedingungslose Liebe konfrontiert uns früher oder später mit Bedingungen, die bedingungslos anzunehmen uns alles abverlangt – und überfordert. Wir scheitern. Gehört auch das zum Leben? Ist gar gerade das eine Einweihung in die Mysterien des Lebens?

Meine tantrische Reise begann mit einer Illusion. Eine Welt voller Lust und Liebe tat sich auf, und ich war begeistert und beseelt von der Vorstellung, dass ich Sex haben kann, soviel ich will (und dass er immer besser wird, multiorgasmisch!), dass ich potenziell jeden lieben kann, ohne jede Einschränkung, und dass Liebe meine wahre Natur ist. Nie werde ich vergessen, wie meine erste Tantragruppe, die anfangs aus wahren Monstern bestand, sich in lauter liebenswerte Geschöpfe verwandelte. Ich verstand: Es liegt alles an mir. Wenn ich mit dem Herzen schaue, ist jede und jeder einfach nur schön und liebenswert. Sogar ich selbst!

Ich war mir sicher, wir werden es alle begreifen, eines Tages sind wir alle in dieses Geheimnis eingeweiht, und wir erleben den Himmel auf Erden. Alles nur eine Frage der Zeit!

Aber wie viel Zeit? Warum spielt mein Alltag nicht so ganz mit? Warum bringt mich meine Partnerin immer noch manches Mal auf die Palme? Warum habe ich manch-

mal Angst, ihr meine intimsten Bedürfnisse mitzuteilen? Warum fühle ich mich immer wieder – nach 30 Jahren innerer Entwicklung! – ganz am Anfang? „Zen-Geist, Anfängergeist!" beruhigt mich mein spirituelles Ego. Vielleicht steht es ja gar nicht so schlecht um mich. Aber geht es hier überhaupt um mich?

Hier geht es um uns alle. Uns Menschen verbindet unsere Widersprüchlichkeit. Wir alle tragen das Potenzial für wirklich große Liebe in uns, genauso wie für ekstatischen Sex. Ebenso menschlich ist es allerdings, Angst zu haben, zu scheitern und zu verzweifeln. Wie wäre es, wenn wir das alles als das Leben annehmen? Ich plädiere nicht dafür, die unerfreulichen, manchmal auch schrecklichen Aspekte unseres Erlebens zu verharmlosen. Es liegt nahe, dass wir diese verändern wollen. Zugleich jedoch ahnen wir, dass aus einer bestimmten Perspektive alles gut so ist, wie es ist. Inklusive der Stimme in uns, die lauthals dagegen protestiert.

Diese Widersprüchlichkeit an uns heran zu lassen und sie wirklich zu erleben, ist ein Sprungbrett in Sphären jenseits unseres Verstandes, jenseits aller Lösungsversuche. Inmitten der Spannbreite der Polaritäten des Lebens – Mann und Frau – Liebe und Sex – Treue und Freiheit – Einssein und Anderssein – pulsiert das Leben und lächelt milde über unsere „Problemlösungsversuche". Es schlägt manchmal auch hart zu, wenn wir mit unseren (End-)Lösungen unseren Partner, unsere Umgebung oder gar die ganze Menschheit beglücken wollen. Mysterien sind paradox. Unser Verstand kann in der Auseinandersetzung mit ihnen lernen, loszulassen und seine eigenen Grenzen zu akzeptieren. So lässt er dich frei zu springen. Mitten hinein in das Mysterium, das wir Leben nennen.

Liebe und Sex sind Urkräfte und Wegweiser in ein erfüllendes Leben. Sie konfrontieren uns aber auch mit der Widersprüchlichkeit des Lebens, die sich in Polaritäten wie Treue und Freiheit offenbart. Indem wir Widersprüchlichkeit an uns heranlassen, öffnen wir uns für die Mysterien unserer Existenz.

---

*Was widersprüchlich erscheint
vermag uns zu verwandeln*

3. Kostbarkeiten des Körpers

Unser Körper ist die Harfe unserer Seele. (Khalil Gibran)

Was den eigenen Körper betrifft, sind die meisten Menschen froh, wenn er einigermaßen gesund ist. Krankheit kann unsere Teilnahme am Leben arg in Mitleidenschaft ziehen. Aber was bedeutet uns unser Körper darüber hinaus? Trainierst du ihn, um fit zu bleiben? Pflegst du ihn, um gut auszusehen? Was tust du, um dich im Körper wohl zu fühlen?

In Gesundheit, Attraktivität und Wellness erschöpft sich in unserer Kultur weitgehend das Interesse am Körper. Aber nein, da fehlt ja noch was: Sex. Im Sex soll uns der Körper die höchste Wonne bescheren, mit dem körperlichen Alltag hat das in der Regel allerdings nichts zu tun. So begegnen wir auch noch der Fähigkeit des Körpers, uns aus allerlei Illusionen zurück auf den Boden der Tatsachen zu holen. „Der Körper lügt nicht", heißt es. Dafür wird er allerdings kaum geschätzt. Meistens werden die Signale des Körpers nicht als Botschaften verstanden, sondern als Symptome bekämpft.

Die medizinische Forschung versucht, den Körper bis in seine subtilsten Strukturen und Mechanismen zu entschlüsseln. In seiner Tiefe bleibt er aber – zum Glück – voller Wunder und Geheimnisse. Diese Geheimnisse haben weniger mit Physiologie, Biochemie oder Genetik zu tun, sondern mit dem subjektiven Erleben unseres Körpers. Dieses ist der Ausgangspunkt für seine spirituelle Dimension. Den Körper als Mysterium, als Ausdruck unserer Essenz oder als Erlebnismöglichkeit göttlicher Schöpfung zu begreifen, eine solche Betrachtungsweise ist unserer Kultur weitgehend fremd.

Kürzlich wies mein Yogalehrer darauf hin, dass die Yogapraxis – im Unterschied zu den meisten anderen spirituellen oder religiösen Praktiken – den Körper als spirituelles Werkzeug zu würdigen wisse und lehre, ihn wie einen Tempel zu behandeln. „Der Körper ist der Tempel der Seele", heißt es ja auch im Tantra. Mich stellt diese Redewendung nicht ganz zufrieden, denn auch in ihr kommt eine Verdinglichung zum Ausdruck. Der Körper wird immer noch instrumentalisiert, er ist ein Gebäude, ein heiliges zwar, aber doch nicht selbst lebendig. Die mystische, wirklich spirituelle Dimension des Körpers wird auf diese Weise durch den Haupteingang eingeladen und durch die Hintertür wieder entsorgt.

Auch in der Tantraszene ist das Verhältnis zum Körper in der Tiefe ungeklärt, obwohl Tantra sicher als eine der körperfreundlichsten spirituellen Lehren gelten darf. In seiner heute im Westen praktizierten Version läuft es zuweilen auf eine

Ausbeutung von Lust, sexueller Energie und Ekstase hinaus. Denn auch wenn wir höchste Wonnen durch unseren Körper erfahren: Würdigen wir ihn damit in dem, was er wirklich ist, in *allen* seinen Facetten?

Wenn wir uns einen Moment daran erinnern, was für ein unglaubliches Wunderwerk unser Körper Tag für Tag vollbringt, und das meiste davon, ohne dass wir davon etwas ahnen, dann … ja was dann? Der Lyriker Christian Morgenstern nennt den Körper „den Übersetzer der Seele ins Sichtbare". Sind wir selbst dieses Wunder, ohne es zu ahnen? Werden wir uns unserer selbst erst durch unseren Körper wirklich bewusst?

Der geheimnisvollen Dimension des Körpers möchte ich mich mit der Frage nähern: Haben wir einen Körper oder sind wir unser Körper? Und welche Konsequenzen hat die eine oder die andere Perspektive?

Das ist keine akademische Frage. Unsere Antwort auf diese Frage hat vielfältige Konsequenzen, insbesondere auch für unser Verständnis von Ursache und Wirkung, also dafür, was wie wirkt in unserem Leben, und ist daher von größter Bedeutung für unsere alltägliche Lebensgestaltung.

Zwei Laborratten tauschen ihre Trainingserfahrungen miteinander aus. Sagt die eine stolz zur anderen: „Ich habe meinen Experimentator gut trainiert: Jedes Mal, wenn ich auf diesen Knopf hier drücke, gibt er mir ein Körnchen Getreide."

Im Verhältnis zu unserem Körper sind wir möglicherweise ähnlich naiv wie die Ratte. Während nach gängiger schulmedizinischer Lehrmeinung der Körper als ein vom Bewusstsein weitgehend unabhängiger Organismus betrachtet und auch entsprechend behandelt wird, hat sich in den meisten alternativen Heilsystemen die Erkenntnis durchgesetzt, dass zwischen Körper und Geist eine enge Wechselbeziehung besteht. Aber wie sieht diese genau aus?

Meine Entdeckungsreise zu mir selbst begann vor ca. 30 Jahren in einer Körpertherapiegruppe. Dort lernte ich vor allem: „Du bist dein Körper!" Das half mir, ihn viel intensiver zu spüren. Es brachte mich meinen Gefühlen wesentlich näher und bescherte mir auch Erlebnisse jenseits einer bis dahin fast hermetisch abgeriegelten Welt aus lauter Gedanken. Ich kam „aus dem Kopf raus", wie es hieß, und ich bekam eine ehrfürchtige Ahnung davon, dass es weit mehr gibt im Leben als das, was ich mir ausdenken kann. Das alles besaß große Überzeugungskraft.

Viele spirituelle Schulen lehren jedoch das genaue Gegenteil: „Du bist nicht dein Körper! Du bist ein geistiges Wesen, das eine irdische Erfahrung macht!" Indem wir lernen, uns nicht mehr mit dem Körper zu identifizieren, überwinden wir die Vergänglichkeit des physischen Körpers und erfahren die Weite und Freiheit unseres wahren Wesens, heißt es hier. Mir persönlich half diese Sichtweise, mich von so mancher inneren Fixierung aufs Materielle zu lösen. Und auch Berichte von Nahtod- und außerkörperlichen Erlebnissen weisen darauf hin, dass da etwas Wahres dran ist. Bewusstsein ist ein grenzenloses Feld und nicht an das physische Gehirn gebunden.

Dennoch, die Konsequenzen, die aus dem Primat des Geistes gezogen werden, finde ich nicht immer überzeugend. Zum Glück gelten körperliche Freuden heute nicht mehr als Sünde, obwohl uns Reste dieser kirchlichen Propaganda noch immer in den Knochen stecken. Aber welche Haltung zum Körper transportiert bewusst oder auch unbewusst beispielsweise die Lehre des Advaita? Deren wichtigster Guru, Ramana Maharshi, auf den sich die Anhänger des Advaita berufen, konnte sein Bewusstsein so weit vom Körper lösen, dass es ihm nichts auszumachen schien, von Maden angefressen zu werden. Ist das ein Zeichen fortgeschrittener Verwirklichung oder von Dissoziation, von Abspaltung? Oder gar von beidem?

Ich habe auf diese Fragen keine eindeutige Antwort. Vielleicht liegt genau darin die Antwort. Unser Verhältnis zu unserem Körper öffnet uns für eine mystische Dimension, wenn wir beides gelten lassen: Wir sind unser Körper und wir sind es auch nicht. Es stimmt beides. Es stimmt aber auch, dass nicht beides gleichermaßen zutreffen kann. Wir machen es uns zu einfach, wenn wir dies nur abnicken, weil es gut und weise klingt. Es muss unseren Verstand aus der Bahn werfen, sonst ist es noch gar nicht bei uns angekommen. Die Beziehung zwischen Körper und Geist ist so etwas wie unser Koan, ein Nussknacker für die Bollwerke unserer Glaubenssätze, ein weiser Lehrmeister, der uns Menschen, die wir so stolz auf unseren Verstand sind, Demut lehren kann. Sind wir möglicherweise nicht viel schlauer als die oben zitierte Ratte, die davon ausgeht, sie habe alles unter Kontrolle?

Die Demut, oder wir könnten auch sagen der staunende Respekt, den wir dem Körper entgegenbringen, zeichnet sich durch drei Kostbarkeiten aus, die uns aus der Eindimensionalität im Verhältnis zu unserem Körper befreien können: Einzigartigkeit, Mehrdeutigkeit und Hingabe.

1. **Einzigartigkeit**. Die Schulmedizin eignet sich als Anschauung dafür, wie körperliche Symptome nicht in ihrer einzigartigen Qualität verstanden, sondern auf ihre Regeln und Muster reduziert werden. Um als Heilverfahren oder Medikament von den Krankenkassen anerkannt zu werden,

muss erst in „Doppelblindstudien" – Nomen est Omen! – bewiesen werden, dass die Heilwirkung reproduzierbar ist. Kaum jemand scheint bis heute auf die Idee gekommen zu sein, dass sich echte Heilung der Reproduzierbarkeit grundsätzlich entziehen könnte. Auch alternative Heilsysteme verbiegen sich oft bis zur Unkenntlichkeit, um wissenschaftliche Anerkennung zu bekommen, anstatt die Prämissen in Frage zu stellen. Echte Heilung scheint mir nur möglich, wenn „Behandler" und „Patient" sich auf die Einzigartigkeit einstimmen, die Regeln und Muster nicht ausschließt, aber über sie hinausgeht.

Manche spirituellen Lehrer sitzen einem ähnlichen Irrtum auf, wenn sie ihre eigenen Erfahrungen zum Modell und zum Maßstab für die Entwicklung ihrer Schüler machen. Nicht selten hören wir von einer existenziellen Krise oder sogar von einem Nahtoderlebnis, das dem Erwachen des Lehrers voranging. In den Teachings klingt es dann aber zuweilen so, als seien durch gezielte Praxis solche Krisen zu vermeiden oder zumindest zu entschärfen. Was aber, wenn die existenzielle Krise genau das Tor wäre, durch das wir zu unserer Einzigartigkeit finden? In unseren ganz eigenen Körper zu lauschen kann uns gegen allzu stereotype spirituelle Heilsversprechen immunisieren und uns für das Staunen öffnen.

2. Die vielfältigen und erstaunlichen Botschaften unseres Körpers sind alles andere als eindeutig. Wer Schokolade mag, weiß: Was uns spontan Genuss bereitet, kann langfristig durchaus schaden. Die Mysterien des Körpers erschließen sich uns erst dann, wenn wir uns für seine **Mehrdeutigkeit** öffnen. Der rationale Verstand mag das gar nicht. Wir würden am liebsten – und daran orientiert sich ja wiederum die traditionelle Medizin, aber durchaus auch alternative Heilkunde und Psychosomatik – für jedes Symptom das eindeutig richtige Heilmittel verordnet bekommen. Das wäre wohl praktisch, aber eben auch banal. Unendliche Listen von Nebenwirkungen in Beipackzetteln weisen untrüglich darauf hin, dass die Rechnung nicht aufgeht und der Körper eben doch keine Maschine ist, deren Reparatur im Handbuch nachzuschlagen wäre.

Die Seele spielt bei einseitiger Einflussnahme auf das materielle, körperliche Geschehen nicht mit, zum Glück. Bei Krankheiten nur auf den Körper Einfluss nehmen zu wollen, ohne Geist und Seele zu berücksichtigen, ist eigentlich – um es mal drastisch zu sagen – wissenschaftlich betriebener Seelenmord. Nur auf die geistige Entwicklung zu achten, den Körper dabei entweder gleich ganz zu missachten, ihn für die seelische Entwicklung zu funktionalisieren oder ihn lediglich als Spiegel unserer Gedanken und Überzeugungen zu verstehen, erscheint mir allerdings genauso einseitig.

Auch darin zeigt sich eine subtile Abwertung des Körpers. Außerdem billigen wir ihm so kein eigenes Vergnügen, kein eigenes Wollen und Begehren zu. Ich finde beispielsweise die im Buddhismus verbreitete Ansicht grausam, dass Begehren eine der Hauptquellen für menschliches Leid sei und wir es am besten baldmöglichst überwinden mögen. Begehren ist eine Quelle himmlischer Erfahrungen – auch und gerade im Körper.

3. Begehren ist allerdings nicht das Gleiche wie die Fixierung auf das Objekt der Begierde (und vielleicht ist letzteres im Buddhismus gemeint?). Reines Begehren lässt uns erschauern. Unser begehrender Körper lässt uns vibrieren und pulsieren. Er verlangt nach nichts weiter als nach unserer Hingabe an unsere Empfindungen. **Hingabe** ist die dritte Kostbarkeit, für die wir uns durch Präsenz im Körper öffnen können.

Unseren Körper zu fühlen, gefällt uns nicht immer. Er kann sich angespannt, müde oder schmerzhaft anfühlen. Er kann sich aber auch so gut anfühlen, dass es fast wehtut wie unmittelbar vor einem intensiven Orgasmus. Je mehr wir uns dem hingeben, desto mehr gefällt es uns. Vielleicht so sehr, dass wir dafür vieles – oder gar alles? – aufgeben bereit sind.

Im medizinischen Alltag verbirgt sich die Hingabe – meist unbewusst – im Placebo-Effekt. So wird der heilsame Effekt einer Medikation genannt, in der ohne Wissen des Patienten kein Wirkstoff enthalten ist. Was wirkt dann also, wenn in der Pille „nichts drin" ist? „Es wird mir gefallen", heißt „Placebo" wörtlich, und zwar nicht unbedingt sofort – die Medizin kann ja bitter schmecken – aber dafür umso nachhaltiger. Das hat viel mit Vertrauen zu tun. Es ist allerdings nachhaltig bitter, dass die Medizin diesen Effekt bislang so geringschätzt, wodurch er weitgehend dem Zufall überlassen bleibt. Allerdings gibt es erste Ansätze, die Placebo-Wirkung näher zu erforschen und bewusst für Heilung einzusetzen. Genau genommen ist handelt es sich um eine Form von Geistheilung. Dabei bleibt der Patient aber so lange unmündig, solange die Wirkung durch bewusste Fehlinformation oder Suggestion erzielt wird.

Religionen und spirituelle Lehren setzen – so könnte man meinen – den Placebo-Effekt bewusst und systematisch ein: „Dein Glaube hat dich geheilt!" heißt es dort. Aber auch hier bleibt die Hingabe blind, die Verantwortung wird an Lehrer, Priester oder Gurus abgegeben – mit allen Gefahren bis hin zum Missbrauch. Die unmittelbare Körperwahrnehmung wird meist ausgeblendet. Aber gerade unsere fühlende Präsenz im Körper kann spiritueller Hingabe ein solides und eigenverantwortliches Fundament geben. Denn unseren Körper fühlen und seine Signale verstehen lernen, das können wir am besten selbst.

Diese drei Kostbarkeiten – und bestimmt noch einige mehr – können uns für das Mysterium sensibilisieren, das unsere körperliche Existenz offenbart. Kommen wir zurück zu unseren Ausgangsfragen: Was bedeutet uns unser Körper? *Sind* wir unser Körper?

- Uns ganz mit unserem Körper zu identifizieren öffnet uns für unsere *Einzigartigkeit*: Ganz offensichtlich bin nur ich genau so! Sobald uns klar wird, dass wir alle einzigartig sind, führt diese Erkenntnis uns auch aus unserer Isolation. Sie verbindet.
- Unser Körper zu *sein* öffnet uns auch für unsere *Widersprüchlichkeit* und *Mehrdeutigkeit*: Jeder Prozess im Körper hat einen natürlichen Gegenspieler, ob nun auf der Ebene der Muskeln, des Nervensystems oder der Hormone. Alles ist polar aufgebaut, alles ist ein Tanz von Yin und Yang. Indem ich das alles *bin*, vereinen sich die Gegensätze in meinem Gewahrsein.
- Gedanklich geht das nie gleichzeitig, aber in der staunenden *Hingabe* bringt mich meine Präsenz im Körper ganz zu mir, ins ungeteilte Hier und Jetzt. Es ist die sich vertiefende Hingabe an das körperliche Erleben, die uns über den Körper und seine Begrenzungen hinauswachsen lässt.

Hingabe macht jede Situation des Lebens zu einem tantrischen Placebo. Es wird uns vom Leben verabreicht. Es entspricht oft nicht unseren Vorlieben und Erwartungen, es holt uns auf den Boden der Tatsachen. Aber es wird uns gefallen, je mehr wir begreifen, dass das Leben in allen seinen Facetten ein Spiegel dessen ist, wer oder was wir wirklich sind: Leben auf dem Weg ins Bewusstsein. Auch wenn wir wissen, dass wir nicht unser Körper sind: So zu tun, als wären wir es, uns voll und ganz unseres Körpers anzunehmen, ihn mit all seinem lustvollen Begehren zu fühlen – ohne seinen Schmerz zu verdrängen – das ist einer der direktesten Wege in unsere Essenz. Es ist ein Weg des Staunens. Er verbindet uns mit den Wundern unseres Seins.

Der Körper wird meist nur in seiner Funktion wahrgenommen, im Sex auch in seiner Lustfunktion. Unser Körper bietet jedoch auch Zugang zu einer spirituellen Dimension unseres Daseins.
Durch die vorbehaltlose Zuwendung zu unserem Körper finden wir drei Kostbarkeiten unserer Existenz: Einzigartigkeit, Mehrdeutigkeit und Hingabe. Hingabe verändert nichts und verändert doch alles.

> *Der Körper beherbergt die Geheimnisse des Lebens*

4. Vertrauen in sexuelle Impulse

Die vielleicht schönsten Gefühle, die uns unser Körper bereiten kann, erleben wir in unserer Sexualität. Dennoch hat es viele Jahre der Selbsterfahrung und Heilung gebraucht, bis ich sagen konnte: Ich liebe Sex. Sexualität ist für mich eines der schillerndsten Phänomene des Lebens.

Der Orgasmus gilt als das höchste der Gefühle. Ähnlich unwiderstehlich ergreift uns nur die Euphorie frischer Verliebtheit. Aber hier soll es jetzt nur um Sex gehen, was an sich schon eine gewisse Brisanz birgt. Wenn Sex nur in Verbindung mit Liebe genossen werden darf, wird er in seiner Eigenart gar nicht erkannt. Viele Menschen misstrauen ihrer Natur als sexuelle Wesen. Auch Jahrzehnte nach der sexuellen Revolution versuchen viele, dieses Misstrauen durch Liebe zu kompensieren. Ich möchte jedoch gerne dem Sex als solchem näher auf die Spur kommen. Können und dürfen wir unseren vielfältigen sexuellen Impulsen vertrauen?

Sexualität wird nicht immer mit angenehmen, sondern auch mit unangenehmen Empfindungen in Verbindung gebracht. Das Spektrum an Erlebnismöglichkeiten in der Sexualität ist weit gefächert. Natürlicherweise suchen wir im Sex – wie auch sonst im Leben – das Angenehme und meiden das Unangenehme. Was so klingt, als brauchten wir nur unseren angenehmen sexuellen Impulsen folgen, ist in der Praxis ganz und gar nicht einfach, es kann uns in große Schwierigkeiten bringen. Es kann unsere Partnerschaft gefährden, es kann mit Moral oder Weltanschauungen kollidieren, es kann uns schmerzhaft mit alten Verletzungen in Kontakt bringen und uns auch neue Verletzungen zufügen. Vielleicht geraten wir dabei auch an den „falschen" Partner oder finden über längere Zeiträume hinweg gar keinen passenden Partner. Sexuellen Impulsen zu trauen birgt also ein gewisses Risiko.

Sexuelle Impulse sind vielfältig. Zwischen Blümchensex und Sado-Masochismus gibt es ein breites Spektrum an sexuellen Vorlieben. In jeder sexuellen Begegnung sind wir damit konfrontiert, dass wir mehr oder weniger unterschiedliche Präferenzen haben. Aber damit nicht genug. Es kann auch sein, dass wir in uns selbst widersprüchliche Neigungen entdecken. Vielleicht haben wir eine ganz zärtliche, romantische Ader, fahren aber auch auf wilde, hemmungslose Geilheit ab. Dazu kommt, dass wir das, was uns sexuell anmacht, möglicherweise nicht wirklich ausleben wollen. Unsere sexuellen Impulse stehen zuweilen in Widerspruch zu anderen Maßstäben unseres Handelns. Manche Menschen haben zum Beispiel Lust auf Sex mit verschiedenen Partnern, verzichten aber darauf, weil sie

Angst haben vor HIV, vor Konflikten in der Partnerschaft oder vor all den Verwicklungen, die wechselnde Partner mit sich bringen können. Mit solchen Widersprüchen umzugehen fordert uns heraus, innerlich zu wachsen und zu reifen.

Für unsere psychische und spirituelle Entwicklung ist Sex ein spannendes Feld. Sexualität kann unsere innere Entwicklung sowohl voranbringen als auch ihr im Wege stehen. Manche Menschen empfinden sich als sexsüchtig und fühlen sich von ihren sexuellen Impulsen in einer Weise getrieben, dass sie darunter leiden. Andere wiederum genießen es, soviel Sex zu haben wie nur möglich und suchen im Tantra nicht nur lang andauernde Höhepunkte, sondern vielleicht auch mystische Ekstase. Was die Eine als tantrische Praxis ansieht, bezeichnet ein Anderer vielleicht als Sexsucht. Besonders heikel wird es dann, wenn die beiden ein Paar sind.

Unseren sexuellen Impulsen zu vertrauen kann angesichts der Komplexität unserer Sexualität wohl kaum heißen, wahllos allen sexuellen Impulsen nachzugehen. Es heißt zunächst mal, unser Gespür zu verfeinern. Wir können einerseits unsere Sexualität auf vielfältige Weise verdrängen. Mit dem Ausleben unserer Sexualität können wir aber auch so manches vermeiden. Es braucht wachsendes Gewahrsein für uns selbst, um das Eine vom Anderen unterscheiden zu lernen.

Wenn wir nicht genau differenzieren, was es mit unseren sexuellen Impulsen jeweils auf sich hat, hat das oft mit alten Verletzungen aus der Kindheit zu tun. Kaum jemand ist in unserer Kultur in einem sexuell förderlichen Klima aufgewachsen. Viele von uns waren in der Pubertät mit der erwachenden Sexualität allein, wir waren zweifelhaften Informationsquellen ausgesetzt oder mit Formen von Repression oder gar Missbrauch konfrontiert. Die meisten Menschen haben ihre Erinnerungen an verletzende Erfahrungen längst verdrängt. Deswegen sind sie aber nicht weg, sondern wirken machtvoll weiter.

Wir erkennen alte Verletzungen an bestimmten typischen Symptomen. Verbreitet sind reduziertes Spürbewusstsein, Schuldgefühle, Scham, Ängste, Leistungsdruck, Sexsucht, Bindungsschwäche und sexuelle Fixierungen, um nur einige der häufigsten Symptome zu nennen. Die unangenehme Nachricht ist, dass wir kaum je unseren sexuellen Impulsen vertrauen können, solange diese alten Wunden abgekapselt irgendwo in uns vor sich hin schwelen. Die gute Nachricht lautet, dass in den allermeisten Fällen Heilung möglich ist. Heilung in Erotik und Sexualität ist allerdings kein in sich abgeschlossener Prozess. Sexualität berührt alle Aspekte unseres Seins und ist untrennbar mit Allem verbunden. Die Abspaltung sexueller Impulse, die Absonderung unseres sexuellen Lebens von unserem sonstigen Leben ist selbst bereits Ausdruck von Verletzung. Insofern berührt der sexuelle Heilungsprozess auch alle anderen Aspekte unseres Lebens.

Was können wir konkret tun, um unseren sexuellen Impulsen auf die Spur zu kommen und ihnen vertrauen zu lernen?

1. Am wichtigsten ist es, dass wir unsere **Körperwahrnehmung verfeinern**. Je mehr wir unseren Körper spüren, desto deutlicher spüren wir auch die vielfältigen Facetten unserer Sexualität. Es ist hilfreich, die Körperwahrnehmung nicht zu sehr auf die Suche nach sexuellen Impulsen oder nach Lustgefühlen auszurichten. Wir spüren uns nur dann deutlicher, wenn wir bereit sind, alles zu spüren, was auch immer in uns auftauchen mag.

2. Sehr hilfreich ist es, wenn wir uns ein **Umfeld erschaffen,** in dem wir unsere Sexualität frei erforschen können. Leider haben wir in der Pubertät oft Möglichkeiten vermissen müssen, unsere Sexualität geschützt und frei zu erkunden. Den meisten von uns fehlte das geeignete Umfeld. Wir können das aber nachholen. Wir können z.B. eine Kultur der sexuellen Selbstliebe entwickeln, in der wir nach und nach unseren Körper in allen seinen Reaktionen kennenlernen.

   Schön ist es auch, mit einem Partner ein solches Umfeld zu erschaffen, in dem wir gemeinsam auf Entdeckungsreise gehen. Das kann allerdings kompliziert werden, wenn das, was der eine erforschen will, dem anderen Angst macht. Hier braucht es vertrauensvolle offene Kommunikation, manchmal auch Unterstützung von außen. In Tantragruppen finden heute viele Menschen ein Umfeld, in dem sie ihre Sexualität neu, unvoreingenommen und spielerisch erforschen können. Das hat zwar mit der spirituellen Dimension des Tantra nicht viel zu tun, kann aber dennoch hilfreich sein.

3. Früher oder später ist die Zeit reif, die alten **Verletzungen** anzuschauen und zu **heilen**. Bis zu einem gewissen Umfang ist es dafür nötig, alten Schmerz noch einmal zu fühlen und diese Gefühle von Herzen zu umarmen. Das alleinige Wiedererleben alter Verletzungen ist nicht heilsam. Es braucht liebevolle Wachheit und die Präsenz einiger unserer Ressourcen als Erwachsene, damit sich eine heilsame Wirkung entfalten kann.

4. Wir können unser eigenes **sexuelles Profil** entwickeln.[1] Was mögen wir? Was törnt uns an? Von was für einem Szenario fantasieren wir, wenn wir uns erfüllende Sexualität vorstellen? Unser sexuelles Profil enthält alle

unsere Vorlieben und Abneigungen, inklusive aller Widersprüche, die darin vielleicht vorkommen. Es ist so etwas wie unser sexueller Fingerabdruck. Er ist einzigartig, und es braucht Mut, ihn zu entdecken. Vielleicht ist es eine gute Idee, dieses Profil erstmal für sich alleine zu erforschen, sodass wir nicht Gefahr laufen, uns vorschnell an den vermuteten oder realen Vorlieben anderer zu orientieren.

5. Ganz wesentlich ist es auch zu lernen, offen **über sexuelle Themen** jenseits von Schuld und Scham oder Leistungsdruck zu **sprechen**. Auch wenn manche unserer Wünsche und Vorstellungen unaussprechlich scheinen, so lernen wir doch in dem Versuch, Worte dafür zu finden, vieles über uns selbst. Das fängt schon damit an, wie wir unsere Sexualorgane benennen: Schwanz und Möse, Yoni und Lingam, Penis und Vagina oder Lustgrotte und Zauberstab? Offen und direkt über Sex zu sprechen, liegt gar nicht so weit weg davon, Sex zu haben, wie sich am Phänomen Telefonsex erkennen lässt. Im Versuch, Worte für sexuelle Neigungen und Erfahrungen zu finden, können wir viel darüber herausfinden, welche unserer Impulse nur schwer zum Ausdruck kommen.

6. Um unseren sexuellen Impulsen vertrauen zu können, brauchen wir **innere Freiheit**, wann wir welchem Impuls folgen und wann wir wählen, ihn einfach nur zu spüren und darin zu verweilen, ohne weiterzugehen. Das kann bedeuten, dass wir immer wieder einfach still werden im Sex und uns in unsere Präsenz hineinentspannen. Es kann auch bedeuten, dass wir lernen, unmittelbar vor dem Orgasmus zu verweilen und dem schier unausweichlichen Drang zur orgastischen Entladung zu widerstehen. Entscheidend ist hier die innere Haltung, mit der wir dies praktizieren. Es ist nicht besser oder schlechter, zu kommen oder nicht zu kommen. Es geht darum zu erforschen, wo uns unsere Konditionierungen keine Wahl lassen, wo unser Sex zwanghaft wird. Wir können lernen, diese Zwanghaftigkeit fühlend zu durchdringen und damit langsam hinter uns zu lassen.

Sexualität beinhaltet unterschiedliche Dimensionen. Einerseits ist sie ein Instinkt, der unser Überleben sichert und den wir mit dem Tierreich gemeinsam haben. Andererseits steckt in unserer Sexualität das Begehren, unseren Körper auf lustvolle Weise zu erleben. Darüber hinaus führt uns unser sexuelles Verlangen in einen tiefen und intimen Kontakt mit einem anderen Menschen. Und in dem Verlangen, sich mit einem anderen Menschen zu vereinigen, lässt sich auch unsere Sehnsucht nach der Vereinigung mit Gott, mit der Existenz oder mit dem Leben selbst erkennen. Insofern ist Sexualität auch eine mögliche Quelle spirituller Erfahrung.

In der Sexualität sind wir einerseits zutiefst egoistisch und wenn wir diese Seite der Sexualität unterdrücken, werden wir nicht viel Spaß daran haben. Andererseits sind wir gerade auch in der Sexualität darauf aus, unsere selbstsüchtigen Motive zu überwinden und finden höchste Lust darin, einem anderen Menschen ekstatische Wonnen zu bereiten.

Sexualität kann auch innerhalb unserer Beziehungen verschiedene Funktionen haben. Wir können uns durch Sex der Gültigkeit unserer Partnerschaft versichern, wir können uns unsere sexuelle Attraktivität bestätigen, wir können unsere tiefe, anarchische und wilde Natur zum Ausdruck bringen und wir können Sex als Zwiesprache unserer Herzen verstehen. Sexualität kann uns an einen Partner binden, Sexualität kann aber auch Bindungen sprengen. Sexualität kann diametral entgegengesetzte Qualitäten annehmen. Wir können diese mit den vier Elementen oder mit den Himmelsrichtungen in Verbindung bringen. Der Norden stünde dann für die reife, erwachsene Sexualität, der Süden für die kindliche, spielerische, der Westen für die körperliche, sinnliche, der Osten für die feinstoffliche, spirituelle.

Bis hierhin sollte klargeworden sein, dass unseren sexuellen Impulsen zu vertrauen ein komplexes Geschehen ist. Uns auf unsere sexuellen Impulse überhaupt einzulassen, verlangt Mut. Sex kann uns in Teufels Küche bringen, aber auch geradewegs in den Himmel. Unseren sexuellen Impulsen zu vertrauen, bedeutet nicht zuletzt, dem Leben zu vertrauen. Das Leben ist wie die Sexualität vielfältig, unvorhersehbar und mehrdeutig und wir haben es nicht unter Kontrolle. Sex ist ein, wenn nicht *der* Urimpuls des Lebens. Ohne Sex gäbe es uns nicht. Darüber hinaus ist sexuelle Energie eine quasi-elektrische Spannung, die jeder Dualität innewohnt und ihr den Impuls verleiht, die Dualität wieder in einer größeren Einheit aufzulösen.

Das Spiel der Sexualität ist das Spiel des Lebens. Wir fallen in die Dualität, um uns wieder zu vereinigen. Je mehr wir in unserer Selbsterforschung in die Tiefen sexueller Impulse vordringen, desto mehr kommen wir in Kontakt mit dem Puls des Lebens. Es ist ein nicht endender Prozess des Wachsens und Lernens. Dieser Prozess hat einen sehr attraktiven Vorteil gegenüber dem Lernprozess, den das Leben ohnehin darstellt. Denn während die meisten Menschen eher durch Schmerz lernen oder erst aus Schaden klug werden, wie man so sagt, birgt das Lernen mit und durch Sexualität die Chance, höchst lustvoll zu lernen. Lust wird zu unserem Wegweiser. Lust ist die Freude der Existenz an sich selbst. Sie teilt sich und sie vereinigt sich, ein göttliches Spiel. Durch das Geschenk unserer Sexualität haben wir die Möglichkeit, ganz hautnah mitzuspielen. Und je mehr wir unseren Sex lieben, desto mehr wird sich auch unser Herz darin öffnen und sich unsere Liebe voller Freude mit unserem Sex vereinen – eine weitere Strophe im unendlichen Lied des Lebens.

Sexualität gehört zum schönsten, was wir erleben können. Doch sexuelle Impulse sind vielfältig und nicht immer angenehm. Ihnen zu vertrauen fordert heraus, sie zu differenzieren und bewusst zu wählen, welche wir wie ausleben wollen und welche nicht.
Durch Spürbewusstsein, bewusstes Erforschen, offene Kommunikation und Heilung alter Verletzungen können wir uns verschiedenen Dimensionen sexueller Erfahrung freier zuwenden. Wir können im Sex das Leben feiern.

> *Im Sex erfindet sich das Leben neu*

5. Sexuelle Identität

Identität ist nichts anderes als relatives Sein im absoluten Werden. (Lisz Hirn)

Je tiefer wir uns auf das erotische Spiel des Lebens einlassen, desto berührbarer und verletzlicher werden wir. Was gibt uns Stabilität in diesem Spiel, das wir auch als einen Tanz verstehen können? Unsere Identität – natürlich auch unsere sexuelle Identität – spielt dabei eine entscheidende Rolle.

Die Frage „Wer bin ich?" gilt als eine der Grundfragen spiritueller Wege. Sie zielt nicht nur auf Selbsterkenntnis, sondern auch auf Selbstgestaltung. Unsere wahre Identität liegt nicht nur in dem, was wir bereits verkörpern, sondern auch in unserer Sehnsucht zu werden, was wir zutiefst sein *wollen*. Wie finden wir dorthin?

Stell dir vor, du joggst mit dieser Frage im Bewusstsein einen Weg entlang. Du möchtest du selbst sein, den Weg zu deinem wahren Sein finden. Du willst endlich bei dir selbst ankommen. Dann siehst du einen weisen alten Mann am Wegesrand, hältst kurz inne und fragst: „Wo bitte geht's zu mir?" Der Weise schaut dich durchdringend an, dann flüstert er seine Antwort, sodass du sie kaum vernimmst: „Genau da, wo du gerade stehst! Du bist schon da!" Du bleibst stehen. Für einen Moment erlebst du tiefen Frieden, bist eins mit dir. Du glaubst, den Weg zu dir gefunden zu haben: Du musst einfach nur stehen bleiben, wo du bist!

Nach einer Weile merkst du, dass du dich wieder verloren hast. Dir fällt ein, dass du ja eigentlich joggen wolltest. Du läufst weiter. Aber die Frage lässt dich nicht los. Du fragst eine junge Frau, die dich gerade überholt: „Wie finde ich zu mir?" Sie schaut mit einer hochgezogenen Augenbraue zu dir rüber und antwortet mit einem Lächeln: „Lauf einfach weiter. Irgendwann wirst du schon merken, dass du es bist, der läuft!" Nach einem kurzen Augenzwinkern ist sie auch schon wieder vorbei.

Wir ahnen es bereits: Auch die Gültigkeit dieser Antwort hat nur eine kurze Halbwertszeit und mit allen weiteren Antworten wird es uns nicht anders gehen. Wer wir sind, lässt sich nicht trennen von dem, was wir gerade tun, und ist doch zugleich davon vollkommen unabhängig. Wir erleben uns – ein Mindestmaß psychischer Gesundheit vorausgesetzt – als stets den Gleichen, egal ob wir gerade joggen oder stehen.

Richtig saftig wird die Frage nach unserer Identität, wenn wir unsere Sexualität einbeziehen. Je nachdem, wie wir unsere Identität definieren, gibt sie uns Halt, hält uns gefangen oder eröffnet uns ungeahnte Freiheiten. Die Suche nach der sexuellen Identität kann ein Brandbeschleuniger im Feuer der Selbsterkenntnis sein, aber auch ihr Löschzug. Es kommt ganz darauf an. Das ist deswegen so, weil dem Sex einerseits eine zutiefst anarchische, alle Konventionen sprengende Kraft innewohnt, die uns andererseits stets dazu herausfordert, sie zu zähmen und zu gestalten.

Ob wir es mögen oder nicht: Wenn alle Barrieren fallen, sind vom Sex getriebene Menschen zu allem fähig. Der sexuelle Höhepunkt ist nicht zuletzt deswegen so attraktiv, weil wir kurz zuvor und mitten darin alles vergessen und ganz und gar in unserem Empfinden aufgehen können. Die hemmungslose Urkraft sexueller Lust fegt zuweilen alles hinweg, was sonst lieb und teuer ist. Daher haben Menschen zu allen Zeiten und in allen Kulturen auf jeweils unterschiedliche Weise versucht, die sexuelle Kraft zu zähmen und in individuell- und sozialverträgliche Bahnen zu lenken. Auf Zeiten der sexuellen Befreiung wie in den Jahren nach 1968 erfolgte stets eine Gegenbewegung. Sex ohne Grenzen kann uns leicht verletzen. Wurden wir verletzt, suchen wir eher Schutz als Befreiung.

Wessen Sexualität hingegen ignoriert und unterdrückt wurde, der mag von ihrer vollständigen und hemmungslosen Befreiung träumen. Bei mir war es nicht anders. Inzwischen sehe ich allerdings immer mehr Menschen in meinen Seminaren, für die eine bewusste Erlaubnis und Fähigkeit, Grenzen zu setzen, wichtiger ist als sexuelle Befreiung – oder sogar deren Voraussetzung. Sie suchen zuerst Schutz vor sexueller Überflutung, bevor sie sich für die Urkraft des Eros öffnen können und wollen.

Dieses Dilemma – wir wollen sexuell frei sein und doch genügend Schutz erfahren – können wir mit Hilfe unserer sexuellen Identität entschärfen. Sie reduziert die Angst vor der anarchischen Sexualkraft auf ein erträgliches Maß. Sie gibt den vertrauten Rahmen vor, innerhalb dessen wir uns bewegen. Was darüber hinausgeht, ist nichts für uns. Die meisten Menschen haben allerdings vergessen, dass und wie sie sich ihre sexuelle Identität selbst erschaffen haben und zu welchem Zweck. Dann wird sie zum Gefängnis, genau wie beim Jogger, der glaubt, laufen zu müssen, um bei sich zu sein.

Wie erschaffen wir unsere sexuelle Identität? Im Prinzip ist es ganz einfach. Wir machen bestimmte Erfahrungen, interpretieren diese Erfahrungen aufgrund verinnerlichter oder selbst gebildeter Überzeugungen und Glaubenssätze und erschaffen aus der Kombination von Erfahrung und Interpretation unsere Identität. Unser Spielraum, neue Erfahrungen neu zu interpretieren, wird tendenziell immer enger und unsere Identität gefestigter. Ein paar Beispiele:

- Ich habe einen Penis. Er ist ein eindeutiges Merkmal für Männlichkeit. *Ich bin ein Mann.*
- Ich bin eine Frau und finde andere Frauen sexuell erregend. Normale Frauen empfinden nicht so, Lesben schon. *Ich bin lesbisch.*
- In langjährigen Beziehungen verliere ich das sexuelle Interesse. Sex gehört aber unbedingt zu einer Liebesbeziehung. *Ich bin polyamourös veranlagt.*
- Mein Partner will zweimal pro Woche Sex, ich will seltener. „In der Woche zwier schadet weder ihm noch ihr" hat schon Matin Luther als Maxime proklamiert. *Ich bin sexuell gestört.*
- Es törnt mich an, beim Sex gefesselt und dominiert zu werden. Das ist nicht normal. *Ich bin ein Masochist.*
- Ich befriedige mich jeden Tag selbst. Das ist eine Versuchung des Teufels. Ich schaffe es nicht zu widerstehen. *Ich bin des Teufels.*

Derartige Selbstdefinitionen können Halt geben und Angst reduzieren, aber sie bergen auch eine Gefahr. Wer weiß, ob die Welt mich aus dem Bild, das ich von mir zeichne, wieder entlässt? Noch ärger ist es allerdings, wenn wir uns selbst nicht mehr von unserem selbsterschaffenen Selbstbild lösen können. Leider ist dies eher die Regel als die Ausnahme: Wir halten an dem fest, wer wir zu sein glauben, und unterbinden damit die Möglichkeit, ein ganz anderer zu sein, ganz anders zu empfinden und Neues, Ungeahntes zu erfahren. Glaubenssätze, die wir für wahr halten, wirken wie sich selbst erfüllende Prophezeiungen. Genauso wirkt Identität, zumindest solange wir sie nicht durchschauen.

Manche Glaubenssätze leuchten uns unmittelbar ein. Ein Mensch mit einem Penis ist ein Mann, kein Zweifel, oder? Dabei übersehen wir, dass tatsächlich bis zu zwei Prozent aller Babys mit Merkmalen beiderlei Geschlechts auf die Welt kommen. Intersexuell Geborene werden meist früh operiert und so verschwindet ihre Existenz aus unserem Bewusstsein. Darüber hinaus fühlt sich durchaus nicht jeder mit einem Penis als Mann, aber nur selten erfahren wir davon. Der Glaubenssatz als solcher bleibt unbemerkt und unhinterfragt. Andere Glaubenssätze sind leichter als solche zu erkennen. Manche kommen uns heute obskur vor wie zum Beispiel Masturbation sei Teufelszeug. Aber es gibt nach wie vor viele Menschen auf diesem Planeten, die ihn für wahr halten, mit allen bitteren Konsequenzen.

Der grundlegende Charakter von Glaubenssätzen ist immer der gleiche: Sie suggerieren Wahrheit und sind doch nur Produkte unserer eigenen mentalen Aktivität.

Am schwierigsten sind Glaubenssätze zu identifizieren, die wir für selbstverständlich halten oder deren Klischeehaftigkeit wir deutlich erkennen, auf die wir aber unbemerkt dennoch hereinfallen. Umso wirksamer bestimmen sie Denken, Fühlen und Handeln. Auch hier einige Beispiele:

- Richtige Männer wollen Sex.
- Wenn Frauen etwas wollen, dann wollen sie immer *mehr* ...
- Zu befriedigendem Sex gehört ein Orgasmus.
- Weibliche Sexualität ist kompliziert.
- Schmerz ist das Gegenteil von Lust.
- Sexuelle Orientierung wird genetisch und/oder frühkindlich festgelegt.
- In totaler Geilheit sind Schmerz und Lust eins.
- Eine tantrische Vereinigung ist eine spirituelle Erfahrung.

Die Liste ließe sich leicht fortsetzen. An was glaubst du? Es kann sich lohnen, den eigenen Glaubenssätzen auf die Spur zu kommen. Erst dann haben wir die Chance sie zu relativieren.

Was aber geschieht, wenn wir der Relativität aller unserer Überzeugungen gewahr werden? Gut möglich, dass uns mulmig dabei wird, Sexualität ohne den gewohnten Filter wahrzunehmen. Es kann uns schockieren zu erkennen, dass unsere Lust eigentlich ganz anderen Gesetzen folgt, als wir das wahrhaben wollen. Hier einige Beispiele:

- Willst du wirklich manchmal nur das Eine – obwohl du deiner Frau gegenüber immer das Gegenteil beteuerst?
- Wirst du davon erregt dich zu unterwerfen – obwohl du das eigentlich krank findest?
- Findest du den prallen Phallus eines anderen Mannes rattenscharf – und bist du dann noch heterosexuell?
- Könnte es befriedigender sein, auf den Orgasmus zu verzichten – wo du doch immer dachtest, der sei die Krönung?
- Ist (d)eine Vagina vielleicht viel empfindsamer als gedacht? Schließlich gilt die Klitoris als Zentrum weiblicher Lust und vaginale Orgasmen als Freud'sche patriarchale Wunschfantasie!
- Will dein Sex vielleicht gar nicht treu sein, während sich dein Herz durch Sex außerhalb einer festen Beziehung bedroht fühlt?

Meist kommen wir nicht von allein auf die Idee, unsere Vorannahmen in Frage zu stellen und halten sie für Naturgesetze. Aber dafür gibt es Partner, die uns im besten Fall herausfordern, neue Perspektiven einzunehmen und uns auf neue Erfahrungen einzulassen.

Ein ehernes Gesetz der Lust lautet: Es gibt kein Gesetz, das zu übertreten nicht lustvoll sein könnte. Sexuelle Lust folgt nicht den Vorgaben von Vernunft, politischer Korrektheit, Sexualwissenschaft oder tantrischer Philosophie. Wo sie sich gegängelt fühlt, verabschiedet sie sich, um unerwartet auf ganz andere Weise wiederaufzutauchen. Manche Menschen sind irritiert, dass sie bestimmte Fantasien für ihre Lust brauchen, obwohl sie deren Inhalt eigentlich ablehnen. Was immer wir der Lust an Regeln auferlegen, weckt ihren Widerstand. Das macht paradoxe Maßnahmen so wirksam:

- Fordere ihre Lust ein, und sie wird ihre Energie lieber in Migräne investieren.
- Verbiete ihm eine bestimmte sexuelle Spielart oder Fantasie, und er wird sie besonders reizvoll finden.
- Versuche es ihr recht zu machen, und du wirst es ihr nicht recht machen.
- Nötige dich selbst zum Sex, weil du es versprochen hast. Du wirst dich später dafür rächen.

Folgst du wirklich deiner Lust, kommt es schnell anders als du denkst. Wenn dir das keine Angst macht, hast du vielleicht noch nicht verstanden, wovon hier die Rede ist. Es könnte ja sein, dass dich genau das erregt, was dein Selbst- und Lebenskonzept vollkommen auf den Kopf stellt, wovor du dich ekelst oder was du zutiefst ablehnst. Oder dein Partner tut dies für dich. Und dann?

Sexuelle Identität ist ein wirksames Bollwerk gegen solche Ängste. Ein heterosexueller Mann beispielsweise braucht sich vor Sex mit einem anderen Mann nicht zu fürchten. Schwulitäten widerlich zu finden, findet er ganz normal, schließlich ist er hetero. Dass er sich letztlich vor seiner eigenen Männlichkeit ekelt, kommt ihm nicht in den Sinn. In meinen Seminaren frage ich manchmal die Männer: „Wer hatte schon mal richtig geilen Sex mit sich selbst?" Meistens gehen fast alle Hände nach oben. Dann schiebe ich gemein hinterher: „Und wer hat sich schon mal klargemacht, dass er dabei Sex mit einem Mann hatte, also schwulen Sex?" Dann klappt manchen die Kinnlade herunter und die Einwände, die ich zu hören bekomme, würden Bände füllen.

Manche Männer werden jedoch neugierig und spüren der Möglichkeit nach – oder probieren es sogar aus, einem anderen Mann erotisch zu begegnen. Sie sind, wenn sie die ersten Irritationen hinter sich haben, nicht selten begeistert. Sie erfahren, dass eine Grenze, die sie für naturgegeben hielten, nicht mehr ist als eine Konstruktion zur Angstabwehr. Ihre Sexualität bekommt Facetten, von denen sie sich nicht haben träumen lassen. Nie habe ich gehört, dass dadurch die Lust auf Frauen verschwunden wäre. Es kam nur eine neue Erlebnisqualität hinzu, die auch den Sex mit Frauen bereichert. Die sexuelle Identität *heterosexuell* hatte sich als entbehrlich erwiesen. Genau so kann es uns mit vielen anderen Aspekten unseres sexuellen Selbstbildes gehen, insoweit wir neue Erfahrungen riskieren.[2]

Die Möglichkeit, auf unsere sexuelle Identität oder Teile davon zu verzichten und uns für Neues zu öffnen, steht uns allen offen. Aber ich möchte davor warnen. Wir brauchen auch Grenzen. Völlige Grenzenlosigkeit führt dazu, dass sich die Lust vollkommen verabschiedet. Sexualtherapeuten beobachten seit längerer Zeit, wie in Zeiten des „Alles darf sein" Lustlosigkeit rapide zunimmt. Wenn wir unsere Grenzen nicht mehr durch festgefügte Identitäten sichern und auch Glaubenssätze und Tabus keine festen Grenzen mehr definieren, dann brauchen wir die Fähigkeit, spürend unsere sich stets verändernden organischen Grenzen wahrzunehmen. Sie fühlen sich ganz anders an als statische Grenzen. Sie bewegen sich mit uns, sie leben mit uns. Je selbstsicherer wir uns situativ abgrenzen können – „Das mag ich gerade nicht!" –, desto leichter können wir uns auf das besondere Geschenk von Sex jenseits festgefügter Identität einlassen: pure lustvolle Offenheit für das pralle, pulsierende Leben.

Sexualität enthält die Potenz zu echter Kreativität. Im Sex erschaffen wir, was wir uns nie hätten ausdenken können. Auf der biologischen Ebene können wir durch Sex Kinder zeugen, auf der zwischenmenschlichen Ebene kann Sex uns so tief verbinden wie sonst kaum etwas und auf der spirituellen Ebene enthält Sex die Potenz, der grenzenlosen Einheit aller Existenz gewahr zu werden. Wir sind Leben, wir sind offene Neugier, wir sind Kreativität und wir sind Hingabe. Und wir sind die Freiheit, all das zu riskieren. Wir sind auch frei, uns all dem zu verweigern, wir haben die Wahl. Wir können wählen, welchen Beziehungskontext wir bevorzugen, um unsere Sexualität zu leben. Wir können unsere Fantasien genießen, wir können sie ausleben, wir können darauf verzichten und wir können sie auch verdrängen.

Tantra ist bekannt für die Offenheit gegenüber unserer Sexualität. Manche versuchen mithilfe der sexualbejahenden Haltung des Tantra sexuelle Wunden zu heilen und sich als sexuelles Wesen annehmen zu lernen. Andere suchen Tiefe und Intimität in tantrischen Ritualen, wieder andere sehen in tantrischer Sexualität ein Fahrzeug zur Erleuchtung. Werden wir deswegen zum Tantriker? Brauchen wir dafür eine tantrische Identität? Sie könnte uns Sicherheit vermitteln, sie könnte Zugehörigkeit stiften und vielleicht sogar den Selbstwert steigern. Tantriker sind eine Avantgarde! Aber auch eine tantrische Identität kann zum Gefängnis werden, wenn wir vergessen, zu welchem Zweck wir sie uns geschaffen haben und dass wir sie jederzeit wieder loslassen können.

Bin ich ein Tantriker? Mir ist das eigentlich egal. Diskussionen darüber, was wahres Tantra sei, langweilen mich. Tantriker waren in der jahrtausendealten, wechselhaften Geschichte dieser einzigartigen spirituellen Tradition oft Tabubrecher. Damit sympathisiere ich, auch wenn ich selbst weder den Mut noch die Intention habe, jedes Tabu zu sprengen. Ich habe von der Freiheit gekostet, die darin liegt, sexuelle Identitäten loszulassen. Ich war in diesem Leben phasenweise hetero-, homo- und bisexuell, mit Coming-Outs in alle Richtungen. Meine schwulen Freunde hatten seinerzeit fast genauso viel Mühe, mich aus dem schwulen Ghetto wieder zu entlassen, wie meine Eltern, als ich mit 24 in eine schwule WG zog, wobei meine Mutter sich immerhin traute, mich dort zu besuchen. Ich lebte zeitweise monogam und zeitweise polyamor und wäre am liebsten beides zugleich. Ich genieße sexuelle Fantasien und lasse mich auch gerne zu neuen anregen. Ich mag auch die pure Präsenz, ganz ohne Fantasien, und stillen Sex ohne Ziel und Absicht. Mich fasziniert der ungeheure Reichtum sexueller Möglichkeiten, auch wenn ich nur einen Bruchteil davon selbst lebe. Kuschelsex? Au ja! Und heftige, laute, animalische Leidenschaft. Ich mag noch vieles mehr und kann mir noch so manches Lustvolle vorstellen, wovon ich gar keine Vorstellung habe ... Aber damit genug, ich werde einen Teufel tun, hier Weiteres zu verraten. Ich brauche auch Grenzen. Nur eins noch: Manchmal will ich definitiv das Eine und nur das Eine – und schmolle voller Inbrunst, wenn es dann doch das Andere wird. Auch Schmollen kann richtig geil sein.

Wer sich über einen längeren Zeitraum wiederholt die Frage stellt „Wer bin ich?", macht wahrscheinlich die Erfahrung, dass sich die Antworten immer weiter seinem Zugriff entziehen, bis er irgendwann zu der Erkenntnis gelangt, dass wir im Grunde alles sind – oder nichts, was auf dieser Ebene allerdings keinen Unterschied macht. Wir können uns ebenso konsequent die Frage stellen „Was macht mich sexuell aus?" Im Lichte dieser Frage können wir nicht nur unsere sexuellen Präferenzen erkennen und annehmen, sondern sie auch selbst gestalten. Mit einer flexiblen, durchlässigen sexuellen Identität empfinden und erfinden wir uns in jedem Moment neu. Noch saftiger wird die Identitätsfrage, wenn wir sie nicht nur verbal-gedanklich stellen, sondern sinnlich, fühlend, forschend, handelnd und begehrend. Sex bekommt so eine unglaubliche Frische und Unmittelbarkeit. Vielleicht bekommt er sogar seine Unschuld zurück.

Wir leben in einem sexuellen Universum. Wir können und dürfen wählen, welche Rolle wir darin spielen, welche Freiheiten wir uns erlauben, inwieweit wir uns hingeben und welche Grenzen wir setzen. „Wer bin ich?" verschmilzt mehr und mehr mit der Frage „Wer will ich sein?" oder „Was ist mein Begehr?"

Wer also bin ich, sexuell und überhaupt? Ich bin der, der sich gerade diese Frage stellt und sich darüber freut, sie immer weniger beantworten zu müssen, sie aber immer wieder neu beantworten zu dürfen. Oder wie Rilke es poetisch umschrieb: Wir leben in die Antwort hinein.

Aus unseren Erfahrungen erschaffen wir uns eine Identität. Sie gibt uns Schutz und Grenzen, kann aber auch zum Gefängnis werden.
Wenn uns bewusst wird, wie wir unsere sexuelle Identität herausbilden und zu welchem Zweck, können wir sie bei Bedarf wieder loslassen oder erweitern. Wer wir sind verschmilzt zunehmend mit unserem ungezähmten, wolllustigen Begehren.

Wir sind mehr als was wir sind

---

6. Sexuelle Fantasien – Gleichnisse mystischer Ekstase

Unsere Träume können wir erst dann verwirklichen, wenn wir uns entschließen, einmal daraus zu erwachen. (Josephine Baker)

Im Reich der Fantasie fällt es noch leichter als im „realen Leben", das Gefängnis unserer Identität zu verlassen. Wann hast du das letzte Mal ganz bewusst einer sexuellen Fantasie nachgegangen? Wie ging es dir dabei? Was hast du dir dabei vorgestellt? War es geil? Fiel es dir leicht, bei deinen Wunschvorstellungen zu bleiben? Bist du stolz auf deine sexuellen Fantasien oder schämst du dich?

Wenn dein Puls jetzt nicht leicht angestiegen ist, dann bist du entweder abgebrüht oder echt cool, denn diese Fragen reichen tief in das Reich unserer am besten gehüteten Geheimnisse. Hast du auch welche? Oder hältst du sie sogar vor dir selbst geheim?

Du hast keine sexuellen Fantasien? Du hättest gerne welche? Du hattest früher welche, willst aber keine mehr haben? Weil sie dich davon abhalten, ganz im Hier und Jetzt zu leben oder dich ganz auf deinen Partner einzulassen? Du lässt dich gern – oder widerwillig? – von erotischen Bildern und Geschichten oder von Pornographie antörnen? Du findest, sexuelle Fantasien seien für wirkliche Intimität ein echtes Hindernis? Was auch immer deine Antworten auf diese indiskreten Fragen sein mögen: Wenn du weiterliest, riskierst du, dass du später andere Antworten findest. Also bedenke wohl …

Im Tantra suchen manche Menschen in der sexuellen Ekstase eine mystische Erfahrung, vielleicht sogar die Vereinigung mit Gott. Auch wenn Tantra viel zu oft klischeehaft auf spirituellen Sex reduziert wird, so lohnt es doch, diese Sehnsucht näher zu erforschen. Ekstase ist einer der wenigen Begriffe, die gleichermaßen mit Sexualität wie mit Mystik in Verbindung gebracht werden. Mystische Ekstase wird sogar im sexualfeindlichen Christentum mit deftigen sexuellen Anspielungen umschrieben:

O Herr, minne mich gewaltig, oft und lang. Je öfter du mich minnest, umso reicher werde ich. Je gewaltiger du mich minnest, um so schöner werde ich. Je länger Du mich minnest, umso heiliger werde ich hier auf Erden. (Mechthild von Magdeburg, 13. Jh.)

Das klingt ziemlich eindeutig, auch wenn „Minne" eigentlich Verzicht auf Sex bedeutet. Aber der Ekstase ist es egal wie du sie erreichst. „Ekstase" bedeutet „aus sich heraustreten". Spirituell verstanden bedeutet das, die engen Grenzen unseres Egos zu überschreiten. Im Sex bekommen wir einen Geschmack von einer Erfahrungswelt, in der alltägliche Gewohnheiten und Begrenzungen plötzlich außer Kraft gesetzt sind und wir von einem Begehren getrieben werden, das uns „außer uns" geraten lässt. Ab einem bestimmten Grad von Geilheit tritt das Bewusstsein in einen Zustand, wo alles andere egal wird. Je mehr wir in der Lage sind, uns dieser Geilheit hinzugeben, desto größer die Ekstase. Die vollständige Hingabe gilt als „kosmischer Orgasmus" und in ihr verschmelzen die sexuelle und die mystische Ekstase. Alles ist eins.

Diese Sätze sind leicht in die Tasten getippt, aber wie können wir uns vollständig hingeben? Und was hält uns regelmäßig davon ab?

Darüber können wir durch die Erforschung unserer sexuellen Fantasien Aufschluss gewinnen. Sexuelle Fantasien haben durchaus ihre Schattenseiten. Sie können uns in Isolation treiben, wenn wir in ihnen schwelgen und unseren Partner, mit dem wir intim sind, gar nicht mehr wahrnehmen. Sexuelle Fantasien können uns auch von körperlicher Selbstwahrnehmung ablenken oder mangelndes Körperbewusstsein kompensieren. Viele Männer – auch Frauen? – kennen das: Wir werden schnell geil von einem Porno. Dagegen macht es uns nicht ganz so schnell heiß, einfach nur unsere Aufmerksamkeit auf die Lust in unserem Körper zu lenken. Sollten wir also doch lieber dem Teufel in Gestalt sexueller Fantasien entsagen, damit wir im Kontakt mit unserem Partner ganz da sein können, ganz präsent in unserem Körper?

Aber was geschieht dann mit der Energie, die in unseren sexuellen Fantasien gebunden ist? Sie wird schlicht in den Untergrund verdrängt und lässt unsere Hingabe niemals vollständig sein. Wir halten etwas zurück. Für eine schöne sexuelle Erfahrung und für einen intimen Austausch mit unserer Liebsten mag das ausreichen oder sogar hilfreich sein, für eine mystische Erfahrung hingegen nicht. Vollständige Hingabe fordert von uns, dass wir uns vollständig bewusstwerden, was wir in uns tragen, was in uns wirksam ist und was uns innerlich bewegt. Wir können nicht hingeben, was wir zugleich im Keller versteckt halten.

Und unsere Keller sind voll. Da geht's ab, da sind Orgien im Gange, von denen du nicht mal zu träumen wagst! Oder doch?

Wenn du Licht ins Dunkel deiner sexuellen Fantasien bringen möchtest, dann ist es hilfreich, dir klar zu machen:

- Was immer dich sexuell antörnt, wenn du davon träumst: Niemand verpflichtet dich, das real auszuleben. Was du konkret leben willst, folgt zumindest teilweise ganz anderen Kriterien als was dich in Wallung bringt.

- Wir sind alle in einer Kultur aufgewachsen, die sexuell tief verletzt ist, und diese Verletzungen spiegeln sich auch in uns. Sei nachsichtig mit dir, wenn dich dieses Thema verschreckt, wenn sich deine sexuellen Fantasien versteckt halten oder du dich dafür schämst. Das ist „normal".
- Was dich erregt, geil macht oder erotisch anzieht – und sei es nur in deiner Vorstellung! - lohnt sich zu entdecken. Es ist eine unerschöpfliche Quelle der Lebensfreude und der Selbsterkenntnis.

Wir sind nicht allein. Auch nicht als sexuelle Wesen, auch nicht mit unseren sexuellen Fantasien. Aber tief in ihrem Inneren fühlen sich viele Frauen und Männer in ihrer Sehnsucht zutiefst einsam. Das hat damit zu tun, dass wir in unserer Pubertät in unseren sexuellen Impulsen nicht angemessen gespiegelt wurden. So haben wir uns teilweise von unserem Sex abgeschnitten oder uns in eine innere Traumwelt zurückgezogen, oder beides. Der Sog, der von Pornografie ausgeht und der unstillbare Ausmaße annehmen kann, ist Ausdruck dieser Wunde: Wir haben nicht miterleben dürfen, dass Sexualität eine wunderbare, lustvolle und potenziell beglückende menschliche Erfahrung sein kann. Wir mussten und müssen das selbst herausfinden.

Wir leben heute in der Schizophrenie. Einerseits werden wir mit sexuellen Bildern überflutet, andererseits sind diese meist extrem plump und spiegeln in keiner Weise unser ganzheitliches menschliches Erleben als sexuelle Wesen. Immerhin gibt es inzwischen tief berührende Bilder und Beschreibungen der vielfältigen Facetten menschlicher Sexualität. Interessanterweise tauchen diese oft unter dem Label „Erotik für Frauen" auf. Die gängigen, einfallslosen „0815-Auszieh-Leck-Lutsch-Fick-Spritz-Pornos" gelten als für den männlichen Geschmack gemacht. Dass sich Männer mit solch primitivem Pornoschrott zufriedengeben, ist für mich kein Ausdruck von Männlichkeit, sondern von sexueller Not, die allerdings selten als solche ins Bewusstsein dringt. Während viele Frauen inzwischen selbstbewusst dazu stehen, Pornos mit einem bestimmten Niveau zu mögen, tun sich Männer schwer, sich über solche Themen offen auszutauschen und bleiben einsam auf Fast-Food-Niveau hängen.

Je mehr wir das Bedürfnis nach Spiegelung in uns anerkennen, desto mehr können wir differenzieren: Was macht uns nur plump an und was erregt und bewegt uns in tieferen Schichten? Wenn wir nicht verteufeln müssen, dass uns etwas anmacht, können wir zu wahren Gourmets werden, mit exquisiten sexuellen Vorlieben und prickelnden sexuellen Fantasien, ganzheitlich verbunden mit den anderen Facetten unseres Menschseins. So werden sexuelle Fantasien zu Gleichnissen für unsere Sehnsucht nach Ekstase, und damit auch zu Gleichnissen unserer mystischen oder spirituellen Sehnsucht. Beispiele gefällig? Hier sind sie:

Sie zieht sich langsam und sinnlich aus. Ihr ganzer Körper strahlt Erotik aus. Versunken streichelt sie ihren eigenen Körper. Fast scheint sie mich vergessen zu haben, aber ab und an wirft sie mir einen Blick zu, der mir wie ein Blitz unter die Haut und nicht zuletzt direkt ins Zentrum meiner Lust fährt. Mein Schwanz schwillt an, und ich genieße es, meine wachsende Erregung zu spüren und – noch – nichts damit zu anzufangen. So kann sie sich in meinem ganzen Körper ausbreiten. Ich beginne zu schwitzen. Sie genießt sich ganz offensichtlich selbst, sie tanzt den Tanz reiner Verführung, sich selbst genug und zugleich ein Geschenk an das Leben – und an mich. Als sie auch ihren Slip auszieht und ganz und gar nackt vor mir steht, halte ich es kaum noch aus, will aufstehen, will sie berühren, will sie zu mir ins Bett ziehen, will in sie eindringen, einfach so. Aber etwas hält mich davon ab. Sie so zu betrachten, ohne Scham, aber mit pulsierendem Begehren, gepaart mit heiliger Ehrfurcht, diesen Moment möchte ich auskosten. Sie beginnt wieder zu tanzen, ihre Hände fahren dabei über ihre zarte Haut, lassen nichts aus, berühren auch voller Inbrunst ihre Brüste und ihre süße Yoni und bringen, ich kann es förmlich riechen, ihre Säfte ins Fließen …

Der Raum ist dunkel, nichts aber auch gar nichts ist für meine Augen zu erkennen. Umso deutlicher spüre ich das Knistern, das in der Luft liegt …
Vollkommen wehrlos liege ich auf dem breiten Bett, an Armen und Beinen mit Ledermanschetten gefesselt, die am Bettgestell befestigt sind. Ich fühle mich ruhig und zugleich erregt, ein Hauch von Angst meldet sich in meinem Oberbauch. Die Frau, die gleich den Raum betreten wird, habe ich noch nie gesehen. Alle Absprachen trafen wir über das Internet. Ich werde sie auch später nie zu sehen bekommen. Es wird bei dieser einen Begegnung bleiben. Es gibt nur das Hier, nur das Jetzt. Alle meine Sinne, außer dem Sehen, sind sensibilisiert. Ich höre, wie die Tür aufgeht, ein kleiner Schauer läuft über meine Haut. Ein Luftzug. Plötzlich warmer Atem an meinem Nacken, dann auf meinem Bauch. Ich kann nicht glauben, dass dies wahr ist, ich rede mir ein, ich sei im Himmel, und was jetzt auf mich wartet sei eine Initiation in göttliche Hingabe. Werde ich mich hingeben können?
Eine erste Berührung streift federleicht über meine Füße, dann die Beine hinauf zu den Innenseiten meiner Oberschenkel. Mein Lingam ist noch ganz zart und klein, doch er zuckt bereits und meldet mit einem Tropfen seine Sehnsucht an. Doch er muss warten und er glaubt zu wissen worauf. Die Fremdheit zu dieser Frau und gleichzeitig dieses totale Vertrauen, das ich ihr entgegenbringe, machen mich geil. Ich zerre an

meinen Fesseln. Die Einschränkung meiner Bewegungsfreiheit so unmittelbar zu spüren lässt meine Geilheit zu einem tiefen, süßen Glühen in meinen Lenden und zunehmend in meinem ganzen Körper anwachsen …

Wir sitzen uns in einem großen Kreis paarweise gegenüber. Wir alle sind nur mit einem Lunghi bekleidet, einem bunten Baumwolltuch aus Indien, das sich leicht ablegen lässt und unsere Nacktheit zart umhüllt. Mir gegenüber sitzt Andrea. Mit ihr hatte ich vor Jahren schon einmal eine höchst erregende sexuelle Begegnung. Danach hat sie den Kontakt abgebrochen, weil sie ihre Partnerschaft nicht gefährden wollte. Jetzt hat uns der „Zufall" wieder zusammengeführt, im Maithuna-Ritual, auf das wir uns drei Jahre lang vorbereitet haben.

In diesem Raum mit einem Dutzend Paaren gibt es kaum noch sexuelle Geheimnisse. Wir haben unsere tiefsten Sehnsüchte erforscht, aber auch unsere Abgründe. Es ist mein langsam gewachsenes bedingungsloses Vertrauen in die göttliche Natur des Eros, das mich bereit sein lässt, mich mit potenziell jeder Frau zu vereinigen. Aber jetzt ist es Andrea, die vor mir sitzt und langsam – genauso wie die anderen Shaktis – ihren Lunghi ablegt. Ich genieße es zutiefst, meinen Blick über ihre helle, weiche, nackte Haut streifen zu lassen, mich ohne jede Scheu und Scham an ihrem prallen und sinnlichen weiblichen Körper zu erfreuen. Die Präsenz, mit der sie ihren Körper füllt, erregt mich zart, lässt meine Zellen lustvoll tanzen und vibrieren. Einzelne Seufzer anderer Paare dringen an mein Ohr. Ich bade in dem Bewusstsein, dass wir gemeinsam unsere heilige Sexualität feiern, während die Poren aller meiner Sinne sich weiter öffnen …

Wenn du magst, lass diese Fantasien eine Weile auf dich wirken. Spüre, was sie in dir auslösen. Gut möglich, dass sich kritische Stimmen in dir melden, die dich davon abhalten zu fühlen und dir ihre Interpretationen aufdrängen.

In den drei Beispielen klingen Szenarien an, die je nach Geschmack sexuell erregen, aber auch die Sehnsucht nach etwas Größerem ansprechen können.

- Sich ohne Scham mit der eigenen Nacktheit und Lust zu zeigen bzw. einen anderen Menschen nackt zu betrachten, könnten wir plump Exhibitionismus oder Voyeurismus nennen und es dabei belassen. Oder wir können darin unsere Sehnsucht entdecken, uns in unserer ganzen Wahrheit gegenseitig zu erkennen.
- In den Bildern vom Sex mit einem unbekannten Menschen, gesteigert durch die Fantasie, sich auch noch vollständig gefesselt auszuliefern, klingt neben dem Prickel des Abenteuers auch die Sehnsucht nach bedingungslosem Vertrauen und Hingabe an, nach dem Loslassen jeder Kontrolle, nach der Überwindung aller Fremdheit.

- Die Szenerie vom tantrischen Gruppensex – sie ist das tantrische Klischee par excellence – ist vielleicht deshalb so „beliebt", weil wir alle uns im Sex als Teil von etwas erleben wollen, was größer ist als wir selbst, auch größer als unsere mehr oder minder enge Partnerschaft. Je nachdem, ob wir dies fürchten oder ersehnen, werden wir diese Fantasie verurteilen, belächeln, verspotten oder uns davon antörnen lassen.

Mich sprechen alle drei Fantasien erotisch an. Ich überlasse mich damit auch deinem Urteil, liebe Leserin, lieber Leser, vollständig gefesselt durch das distanzierende gedruckte Wort, durch das wir gerade kommunizieren. Ich hoffe dennoch, dass du nicht deine Peitsche herausholst und auf mich eindrischst. Darauf stehe ich nämlich nicht.

Soll ich diesen Absatz im Text lassen oder ihn löschen? Er verlangt mir genau den Mut ab, um den es bei einem unvoreingenommenen Umgang mit den eigenen Fantasien geht. Dieser Mut verdient unsere Unterstützung, bei jedem von uns!

In Tantragruppen sehe ich oft große Scham und Angst davor, sich mit den eigenen Wünschen und Fantasien zu zeigen. Sich abzugrenzen und auch mal Nein zu sagen, wenn ich etwas nicht mag, auch das ist schon eine große Herausforderung. Aber mich mit dem zu outen, was mich antörnt, ohne mich vorher vergewissert zu haben, dass ich damit angenommen bin? Das wagen nicht viele. Mir wird immer deutlicher, dass dies ebenso unsere Unterstützung verdient wie der Respekt für individuelle Grenzen.

Unsere sexuellen Fantasien – ob wir sie nun konkret ausleben oder sie lediglich als inneren Reichtum erleben – tragen auf höchst lustvolle Weise wertvolle Weisheiten in sich, über uns selbst und unsere tiefsten Sehnsüchte. Sie sind ein Schatz, den zu heben Mut und Abenteuerlust erfordert und einige Gefahren birgt. Wir könnten gar süchtig werden.

Dennoch: In unseren sexuellen Fantasien finden wir nicht nur vielfältigen Zugang zu dem, was uns sexuell erregt. Wenn wir unsere Erregung genießen, ohne in ihr gefangen zu bleiben, finden wir in unseren Fantasien Gleichnisse für Ekstase, für die Überschreitung der engen Grenzen unserer Persönlichkeit. Wir glauben unsere Persönlichkeit zu sein, aber wir sind sie nicht. Sie ist nur unsere Maske. Lassen wir unsere Masken fallen? Lassen wir uns auf die nackte Wahrheit ein! Erotik und Mystik werden eins.

Mystische und sexuelle Ekstase haben einiges gemeinsam. Sexuelle Fantasien können uns von uns selbst ablenken, uns aber auch auf tiefere Ebenen unserer Existenz aufmerksam machen. Sich ihnen zuzuwenden konfrontiert uns mit Scham und Schuldgefühlen. Zugleich kann Fantasie uns unseren inneren Reichtum vor Augen führen und helfen, die engen Grenzen unserer Persönlichkeit zu überschreiten.

> *Fantasie ist der Eros des Geistes*

7. Unwahrscheinlich erotisch

Nicht alles, was wir in einer erotischen Fantasie genießen, wollen wir real erleben. Aber vielleicht doch mehr, als wir es uns bislang erlaubt haben. Ein erotisches Leben, sprühend vor Lust und Lebensfreude, ein lebendiges Gesamtkunstwerk ohne jeden Druck und Leistungsstress, wer würde das nicht lieben? Aber sind wir Menschen überhaupt dafür geschaffen? Was steht im Weg? Welchen Preis müssten wir dafür zahlen, erotisches Neuland zu betreten? Und wenn wir – ganz bescheiden – nur etwas mehr Lebensfreude und Kreativität in unser Leben bringen wollen: Wie machen wir uns auf den Weg? Die folgenden Fragen können uns erste Hinweise dazu geben:

- Wodurch erlahmt in Langzeitbeziehungen die Lust?
- Warum können wir uns nicht bewusst und gewollt verlieben?
- Warum erleben wir Glück besonders intensiv, wenn es uns überrascht?
- Was macht echte Kreativität unberechenbar und unnachahmlich?
- Was macht das Leben so robust, obwohl es doch so verletzlich ist?

Alle diese Fragen haben etwas mit den Gesetzen von Wahrscheinlichkeit und Unwahrscheinlichkeit zu tun. Wir erleben permanent ihre Auswirkungen, ohne uns ihrer bewusst zu sein. Der Klassiker: Von plötzlicher Verliebtheit überrascht bekommt unsere Erotik einen wunderbaren Schub, lässt dann jedoch langsam nach und das Leben geht wieder seinen gewohnten Gang. Das Unwahrscheinliche hat kurzfristig die Regie über unser Leben übernommen. Würdest du gerne öfter so durchs Leben gehen, als wärst du frisch verliebt, aber nicht immer wieder deine Beziehung aufs Spiel setzen oder eine neue anfangen? Wunderbar, dann geht es dir so wie mir! Wie können wir das anstellen?

Die meisten Menschen kommen in Punkto Spontaneität immer wieder an ihre Grenzen. Das Leben wird zur Routine und berechenbar. Das ist wohl ganz normal, aber könnte es – ganz unwahrscheinlich – auch anders sein?

Dafür müssten wir etwas riskieren. Wollen wir das? Können wir das? Unsere Neugier ist uns in die Wiege gelegt, wir werden geboren mit einer Lust auf Freiheit und Abenteuer. Wir haben allerdings auch ein Bedürfnis nach Sicherheit und Geborgenheit, und unsere Kultur legt meist auf Sicherheit den größeren Wert. Wie gehen wir mit dieser Polarität um?

Zwischen diesen beiden Polen fließt der Strom des Lebens: Jedes Lebewesen will überleben und ist doch zuweilen bereit, sich zugunsten weiterer Entwicklung zu opfern. Arterhaltung und Evolution wiegen anscheinend stärker als der individuelle Überlebenstrieb. Wäre es andersherum, lebten wir noch immer auf dem Niveau von Einzellern. Wahrscheinlicher aber wären wir längst tot oder nie geboren worden.

In unserer Kultur lassen übersteigerte Sicherheitserwartungen wenig Raum für echtes Abenteuer. Umso mehr floriert die Unterhaltungsindustrie. Mit der Fernbedienung in der Hand begeben wir uns in virtuelle Welten, in denen das Leben noch unvorhersehbar ist. Aber um das Happy End wollen wir auch dort nicht betrogen werden.

Wenn eine Kultur vorrangig auf Sicherheit setzt, ist die Gegenbewegung nicht weit. Sind moderne Abenteuer in Form von Bunjee Jumping oder Swingerclubs noch halbwegs integrationsfähig, so kommt in der Gestalt des Selbstmordattentäters der krasse, zum Feind der Zivilisation erklärte Gegenpol zum Ausdruck. Der drohende Kollaps vieler Ökosysteme auf der Erde ist ein weiterer Gegenpol. Beide sind jedoch geradezu zwangsläufige Gegenspieler einer zwanghaften Kultur. Der Selbstmordattentäter riskiert alles und damit letztlich nichts. Er weiß, wie er seinem Leben ein Ende setzt und wähnt sich wohl auch noch himmlischen Lohns gewiss. Und wenn wir als Menschheit schon auf den Untergang zusteuern, dann doch bitte mit größtmöglicher, vorausberechneter Wahrscheinlichkeit.

Dies alles zu beklagen ist wenig kreativ und macht uns keinen Deut erotischer. Worin aber liegt der wirkliche Reiz des Lebens?

Nimm dir einen Moment Zeit für eine erotische Fantasie. Erlaube dir mit offenem Herzen in sinnlichen Genüssen zu schwelgen. Was würde dich zum Knistern bringen? Kannst du dir hier und jetzt eine Fantasie erlauben, mit der du dich sogar selbst überraschst? Womöglich eine, die du tatsächlich erleben möchtest?

Nimm dir dafür jetzt ein wenig Zeit und lese bitte erst dann weiter!

Hast du dir wirklich Zeit genommen oder hast du geschummelt? Willst du erst weiterlesen und später fantasieren? Willkommen im Club! Mit hoher Wahrscheinlichkeit werden es viele Leserinnen und Leser so machen – mit verschiedenen, aber immer guten Begründungen. Sehr wahrscheinlich ist so gut wie gewiss. Vielleicht kommt es dir sogar so vor, als könntest du gar nicht anders.

Aus der Quantenphysik wissen wir seit über hundert Jahren, dass es im Kern der Materie, der vermeintlichen Hochburg der Sicherheit, überhaupt keine Sicherheiten gibt, sondern nur Wahrscheinlichkeiten. Moderne Techniken wie die eines CD-Players, von denen wir erwarten, dass sie sicher funktionieren, basieren lediglich auf Wahrscheinlichkeitsberechnungen. Niemand kann voraussagen, wie sich ein Elementarteilchen – oder ist es eine Welle? – verhalten wird.

Im Bereich unserer menschlichen Sinneswahrnehmung sind diese Wahrscheinlichkeiten längst zu Quasi-Sicherheiten geronnen und können praktisch mit Sicherheit gleichgesetzt werden. Das Spannende daran ist jedoch, dass es, folgten wir diesem Prinzip konsequent weiter, gar kein Leben geben könnte. Selbst wenn wir Darwin'sche Ausleseprozesse nach dem Zufallsprinzip zugrunde legen, bleibt die Entwicklung des Lebens so unwahrscheinlich, das es kein Leben gäbe, wären nicht noch andere Gesetze am Werk als die der Wahrscheinlichkeit.

Ich nenne sie provisorisch *Gesetze der Unwahrscheinlichkeit*.

Ich betrete die Bäckerei, bin gestresst vom frühen Aufstehen, habe einen langen Arbeitstag vor mir. Mein Blick trifft ihren Blick und mein Herz beginnt zu pochen. Ein anderer Teil des Körpers auch. In bin vollkommen durcheinander, stammele „zwei Buttercroissant" vor mich hin, meinen schweißnassen Fingern rutschen zwei Euro aus der Hand, sie hebt sie für mich auf und wünscht mir einen schönen Tag. Knallrot angelaufen stürme ich auf die Straße und werde fast von einem Fahrrad angefahren ...

In dieser Szene betritt überraschend Eros die Bühne. Ein Blick trifft uns wie Amors Pfeil und katapultiert uns in eine andere Welt. Das Folgende ist wieder vorhersehbar. Wir laufen davon. Wir beantworten die ungewöhnlichen Momente des Lebens meistens sehr gewöhnlich. Was aber, wenn wir so ungewöhnlich antworten würden, wie es mit dem Blick begonnen hat?

... ich nehme die Buttercroissants entgegen und schaue ihr noch einmal in die Augen. Ein Moment des Erkennens. Mein Herz schlägt wie wild.
Ich sage zu ihr: „Mein Herz schlägt wie wild!"
Sie bekommt eine Gänsehaut, lächelt verlegen und antwortet: „Jetzt werde ich ganz verlegen und bekomme eine Gänsehaut!"

Ein weiterer Kunde betritt den Laden, und wir schalten auf den Wahrscheinlichkeitsmodus um. Keep cool, nichts anmerken lassen.
Soll ich gehen? Nein, ich bleibe im Laden und als wir wieder alleine sind, bitte ich sie um ein Blatt Papier und einen Stift und mit zitternder Hand reicht sie mir beides. Ich schreibe: „Wegen eines unvorhergesehenen Glücksfalls vorübergehend geschlossen."
Fragend schaue ich sie an. Sie zögert, sie zittert am ganzen Körper.
Dann nickt sie stumm und ich hänge den Zettel von außen an die Ladentür.
Ich komme wieder rein und sie fragt: „Erstmal einen Kaffee?"
Meine unwahrscheinliche Antwort: „Erst eine Umarmung, sonst kippe ich gleich um …"

Wenn wir den Gesetzen der Unwahrscheinlichkeit folgen, müssen wir nicht verrückte Sprünge vollführen oder den Affen machen. Das Unwahrscheinliche ist genauso naheliegend wie das Wahrscheinliche. Das Erotische ist genauso naheliegend wie das Unerotische. Und auch unsere Kreativität liegt in jedem Moment direkt unter der Oberfläche. Weit hergeholt handeln wir, wenn wir unbedingt erotisch, kreativ oder originell sein wollen, dem Naheliegenden aber nicht trauen.

Peter ist seit fünf Jahren mit Manuela zusammen. Beide sind erfahren in den Liebeskünsten von Kamasutra und Tantra. Ihr Liebesspiel ist oft eine Zeremonie. Peter hat gelernt, häufigen und lang dauernden Sex zu haben ohne zu ejakulieren. Manuela genießt es, mit Peter keinerlei Zeitdruck zu haben. Sie sind gelegentlich stundenlang vereinigt. Manchmal massieren sie sich gegenseitig, wobei auch Yoni und Lingam vielfältig verwöhnt werden. Sie kann so oft kommen, wie sie will, und auch Peter weiß, wie er ohne Samenerguss kommt. Sie erleben vollkommene Harmonie und nichts steht ihrer Liebe im Weg. Sie könnten glücklicher nicht sein.

Was fehlt? Würdest du gerne einen Roman lesen, der in diesem Stil endlos weitergeht? Was ich dabei vermisse, ist Unsicherheit, Unvorhersehbarkeit. Wir brauchen sie nicht unbedingt zum Wohlfühlen, wir brauchen sie auch nicht, um Sex miteinander zu haben. Wie wohltuend, sich der Liebe des Partners sicher zu sein, nicht immer um die ausreichende Ration Sex bangen zu müssen. Wie schön zu wissen, was der Partnerin gefällt und es ihr zu geben! Immer wieder.

Um wirklich erotisch zu sein, müsste sich die Geschichte jedoch etwas Naheliegendem, aber Unerwartetem zuwenden. Einer menschlichen Unzulänglichkeit, einem Konflikt, einem Wagnis. Was könnte das sein? Peter bringt seine Lust auf Analsex zum Ausdruck, obwohl er weiß, dass Manuela Vorbehalte hat. Manuela könnte zugeben davon zu träumen, dass er mal in sie eindringt, ohne vorher zu fragen. Dass er sich weniger kontrolliert. Selbst diese Antworten können auf die falsche Fährte führen, denn sie suggerieren, dass es wesentlich um äußere Vorgänge ginge. Es ist aber die innere Empfänglichkeit für das Naheliegende, aber Überraschende, die eine Situation erotisch und uns kreativ werden lässt. „Wenn ihr nicht werdet wie die Kinder, so werdet ihr das Himmelreich nicht empfangen."[3]

Getrimmt auf unsere Sicherheitsbedürfnisse haben wir vor dieser Dimension regelmäßig Angst. Vielleicht brechen wir zuweilen aus der Routine aus und riskieren etwas, hauen auf die Pauke oder verlieren die Kontrolle. Wahrscheinlich kehren wir aber bald in den Modus der Wahrscheinlichkeit zurück, denn wir haben nur Dampf abgelassen, den Dampf, der sich hinter unserer Gewohnheit aufgestaut hat. Die Angst vor dem Überraschenden aber ist die gleiche geblieben.

Was aber, wenn wir den „Dampf" unmittelbar fühlen? Er ist die Energie, die dem Leben seinen Drive gibt. Sie ist instabil und flüchtig. Wir können sie nicht festhalten, ohne sie zu verlieren. Wir können aber genauso instabil, genauso unsicher, genauso unerwartet auf sie antworten. Wir beantworten eine Unsicherheit mit einer neuen Unsicherheit.

Hans-Peter Dürr bezeichnet das Gehen als eine stabile Bewegung, die aus einer Kette von instabilen Momenten zusammengesetzt ist. Wenn wir gehen, sind wir in fast jedem Moment, an dem wir innehalten, leicht aus dem Gleichgewicht zu bringen. Erst in der Dynamik des Gehens werden wir stabil, können Impulse leicht aufnehmen und ohne zu wanken in unseren Gang integrieren.

Was beim Gehen schnell einleuchtet, ist auf der psychischen Ebene etwas schwerer einsehbar. Wir haben das Gewahrsein dafür verloren, wie oft wir psychische Momentaufnahmen – Gefühle – eingefroren und fixiert haben. Wir merken meist gar nicht, wie diese eingefrorenen Gefühle durch vielfältige Krücken und Haltestrukturen abgestützt sind: durch Gewohnheiten, Überzeugungen und Glaubenssätze. Wenn wir sie wieder auftauen, ist es nicht so leicht, von einem Gefühl zum nächsten überzugehen, von einer Instabilität zur nächsten. Wir stolpern über unsere eigenen Krücken! Wenn wir die gröbsten Hindernisse erkannt und aus dem Weg geräumt haben, können wir wieder in Fluss kommen. Es ist wie bei einem Tanz, der ziemlich holprig wird, solange wir uns bei jeder Bewegung fragen, ob das wohl gut aussieht oder vielleicht doch etwas zu gewagt rüberkommt. Sobald wir jedoch ins Risiko hineinentspannen, kann sich der Tanz voller Anmut entfalten.

Der Fluss des Eros entfaltet seine lustvolle Dynamik am liebsten zwischen der Komfortzone angepasster Sicherheit und der Stresszone maßloser Überforderung. Dies sind die Ufer, zwischen denen wir uns hindurchbewegen, an denen wir uns aber auch orientieren können.

Wenn wir uns am Ufer der Sicherheit in die Wasser des Eros wagen, dann verlassen wir das sichere Festland der Konventionen und erleben zunächst Scheu, Scham und Unsicherheit. Aber hast du schon einmal erlebt, wie erotisch Unsicherheit sein kann? Ein inneres Ja zur Unsicherheit öffnet uns für das Unbekannte. Wie sollten wir angesichts des Unbekannten sicher sein können?

Das Festland am anderen Ufer des Eros ist unsere Egozentrik, unsere Bereitschaft zur furcht- und kompromisslosen Selbstdurchsetzung, die durchaus zu anarchischer Geilheit führen kann. Aber sind wir hier noch erotisch? Wir riskieren viel, werden aber immer weniger empfänglich. Vielleicht brauchen wir eine immer größere Dosis für den nächsten Kick und Sex bekommt Suchtcharakter. Steigen wir von diesem Ufer her in den Fluss, werden wir durchlässiger, bringen aber Mut, Kraft und Würze mit in unsere Erotik. Hast du schonmal erlebt, wie erotisch dreiste Direktheit sein kann? Sie ist es allerdings nur, solange sie ein Spiel bleibt, das wir auch verlieren können.

Erotik ist der Pulsschlag unserer Kreativität. Sie treibt uns an, das Leben zu zeugen und zu gebären und im übertragenen Sinne das Unwahrscheinliche ins Leben zu bringen – oder genauer gesagt das Unwahrscheinliche durch uns leben zu lassen. Wir müssen es nicht selbst „machen". Wir können es auch gar nicht. Es erschafft sich durch uns. Es ist die Hingabe an diese Kraft, die unser Leben unwahrscheinlich erotisch werden lässt.

Vielleicht möchtest du dich jetzt auf den Weg machen, mehr von deiner erotischen Vielfalt zu entdecken und entgegen aller Wahrscheinlichkeit mehr und mehr ein inspiriertes, durch und durch erotisches Leben voller Kreativität führen? Vielleicht magst du dir jetzt Zeit nehmen für deine erotische Fantasie? Wie sieht dein Szenario aus, das dein Herz vor Freude hüpfen lässt und die Körpersäfte fließen? Sei dabei scheu und dreist zugleich, mutig und unsicher. Lass dich von diesen Polaritäten leiten wie von einem Kompass. Und sei nachsichtig mit dir, wenn du mal wieder im alten Trott festhängst.

Doch Vorsicht! Zwischen Wahrscheinlichkeit und Unwahrscheinlichkeit verbirgt sich auch die Scheinheiligkeit. Sie macht aus dem erotischen Spiel eine Leistung. Sie schielt auf äußere Wirkung und höhlt dich langsam aus. Auch Tantriker sind nicht davor gefeit. Sie ist die vielleicht größte Falle in einer Kultur, die so sehr vom medialen Schein durchdrungen ist. (Schein-)Erotik ist der Topseller schlechthin und dabei so berechenbar wie käuflich. Es führt also kein Weg daran vorbei, immer wieder in dich zu gehen und auszuloten, was deinem Leben in diesem Augenblick eine Prise Unwahrscheinlichkeit gibt. Es ist naheliegend. Es ist prickelnd. Und es ist ein Risiko.

Für mehr Eros in unserem Leben müssen wir unsere Komfortzone verlassen und das Unwahrscheinliche riskieren. Es liegt ganz nahe, fühlt sich aber zuweilen an wie ein kleiner Tod.
Eros erschafft die Verbindung von Wahrscheinlichem zu Unwahrscheinlichem. Im Risiko – zwischen Sicherheitsbedürfnis und Überforderung – gedeiht unvorhersehbare, unwahrscheinlich erotische Kreativität.

> *Erotik ist wahrscheinlich unwahrscheinlich*

8. Jenseits der Geschlechterklischees

Warum sich Mann und Frau so schlecht vertragen? Du kommst, mein Freund, hierüber nie ins reine. (Johann Wolfgang von Goethe, Faust)

Kaum etwas prägt unsere sexuellen Impulse, unsere sexuelle Identität, unsere Fantasien und unsere Bereitschaft zu erotischem Risiko mehr als unsere Zweigeschlechtlichkeit. Die einfache und doch folgenreiche Tatsache, dass wir – in der Regel – mit einem männlichen oder weiblichen Körper geboren werden und dann in eine Geschlechtsidentität hineinwachsen, prägt unser Leben.

So manche dieser Prägungen scheinen unausweichlich. Aber es lohnt sich, genauer hinzuschauen.

a) Männer entdecken ihre Vielfalt

Beginnen wir beim Mann. Wenn er hin und wieder seinen Schwanz in eine Möse stecken darf, ist er zufrieden. Nein, nicht ganz, er will auch noch zum Höhepunkt kommen und abspritzen. Nicht zu schnell, aber auch nicht zu langsam. Er will nicht allzu lange auf die Frau warten müssen, bei der ja alles so kompliziert ist. Dieses Klischee, so albern es wirken mag, spukt noch immer in den Köpfen von Männern wie Frauen herum. Auch viele Sexualwissenschaftler sind nach wie vor der Ansicht, männliche Sexualität sei vergleichsweise einfach strukturiert. Wenn wir uns anschauen, was auf dem Pornomarkt – vorwiegend von Männern – konsumiert wird, scheint Männern tatsächlich nicht viel an variantenreichem Sex gelegen zu sein. Die Auszieh-Leck-Fick-Spritz-Monotonie der Mainstream-Pornografie ist kaum zu überbieten, scheint aber dem Geschäft nicht abträglich zu sein. Sind wir Männer in unserem Begehren wirklich so eindimensional? Wenn nicht, was steckt dahinter, dass wir diesen Eindruck erwecken? Handelt es sich um einen Mythos, dem wir selbst auf den Leim gehen? Oder sind immer nur „die anderen" Männer so plump?

Mit Anfang zwanzig habe ich genau das geglaubt. Ich sah mich dann gezielt nach Männern um, die anders sind wie ich. Ich suchte und fand Männergruppen und habe dort wertvolle Erfahrungen gemacht. Wir waren eine männerbewegte Avantgarde, der Feminismus war unser Vorbild, wir wollten die Emanzipation auch für uns Männer, wir brachten es sogar bis zur Teilnahme an einer Anhörung des deutschen Bundestages zur „Frauenfrage als Männerfrage".

Erst viel später begriff ich, dass hinter diesen Aktivitäten ein tief verletztes Selbstbild als Mann stand. Es war einfach nicht okay, ein ganz normaler Mann zu sein. Es war politisch rückständig und sexuell niveaulos. Deswegen mussten wir anders sein, nicht zuletzt auch den Frauen zuliebe, was wir allerdings nur ungern zugaben.

Im Kern waren wir aber gar nicht anders, wir waren genauso verletzt wie andere Männer. Doch die Opferposition war bereits besetzt. Sätze wie „Jeder Mann ist ein potentieller Vergewaltiger" hatten uns die Flucht in den Opferstatus verbaut und wir waren verständig genug, den Frauen nicht auch noch diesen Status streitig machen zu wollen. Manche versuchten, über die Auseinandersetzung mit dem Patriarchat, der gesellschaftlichen Doppelmoral, den kastrierenden Müttern und den abwesenden Vätern Zugang und Legitimation dafür zu finden, wie verletzt wir als Männer sind. Aber es ist schwer, ein positives, kräftigendes, lustvolles Selbstbild als Mann zu entwickeln, wenn wir uns als Opfer unserer Umstände begreifen. Wir hatten kaum Vorbilder, wir taumelten zwischen Macho und Softie hin und her: Wer sind wir? Was macht uns aus? Und vor allem: Was macht uns an, ohne dass wir uns dafür schämen müssten? Wie können wir uns mit gesundem Stolz über unsere Erektion und Geilheit freuen, wenn ein steifer Schwanz – sofern er zur Unzeit auftritt – als Belästigung oder gar Waffe interpretiert wird, oder wenn wir befürchten, ihn zur gewünschten Zeit nicht einsatzbereit zu haben?

Wir Männer brauchen eine Kultur des offenen, vertrauensvollen Austausches miteinander, in dem wir unsere Scham überwinden, ohne dem Protz auf den Leim zu gehen. Wo können wir Männer entdecken, wer wir sexuell tatsächlich sind, was wir wollen, was wir fühlen, was wir begehren und was uns zum Wahnsinn treibt? Oder zur Erleuchtung?

Ich persönlich habe im Tantra einen Raum gefunden, in dem ich jenseits all der vorgefertigten Muster und Vorstellungen eine Entdeckungsreise begann, die noch lange nicht zu Ende ist. Nicht nur im Tantra können wir unserer Neugier auf lustvolles Mannsein nachgehen und Tantra ist entgegen landläufiger Klischees weit mehr als spiritueller Sex. Was mir aber beim Tantra sehr geholfen hat, ist die bejahende, nicht wertende Grundhaltung allem Lebendigen und damit auch meiner Sexualität gegenüber. Es lohnt sich, die gängigen Klischees hinter uns zu lassen. Es gibt jenseits der ausgetretenen Pfade soviel Geiles zu entdecken. Unsere Sexualität ist ein Geschenk des Himmels. Wir dürfen es auspacken und damit spielen. Es gehört uns!

Manche Männer haben es gewagt, sich jenseits sexueller Normen zu erforschen. Martin berichtet von der Lust, nicht immer kommen zu müssen:

Ich spiele sehr gern mit der Erregung kurz vor dem „Point of no Return". Eine Seite in mir will am liebsten sofort kommen und abspritzen und dieses geile Gefühl sofort erleben, ohne jeden Gedanken an später. Die andere Seite will die Erfahrung in die Länge ziehen. Sie möchte die Ekstase des „Kurz-Vorher" ewig behalten, bis sie sich in meinem ganzen Körper und in meiner ganzen Seele ausbreitet. Diese beiden Seiten lasse ich gern miteinander spielen. Ich genieße es, ihnen zuzuschauen und dabei zu beobachten, wie die Erfahrung immer intensiver wird. Der „Ausgang" – ob ich am Ende dann eine Ejakulation habe oder nicht, ob ich vorher bereits Orgasmen habe oder nicht – ist meistens ungewiss. Gerade das macht es aufregend und befriedigend zugleich.

Pascal hat sich getraut, die für viele Männer angstbesetzte Körperregion des Anus mit einzubeziehen:

Was mein ganzes sexuelles Erleben grundlegend veränderte, war das Entdecken meiner analen Lust und meiner Prostata. Wenn ich nicht erregt bin, spüre ich da gar nichts oder es tut sogar weh. Wenn ich aber mit einem Finger oder mit einem Dildo in mich eindringe und dabei bereits geil bin, dann geht in meinem Körper eine weitere Tür auf. Die Erregung, die sonst nur einen Ausweg kennt (die Ejakulation), breitet sich in meinem Körper aus. Manchmal kriecht sie die Wirbelsäule hinauf bis in den Hinterkopf. Ein Schaudern geht durch meinen Körper, wie ein kleiner Orgasmus, der aber nicht nur im Becken stattfindet. Wenn die „Hintertür" offen ist – und dafür reicht mir heute manchmal die innere Vorstellung ohne direkte anale Stimulation aus –, kann ich ganz unterschiedliche Orgasmen haben, mit und ohne Ejakulation oder nur mit einer kleinen Ejakulation. Ich erlebe ganz unterschiedliche Formen von Befriedigung. Je länger ich forsche, desto vielfältiger wird die innere Landschaft.

Für viele Männer beginnt die Entdeckungsreise bei dem Wunsch, dass der gewöhnlich so kurzfristige Genuss des Orgasmus sich ausdehnen möge. Aber auf die Idee muss man erst mal kommen beziehungsweise sie für realisierbar halten. Die meisten Sexualwissenschaftler und die gängige Aufklärungsliteratur bedienen immer noch das alte Bild: Der männliche Orgasmus geht mit einer Ejakulation einher, danach folgt die „Refraktärzeit" und während dieser läuft (= steht) erst mal nichts mehr. Ich kann diese Zwangsläufigkeit aus eigener Erfahrung nicht bestätigen. Ein dem gewöhnlichen Orgasmus nahekommendes „orgasmisches" Lustgefühl kann viele Minuten, wenn nicht sogar Stunden andauern.

Durch dieses Erleben relativiert sich der Orgasmus als das vermeintliche Ziel jeder sexuellen Erfahrung. Manche Männer erleben es als höchst lustvoll, eben nicht über die Klippe des „Point of no Return" zu springen und das Feuer sanft glimmen zu lassen, anstatt es immer gleich zum Lodern zu bringen. In der stilleren Glut tauchen ganz andere, oft sehr intime Gefühle auf.

Auch alte Verletzungen können sich bemerkbar machen. Wenn Sex und Herz gleichzeitig gefühlt werden, können alte Trauer, alte Angst und alte Wut, alter Schmerz, alte Scham oder alte Einsamkeit auftauchen. Nicht immer schaffen wir es allein durch dieses Gefühlsdickicht, sondern brauchen wohlwollendes Verständnis und vielleicht auch therapeutische Unterstützung. Manche Männer sind überrascht oder denken sogar, mit ihnen stimme etwas nicht, wenn in großer sexueller Erregung plötzlich beispielsweise Trauer auftaucht. Doch es ist ganz normal, dass mit einem höheren Energiepegel auch mehr Gefühle hochgeschwemmt werden, wie bei einem Fluss, der plötzlich mehr Wasser führt und all die Ablagerungen am Ufer wieder in sich aufnimmt.[4]

Gefühle, die plötzlich ohne erkennbaren Zusammenhang und Anlass intensiv auftauchen, können verwirren. Besonders in Partnerschaften können wir uns damit leicht verstricken. Wenn wir die Gefühle unterdrücken, kann die sexuelle Lust unter der Last alter Verletzungen ersticken. Wenn wir mehr fühlen, werden wir auch verletzbarer und jede sexuelle Begegnung wird zu einem emotionalen Risiko. Manche Paare polarisieren sich derart, dass die Frau Liebe und Zärtlichkeit einklagt, der Mann sich hingegen auf seine sexuellen Bedürfnisse zurückzieht, mit dem märchenhaften Ergebnis: Sie konnten zusammen nicht kommen. Das alte Männerbild scheint bestätigt.

Männer, die dieser Falle entkommen und das Herz und die Vielfalt der Gefühle nicht als Domäne der Frau begreifen, machen die Erfahrung, wie viel tiefer das erotische und sexuelle Erleben reicht, wenn auch alle anderen Gefühle frei fließen. Dies beginnt nicht erst, wenn wir mit einer Frau im Bett sind. Auch mit uns allein kann sexuelle Lust mehr sein als sexuelle Bedürfnisbefriedigung. Wir können und dürfen uns selbst lieben, unseren Körper mit seiner Lust, unsere Gefühle mit ihrer Intensität und Intimität, unser gesamtes Sein ohne jeden Druck, irgendetwas leisten zum müssen! Leidenschaftlich, sinnlich und mit ganzem Herzen.

Obwohl längst bekannt ist, dass sexuelle Selbstbefriedigung zu unserem Alltag gehört, haftet ihr doch noch der Geschmack von Ersatzbefriedigung an. Manchmal ist sie das vielleicht auch, wenn wir eigentlich lieber mit einem Partner Sex hätten. Aber müssen wir deswegen schamhaft entwerten, dass wir uns manchmal selbst „belustigen"? Scham ist eine der größten Barrieren, wenn es darum geht, uns offen und ehrlich über unsere sexuellen Erfahrungen, Wünsche und Fantasien auszutauschen.

Sehr verbreitet und doch mit großer Scham besetzt ist im Zusammenhang mit männlicher Sexualität der Konsum von Pornografie. Könnte die Niveaulosigkeit der meisten Pornos Ausdruck davon sein, dass Männer vor lauter Scham gar nicht wahrnehmen, was in ihrem Körper beim Betrachten eines Pornos vor sich geht? Auch beim Herunterwürgen von Fastfood spüren wir ja wahrscheinlich kaum, wie es wirklich schmeckt.

Niveauvollere Pornografie wird heute unter dem Label „frauenfreundlich" oder „paartauglich" gehandelt. Sind Männer mehrheitlich tatsächlich so begeistert vom 08/15 Porno? Ich glaube, hier sitzen tiefe Verletzungen dahinter, die – vor allem solange sie unbewusst bleiben – Männer daran hindern, offen ihre sexuellen Wünsche und Vorlieben zu erforschen und sich dazu zu bekennen.

Es stimmt, fast jede sexuelle Szene kann uns Männer aufgeilen und sei sie noch so simpel inszeniert. Es liegt mir fern, dies zu verurteilen, ganz im Gegenteil. Erst wenn wir dies als eine Fähigkeit anerkennen, können wir uns weiterentwickeln und unsere sexuellen Bedürfnisse mit unseren anderen menschlichen Bedürfnissen wie Freiheit, Anerkennung, Intimität, Zärtlichkeit und Liebe in Verbindung bringen. So entwickelt sich auch unsere Fähigkeit zu exquisitem sexuellen Geschmack.

Übrigens wollen einige Wissenschaftler experimentell nachgewiesen haben, dass auch Frauen von primitiver Pornografie sexuell erregt werden, dies aber oft nicht ins Bewusstsein dringen lassen, weil innere Urteile das nicht zulassen.[5] Dass Frauen, wenn sie denn überhaupt darauf stehen, niveauvolle Pornografie fordern, stammt also möglicherweise gar nicht daher, dass sie erotisch anders empfinden als Männer, sondern dass sie rein triebhaften Sex verurteilen. Auch dahinter liegen tiefe Wunden, die Frauen über viele Generationen hinweg erlitten haben und die manche Verurteilung verständlich machen.

Auf Urteilen gleich welcher Art wächst keine Heilung. Heilung brauchen Männer wie Frauen, allerdings teilweise auf unterschiedlichen Wegen.

Die wenigsten Kinder und Jugendlichen werden im Prozess ihrer sich entwickelnden Sexualität angemessen gespiegelt, sondern entweder damit allein gelassen oder missbraucht. Aus den damit einhergehenden Wunden entstehen die unterschiedlichsten Symptome, von Gefühllosigkeit über Fixierungen bis hin zu rigiden Urteilen. Aus Wunden speisen sich aber manchmal auch Sehnsüchte, die Wegweiser zu einer erfüllenden Sexualität sein können. Eine meiner tiefsten Sehnsüchte ist, dass Erotik und Sexualität in jedem Moment meines Lebens präsent sein dürfen. In dieser Sehnsucht geht Sexualität weit über das hinaus, was wir gewöhnlich als Sex definieren und damit vom sonstigen Leben absondern.

Es ist eher ein lustvolles Pulsieren, welches das Leben prickelnd und aufregend macht.

Männer tun sich oft schwer, sich ihren Verletzungen auf einfühlsame Weise zuzuwenden und tendieren dazu, nach einem Bypass ums wunde Herz herum zu suchen. Aber sowohl Männer als auch Frauen stellen zuweilen überrascht fest: Ja, Männer wollen manchmal das Eine. Aber wir haben auch ein Herz und wir haben vielfältige Erlebnismöglichkeiten – nicht zuletzt auch im Sex. Viele davon haben wir noch nicht mal ansatzweise entdeckt. Wenn wir aufhören zu glauben, wir seien eben einfach gestrickt, haben wir zumindest ein Hindernis weniger, was wir auf unserer Entdeckungsreise aus dem Weg zu räumen haben.

Männer wollen immer nur das Eine? Männer müssen sich nicht durch Mythen wie „Der Orgasmus ist Ziel und Endpunkt sexuellen Begehrens" davon abhalten lassen, ihre Sexualität unvoreingenommen zu erforschen. Jenseits der Klischees beginnt das Abenteuer lustvoller Entdeckungsreisen.

> *Wenn Männer da sind, müssen sie nicht kommen*

b) Frauen finden zu ihrem Begehren

Während Männer mit dem Klischee zu kämpfen haben, eine wenig komplexe Sexualität mitbekommen zu haben, ringen Frauen mit dem gegenteiligen Vorurteil. Ihre Sexualität gilt als so kompliziert, dass echte sexuelle Erfüllung schwer zu erreichen sei. Freud war nicht der erste und auch nicht der letzte Mann, der beim Versuch, Frauen zu verstehen, großartig gescheitert ist. Er sah dies weniger als seine eigene Begrenzung, sondern gab dies als Charakteristikum der Frau aus. Weibliche Sexualität gilt seit Urzeiten als geheimnisvoll. Nur weil ihre Geschlechtsorgane im Vergleich zu ihren männlichen Pendants etwas versteckter liegen, wie manche Forscher vermuten? Oder sind hier auch kulturelle Hindernisse im Spiel?

Während vom Manne nichts Anderes erwartet wird, als dass er schlicht und einfach Sex will, wird dieser Wunsch Frauen nach wie vor abgesprochen. Dass auch Frauen Sex wollen, ist kaum noch zu verleugnen, doch das ist noch nicht lange selbstverständlich. Noch vor wenigen Jahrzehnten taten sie es, wenn sie es überhaupt freiwillig taten, dem Mann zuliebe oder sie sahen darin ihre eheliche Pflicht. Sie taten es, um sich einen Mann zu angeln oder ihn zu halten. Und manche taten es nur gegen Bezahlung, in welcher Währung auch immer sie sich bezahlen ließen. Alle diese Phänomene gibt es noch immer, dennoch liegt die Zeit zum Glück hinter uns, als Frauen jede eigene Lust auf Sex abgesprochen wurde. Aber wenn eine Frau einfach nur Sex will, weiter nichts, gilt das noch immer als erklärungsbedürftig.

Was ist also dran an der These, dass weibliche Sexualität komplizierter ist, und was steckt dahinter? Ich sehe darin zuallererst – analog zu den Klischees über Männer – ein Symptom für jahrhundertelange Unterdrückung weiblicher Sexualität. Dadurch blieben nicht nur die sexuellen Motive der Frau im Dunkeln, auch ihre sexuelle Anatomie wurde lange kaum erforscht und ist nach wie vor umstritten. Dies ist ungeheuerlich in Anbetracht dessen, was die moderne Medizin ansonsten alles entschlüsselt hat. Die Existenz des G-Punktes wurde über Jahrzehnte verleugnet und noch heute sind sich nicht alle Forscher einig, um was es sich bei dieser teils hochsensiblen, teils gar nicht bemerkbaren Zone an der oberen Scheidenwand handelt. Für mich als Mann erscheint es schwer vorstellbar, dass ein Punkt, der bei vielen Frauen Orgasmen auslösen kann, in seiner Existenz bestritten wird.

Aber so ungewöhnlich ist das gar nicht. Viele Männer haben auch keine Ahnung, welches Lustpotenzial in ihrer Prostata beheimatet liegt, in gewisser Weise das Pendent zum weiblichen G-Punkt. Vor allem aber haben Frauen es nicht leicht, ihrer eigenen Wahrnehmung zu trauen. Über Jahrhunderte galt: Was nicht sein darf, kann nicht sein. Innerhalb von nur wenigen Jahrzehnten hat sich alles verändert, nun *muss* es plötzlich sein. Sie muss Lust haben, sie muss zum Orgasmus kommen, sie muss sogar rein vaginal zum Orgasmus kommen, sonst ist sie keine reife Frau. Wenn sie jedoch feministisch vorbelastet ist, darf sie womöglich nicht auf vaginale Orgasmen abfahren, denn diese gelten mancher Feministin als androzentrische Erfindung des Patriarchats.

Auf der anatomisch-physiologischen Ebene scheint die Debatte klitoral oder vaginal inzwischen geklärt. Was lange Zeit als Klitoris galt, ist nur die Eichel eines viel größeren Organs, das sich entlang der Vaginalwände nach innen erstreckt. Ein Orgasmus kann nicht nur an der Eichel, sondern auch am Penisschaft ausgelöst werden. Das kann ich als Mann leicht verstehen. Aber warum wurde und wird darüber jahrzehntelang gestritten?

Da muss mehr dahinterstecken.

Wenn es für eine Frau einfach ist, sich lustvolle Gefühle zu verschaffen, wieso tun viele es dann nicht? Einfach so! Allein oder auch mit Partner. Nachdem moralische oder religiöse Bedenken als Antwort kaum mehr ziehen, gibt es doch eine Vielzahl anderer Antworten, die alle zum gleichen Ergebnis führen, nämlich die Frau von ihrer Lust abzubringen. Hier eine kleine Auswahl:

- Eine Frau ist evolutionsbedingt im Vorteil, wenn sie Sex dazu benutzt, einen Partner an sich zu binden, der sich mit ihr um die Nachkommen kümmert. Daher darf sie Sex nicht „kostenlos" verschenken.
- Eine Frau nimmt im Sex einen fremden Körper in sich auf. Damit macht sie sich besonders verletzlich und braucht das Vertrauen einer tiefen Bindung.
- Frauen können Sex und Herz nicht so leicht voneinander trennen, deswegen mögen sie keinen Sex ohne Herzkontakt.
- Frauen brauchen mehr Zeit und besondere Einfühlung, um loszulassen und zum Orgasmus zu kommen. Daher müssen sie wählerisch sein, wem sie sich hingeben.[6]
- Eine Frau, die sich einfach nur Sex holt, wird verachtet. Sie muss sich davor schützen, als Schlampe oder Flittchen angesehen zu werden.
- Frauen sind tiefer mit ihren Gefühlen verbunden, deswegen finden sie puren Sex langweilig und abstoßend.

Die Liste ließe sich mühelos fortsetzen und manches davon klingt durchaus plausibel. Aber stimmt das alles überhaupt? Wollen Frauen wirklich nicht manchmal einfach nur Sex?

Anerkanntermaßen gibt es Ausnahmen, die aber regelmäßig als Bestätigung der Regel herhalten müssen. Eine Frau, die mit vielen Männern ins Bett geht, gilt als nymphoman. Eine Frau, die behauptet, sich gerne zu prostituieren, gilt als Opfer früherer Missbrauchserfahrungen, die sie verdrängt hat. Eine normale Frau ... tut so etwas nicht. Doch immer weniger Frauen wollen normale Frauen sein. Längst ist ein neues sexuelles Selbstbewusstsein insbesondere junger Frauen im Mainstream angekommen. „Junge Frauen zeigen sich heute offener für neue Sexualpraktiken als in den Neunzigerjahren."[7]

In manchen meiner Seminare sitzen Frauen und Männer kollektiv einander gegenüber und dürfen sich intime Fragen stellen. In so einer Situation fragte ein Mann: „Wollt ihr tatsächlich immer eine Beziehung, wenn ihr mit einem Mann schlaft?" Die erste Antwort von Seiten der Frauen war ein entschiedenes „Ja!"
Doch nach einer kurzen Pause rief eine Frau „Veto! Bei mir ist das nicht so!" Das folgende Gelächter hatte nicht nur für die Männer, sondern anscheinend auch für die Frauen etwas Befreiendes. Weitere Frauen schlossen sich dem Veto an, berichteten aber auch von der Scham und den Ängsten, die für sie damit verbunden sei, zu ihren sexuellen Wünschen außerhalb einer festen Partnerschaft zu stehen. Ganz sicher wollten sie ihr Statement nicht als Freibrief verstanden wissen, dass nun jeder kommen und mit ihr ins Bett gehen könne.

Ist der sexuelle Unterschied zwischen Frauen und Männern also gar nicht so groß wie meist angenommen wird? Als bedeutender Unterschied zum Mann gilt wie bereits erwähnt die Tatsache, dass Frauen weniger Pornos konsumieren als Männer, und wenn, dann niveauvollere, mit einer Story drum herum. Es gibt allerdings Untersuchungen, die darauf hindeuten, dass Frauen durchaus auch von einfachen Darstellungen des Geschlechtsaktes sexuell erregt werden, dies interessanterweise aber selbst gar nicht zu merken scheinen, obwohl gesteigerte Blutzufuhr und Flüssigkeitsabsonderung in der Vagina messbar sind.

Frauen haben demnach gelernt, sexuelle Empfindungen auszublenden, wenn diese bestimmten inneren Kontrollinstanzen nicht genehm sind. Daher wird ein sexueller Impuls oft einfach nicht bemerkt oder in Abscheu oder Ekel umgedeutet, wenn das dem eigenen Selbstbild besser entspricht. Dann ist der Porno eklig und frau empfindet normal. Wie nahe allerdings Lust und Ekel beieinanderliegen, sehen wir bei Kindern, die einen Heidenspaß daran haben, sich nach Herzenslust zu ekeln. Solange, bis ihnen ein anderes, „anständiges" Verhalten beigebracht wird.

Das sexuelle Potenzial von Frauen ist also weit größer als ihre tatsächlich gelebte Sexualität. Immer mehr Frauen stehen dazu. In meiner Paartherapiepraxis ist immer häufiger die Frau diejenige, die unter zu wenig Sex leidet, und mit dieser Beobachtung stehe ich nicht allein. Ist vielleicht alles ganz anders und Frauen sind von Natur aus diejenigen, die immerzu Sex wollen? Es gibt die Theorie, dass Männer davon irgendwann genug hatten und Frauen unterdrückten, um endlich ihre Ruhe zu haben. Dabei seien sie deutlich über das Ziel hinausgeschossen und vermissten nun ihrerseits den Sex. Die These ist nicht neu und findet immer mal wieder prominente Fürsprecher. Überprüfen lassen sich solche Thesen kaum, stattdessen sind wir geneigt das zu glauben, was unserer eigenen Erfahrung entspricht. Mancher Mann hat schon erlebt, wie ungemütlich eine Frau werden kann, die sich sexuell vernachlässigt fühlt.

Das Thema ist facettenreich und nicht leicht zu durchdringen. Vielfältige Glaubenssätze, Selbstbilder, Geschlechterdynamiken und unverarbeitete Erfahrungen verstellen den Blick auf das, was weibliche Sexualität sein kann. Ich halte es für möglich, dass weibliche Sexualität für sich genommen gar nicht komplexer ist als männliche, sondern nur das Minenfeld um sie herum. Manchmal handelt es sich auch nur um eine stattliche Anzahl von Fettnäpfchen, in die Mann nicht immer treten möchte. Soll doch die Frau sagen, was sie will, dann wissen wir, woran wir sind. Auch das bekomme ich in Seminaren immer wieder mal zu hören.

Leider tun Frauen den Männern diesen Gefallen oft nicht. Hier kommt ein weiteres wesentliches Thema hinzu, was dafür sorgt, dass Frauen ihre Sexualität nicht allzu schnell ausleben. Dieses Thema heißt Führung und Hingabe. Viele Frauen wollen geführt werden, sicher nicht von jedem und sicher nicht überall hin, aber sie stehen entgegen aller politischen Korrektheit auf Männer, die die Führung übernehmen. Aufgrund meiner feministischen Sozialisation wollte ich das lange nicht wahrhaben, aber wiederholte Umfragen und vielfältige eigene Erfahrung lassen es mich für möglich halten, dass da etwas dran ist, warum auch immer. Da Sex in der Regel nicht zustande kommt, wenn niemand Initiative und Führung übernimmt, kommen wir um dieses Thema nicht herum.

Männer, die sich Sex wünschen, sind daher gut beraten, wenn sie lernen, auf einfühlsame, mutige und klare Weise Führung zu übernehmen und sich von den vielfältigen Manövern der Frauen nicht sofort davon abbringen zu lassen. Damit schlage ich nicht in die chauvinistische Kerbe, ein Nein einer Frau sei nicht zu respektieren. Aber ein erstes Nein darf durchaus – gepaart mit Charme und Lebenserfahrung und dem Mut zum Scheitern – überprüft werden, mit allem Respekt.

Heißt das nun, Führung sei männlich und Hingabe weiblich? Da bin ich mir nicht so sicher. Dass Frauen zuweilen geführt und auch verführt werden möchten, kann ich nämlich gut nachfühlen. Solche Motive finde ich auch in mir als Mann, genauso wie manche Frau darauf steht, selbst die Führung zu übernehmen. Beides ist absolut menschlich.

Sich die eigenen sexuellen Wünsche jenseits aller Rollenbilder und Klischees einzugestehen und sie zu artikulieren, dazu möchte ich Frauen genauso ermuntern wie Männer. Für mich bekommt Sexualität ihr Geheimnis, ihr Mysterium zurück, wenn wir mit unseren Rollen spielen und nicht mehr klar ist, was wessen Part ist. Wie schön, wenn wir uns mitten im sexuellen Tanz überraschen können, uns dabei verlieren und immer wieder neu finden. Weibliche und männliche Energien sind die beiden Pole in diesem Tanz, aber weder Männer noch Frauen sind darauf festgelegt, welchen Part sie gerade darin übernehmen.[8]

Frauen sind sexuell kompliziert? Können sie sein, müssen sie aber nicht. Negative Urteile gegenüber bindungslosem Sex sind bei Frauen mächtiger als bei Männern. Der verbreitete Wunsch, Sex in einer erfüllenden Partnerschaft zu leben, ist für beide nicht die einzige Option.
Frauen wie Männer können im Sex die Führung übernehmen oder sich der Führung anvertrauen.

> *Frauen – und Männer – können kompliziert sein.*
> *Müssen sie aber nicht.*

9. Der lustvolle Tanz zwischen Ziel und Zyklus

Die Rollenverteilung im Sex hat Konsequenzen weit über den Sex hinaus. Je rigider die Rollen verteilt werden, desto rigider ist auch die Kultur, in der sie gelebt werden. Der Blick in streng islamisch orientierte Staaten kann dies illustrieren. Starre Geschlechterrollen korrespondieren mit einer Kultur unter dem Diktat von Dogmen. Dass eine andere Kultur- und Gesellschaftsordnung den Sex verändert, haben wir im Westen seit den Sechzigerjahren leibhaftig erlebt. Doch ist dies auch umgekehrt möglich? Können wir durch sexuelle Praxis unsere Kultur verändern oder gar durch Sex die Welt retten?

Make love, not war. Die Idee ist etwas in die Jahre gekommen und hat sich zudem als ziemlich naiv herausgestellt. Sexuelle Freiheiten bringen noch keinen Frieden. Unsere hart erkämpfte sexuelle Freiheit wurde von einer umfassenden Kommerzialisierung vereinnahmt und es wird weiter Krieg geführt. Doch es lohnt sich nach wie vor, den Zusammenhang näher zu beleuchten. In sexuellen Erlebens- und Verhaltensmustern spiegeln sich kulturelle Fixierungen, die den Fortbestand der menschlichen Spezies bedrohen. Kann eine veränderte Perspektive auf unsere Sexualität etwas dazu beitragen, unheilvolle Verhaltens- und Denkmuster zu erkennen und sie zu überwinden?

Aber mal der Reihe nach. Von welchen Mustern ist hier überhaupt die Rede?

Sex ist unbestritten eine der mächtigsten Kräfte des Lebens. Unsere Beziehung zu dieser Urkraft ist ambivalent, sowohl individuell als auch kollektiv. Von Sex versprechen wir uns höchstes Glück und befürchten zugleich tiefe Verletzungen. Vielleicht haben wir beides schon erlebt. In Spiritualität und Religion reicht das Spektrum dessen, als was Sexualität angesehen wird, von *Teufelszeug* bis *Königsweg zur Erleuchtung*. Ideologische Brisanz macht es schwer, einen unvoreingenommenen Blick auf das zu werfen, was Sexualität tatsächlich ist und was sie sein kann.

Aus meiner Sicht ist Sexualität wesensmäßig ein Spiel der Gegensätze, mit der diesem Spiel innewohnenden Sehnsucht nach Vereinigung, die aber immer nur zeitlich begrenzt gelingen kann. Die darin angelegte Spannung erleben wir natürlicherweise als lustvoll, andernfalls wären wir längst ausgestorben. Aber die Lust am Spiel der Polaritäten wird überlagert und verzerrt von Verletzungen und daraus resultierenden Schutzhaltungen und Überzeugungen. Uns auf Sex einzulassen ist eine Geschichte zwischen Hoffen und Bangen, zwischen Erfüllung und Enttäuschung und ein wohl niemals abgeschlossener Prozess individueller und kollektiver Entwicklung. Diese Entwicklung beinhaltet vor allem, wie wir die beiden Pole, zwischen denen Erotik und Sexualität schwingt, erleben und bewerten.

Worin besteht die grundlegende Polarität des Eros? Die Klischees weiblicher und männlicher Sexualität weisen uns den Weg:

- ER will immer nur das Eine. Männliche Sexualität bestimmt sich dadurch, dass sie ein Ziel hat und er dieses Ziel voller Inbrunst verfolgt.
- Aber was will die Frau? Lange ließ die Sexualforschung diese Frage unbeantwortet, aber inzwischen wissen wir: Die Frau will … *mehr*! Es geht immer weiter und weiter und weiter, der Höhepunkt ist nur eine besondere Phase innerhalb einer Kurve, die nie endet.

Die beiden Qualitäten – Ziel und Zyklus – stehen sich manchmal diametral gegenüber und sorgen für manchen Verdruss, vor allem dann, wenn wir uns dessen nicht bewusst sind, dass sie zwei Pole bilden, zwischen denen sich erotische Spannung erst aufbauen kann. Anstatt das Liebesspiel zu genießen, wie es ist – er will endlich loslegen und zum Ziel kommen und sie, naja sie, sie will erst mal zärtlich entspannen und hat uneeeendlich viel Zeit – verwandelt sich der Sex zu einem Kampf um richtig und falsch. Im balzenden Tierreich können wir beobachten, wie diese Polarität durchaus lustvoll Tänze generiert. Das Männchen nimmt immer wieder Anlauf und führt dabei allerlei beeindruckende Kunststückchen auf, das Weibchen heizt ihn weiter auf, indem es ihn nicht allzu schnell zum Ziel kommen lässt. Aber anstatt zu beklagen, dass er an seinem Ziel so unverdrossen festhält, nutzt sie sein Begehren, um ihr eigenes langsam aber sicher aufzuladen und sich ihm dann irgendwann, wenn sie wirklich bereit ist, vollständig hinzugeben.

Natürlich mögen wir weder auf tierisches Balzverhalten noch auf die weiblich/männlichen Klischees reduziert werden. Es hat sich herumgesprochen, dass Frauen wie Männer die gesamte männlich-weibliche Polarität in sich tragen. Wenn sie sich nicht durch Geschlechterrollen daran hindern lassen, können auch Männer es genießen, nicht gleich auf das Ziel zuzusteuern, sondern auch mal auf Zeit zu spielen und sogar das Ziel aus den Augen zu verlieren. Und nicht jede Frau wartet geduldig, bis der Mann ihr Höhepunkte verschafft, sondern manche weiht ihn selbst- und zielbewusst in die Geheimnisse ihrer Sexualität ein oder hilft selbst mit. Ziel und Zyklus können also sowohl von Männern und als auch von Frauen manifestiert und erlebt werden, was dem sinnlichen Treiben Farbe und Variationsmöglichkeiten verleiht.

Dennoch habe ich oft beobachtet, dass aus dem Spiel der Polarität Kampf und Krampf entstehen. Anstatt sich über unterschiedliche Bedürfnisse auszutauschen, geht es dann darum, wer Recht hat oder wer welche Macke. Anstatt lustvoll zu vögeln oder mit der Aussicht darauf zu spielen, inszenieren wir einen Glaubenskrieg. Zum Glaubenskrieg gehören Glaubenssätze, die dem Schwingen der Pole einen unüberwindbaren Riegel vorschieben, solange wir sie nicht als solche erkennen. Viele solcher Glaubenssätze ranken sich rund um das Thema: Welche Absichten verfolgen wir beim Sex? Oder eben gerade nicht.

Nicht nur in der Tantraszene ist es verpönt, wenn ein Mann in der Begegnung mit einer Frau von Anfang an gewisse Ziele verfolgt. Indem er diese vorsichtshalber kaschiert und somit klassische Hintergedanken generiert, macht er natürlich alles nur noch schlimmer. Er möge doch bitte lernen, absichtslos zu werden, heißt es. Viele Männer sind gutgläubig in diese Falle getappt, auch ich. Wir haben geglaubt, Frauen würden uns eher begehren, wenn sie sich in keiner Weise von uns bedrängt fühlen. Ins Bett gegangen sind sie dann aber doch mit einem anderen. Au, das tat weh. Wenn wir das Wesen der Polarität verstehen, ist das Verhalten der Frau kein Wunder. Absichtslosigkeit wird erst richtig erotisch, wenn auch Absichten im Spiel sind. Das kann die eine oder andere Frau vor Herausforderungen stellen, denn vielleicht steckt ihr noch in den Zellen, sie sei eine Schlampe oder ein Flittchen, wenn sie genau weiß und zeigt, was sie sexuell will.

Absichtslosigkeit und Absichten gehören zusammen. Das gilt natürlich auch umgekehrt. Ohne die Fähigkeit, Absichten zu relativieren, bekommen diese keine Luft zum Atmen, werden starr. Mancher Mann träumt davon, endlich die Frau zu treffen, die offen und direkt dazu steht: Ich will mit dir schlafen und du musst mich nicht gleich heiraten. Wenn sich aber beide allzu schnell einig sind, machen sie oft die Erfahrung, dass nach einem Strohfeuer alles vorbei ist. Auch das wird verständlich, wenn wir sehen, dass unserem Ziel der andere Pol fehlt, der Pol des Zyklischen.

Wie viel intensiver und lustvoller wird der erotische Tanz, wenn Hindernisse und Verzögerungen ins Spiel kommen, wenn wir eine Extrarunde drehen dürfen und unsere eindeutigen Ambitionen im zyklischen Spiel immer wieder loslassen, um sie später wiederaufzunehmen, aufzuladen und kreativ auszudrücken. Nur wenn wir unseren Wünschen und Begierden Zeit lassen, sich im Erleben und im Kontakt wellenförmig auszubreiten, können wir uns von ihrer Erfüllung überraschen lassen. Es ist hilfreich, wenn auch der Mann sein Verlangen nach einem Orgasmus zugunsten eines ewigen Verweilens in Höhen und Tiefen der Lust aufgeben kann (aber nicht muss). Tantra lehrt diese spezifisch männliche Repertoireerweiterung seit Jahrtausenden, in den sexualwissenschaftlichen Erregungskurven ist sie allerdings nach wie vor nicht vorgesehen.

Glaubenssätze haben wir nicht zum Spaß, hinter den hartnäckigsten Glaubenssätzen finden wir Angst. Viele Männer und Frauen begegnen typischen Ängsten, wenn sie beginnen, beide Pole zu leben. Manche Männer bekommen Angst, impotent oder um den Hauptpreis betrogen zu werden, wenn sie ihre archaischen Ziele, Penetration und Orgasmus, nicht nur verzögern, sondern loslassen. Manche Frauen befürchten, zurückgewiesen zu werden oder nicht mehr Stopp sagen zu dürfen, wenn sie zu früh und zu eindeutig sexuelle Ambitionen zeigen. Jeder Angst aber steht ein Risiko gegenüber, das wir bewusst eingehen können, um Spielraum zu gewinnen. Wenn wir uns mehr von unseren Ängsten als von unserer Lust auf Risiko leiten lassen, setzen wir – insbesondere in längeren Beziehungen – eine Negativspirale in Gang. Wird einer der Pole entwertet, werden beide Partner ihn ängstlich meiden oder nur zwanghaft verzerrt ins Spiel bringen. Eros wird sich langsam aber sicher verabschieden.

- Paare, die einseitig auf geile Gefühle fixiert sind und im Sex vor allem den ultimativen Höhepunkt suchen, brauchen immer extremere Praktiken, um den erotischen Kick zu erleben. Zu viele sexuelle Reibereien führen zu psychischen Reiberein. Manche Paare reiben sich in Konflikten auf oder hauen ab und suchen sich neue Partner.
- Paare, welche die wunderbare Qualität absichtsloser Berührung entdeckt haben und daraus folgern, Absichten seien ein Erotikkiller, verlieren auf Dauer ihre erotische Spannung. Sie leben vielleicht harmonisch zusammen, aber eher wie Bruder und Schwester.

Sind das die natürlichen Optionen in langfristigen Partnerschaften? Ich sehe das anders. Es kommt darauf an, ob wir bereit sind, Risiken einzugehen und damit eine Positivspirale in Gang zu setzen. Um Erotik und Sexualität immer wieder neu zu beleben, brauchen wir die Bereitschaft, uns unsere Entwertungen und Projektionen einzugestehen, die gemiedene Polarität zu erforschen und sie in unser Repertoire zu integrieren.

Für die Frau heißt das, einen allzu penetrant begehrenden Mann nicht als Feind ihrer Lust anzusehen, sondern seine Ziele zu bejahen und ihn dennoch lustvoll hinzuhalten, bis auch sie soweit ist. Für den Mann heißt das, ihre Zyklen zu bejahen, vor allem auch ihr Recht darauf, gerade überhaupt keine Lust auf Sex zu haben, und doch seinem Ziel treu zu bleiben. Wenn wir beide Pole in uns und im Partner wertschätzen, das männliche „Ich will es unbedingt, am liebsten jetzt und sofort" und das weibliche „Lass uns erst mal entspannen, Liebster!", dann führen sie in ihrer kontroversen Dynamik in den lustvollen Tanz, den sich viele vom Sex erhoffen. Die Rollen in diesem Tanz können jederzeit getauscht werden, was sowohl Reiz als auch Entspannung fördert. Übrigens hat auch die Hirnforschung herausgefunden, dass Sexualität von Antagonisten lebt, z.B. von den hormonellen Gegenspielern Dopamin (Ich bin heiß auf dich, ich will dich!) und Prolaktin (ich fühle mich dir so nah, lass uns zusammen einschlafen …).

Dass wir uns mit diesem Tanz nicht leichttun, hat nicht nur mit der Unkenntnis der Polaritätsgesetze zu tun, sondern auch mit Wunden aus der Vergangenheit. Viele Männer sind in ihrer Männlichkeit tief verletzt. Sie schämen sich für ihr eindeutiges Begehren und fühlen sich trotzdem unter Druck, dass es sich im rechten Moment aufrichten möge. Viele Frauen sind in ihrer Weiblichkeit verwundet. Sie meinen, nicht allzu viel eigene Lust haben zu dürfen, aber sie dennoch dem Manne schuldig zu sein. Ich habe zwei Mantren gefunden, die helfen, immer wieder aus Verletzungen und den damit verbundenen Verstrickungen heraus zu finden und unsere Sexualität zu heilen:

- *Das Mantra für den Mann:* **Ich habe Einfluss, aber keine Kontrolle.** Ich darf mich für meine Ziele einsetzen, aber es tut gut, auch loslassen zu können, denn ihr Erreichen steht nicht allein in meiner Macht.
- *Das Mantra für die Frau:* **Ich gebe mich hin, aber nicht auf.** Ich darf mich dem Fluss des Lebens und den damit verbundenen Zyklen anvertrauen und muss nicht mit den Zielen des Mannes konkurrieren. Dabei darf ich meine eigenen Wünsche wahren, vor allem auch meine Würde und meine Grenzen, und muss nicht zum Opfer werden.

Sexualität kann heilen, wenn Männer wie Frauen beide Pole in sich würdigen. Vielleicht können wir jeweils beide Mantren gut gebrauchen und uns von ihnen an die ursprüngliche Schönheit des erotischen Tanzes, an die himmlisch-teuflische Vollkommenheit sexueller Polarität und an die Möglichkeit der Heilung von Frauen und Männern erinnern lassen.

Und wie nun retten wir damit die Welt? Mich fasziniert, wie sehr das mangelnde Verständnis sexueller Polarität und der damit verbundenen Wunden auch kulturelle Muster spiegelt, die unsere Welt an den Rand des Abgrundes gebracht haben. Unsere Zivilisation basiert weitgehend auf der rein zielorientierten Maxime „Machet euch die Erde untertan!" Daraus resultiert der irrsinnige Versuch, mit wissenschaftlichem, technologischem und wirtschaftlichem Fortschritt das Leben vollständig unter Kontrolle zu bringen. Es ist die Verleugnung unserer

Einbindung in den zyklischen Charakter allen Lebens, die unsere Zivilisation ihrer Selbstzerstörung entgegentreibt. Ziele werden verabsolutiert und von den Perspektiven getrennt, die ihnen erst Sinn verleihen. Ziele werden zu kamikazehaften Selbstläufern, allen voran der Fetisch ewigen Wirtschaftswachstums.

Heilsam könnte hier sein, uns in Erinnerung zu rufen: Wir haben Einfluss auf unsere Lebensbedingungen, aber keine Kontrolle. Auf dieser Grundlage wären beispielsweise Atomkraftwerke nie gebaut worden. Wir würden lernen, mit der Natur zu kooperieren, anstatt sie zur Ressource zu degradieren. Wie heilsam könnte es sein, wenn wir lernen, uns den natürlichen Zyklen des Lebens hinzugeben, ohne dabei unseren menschlichen Eigensinn aufzugeben? Können wir uns vorstellen, als menschliche Spezies den Planeten Erde zu bereichern, zu verschönern und unseren eigenen Beitrag zum Gesamtkunstwerk Leben auf Erden zu erschaffen, anstatt die Erde auszuplündern, bis wir realisieren, dass wir Teil von ihr sind?

Wie erfüllend oder frustrierend eine sexuelle Erfahrung war, merken wir oft erst im Nachhinein. Auch der geilste Orgasmus bringt's nicht allein. Mit jedem Erreichen eines Zieles ist nur eine Etappe in einem Zyklus erreicht. Nach jedem Aufstieg wartet ein Abstieg. Können wir auch diesen genießen? Unsere Zivilisation verhält sich so, als ginge es mit unserer Gier nach Wachstum um den letztendgültigen kapitalistischen Megaorgasmus. Wie werden wir uns fühlen, wenn auch die letzten natürlichen, sozialen und spirituellen Ressourcen in Geld umgewandelt sind? In Zahlen ausgedrückt sind wir dann unglaublich reich, aber wir werden den dann folgenden Abstieg wohl kaum genießen. Es mag weit hergeholt klingen, aber im Sex können wir schon mal lustvoll üben und forschen, wie Ziel und Zyklus sich nicht ausschließen, sondern miteinander tanzen.

Die sexuelle Revolution verdient eine Neuauflage. Im Sex wirkt die Polarität von Zielstrebigkeit und Absichtslosigkeit. Sich der Dynamik dieser Polarität anzuvertrauen, lässt einen lustvollen Tanz entstehen, der Spontaneität und Dauer im Liebesleben zusammenbringt.
Das gelungene Zusammenspiel von Einfluss und Hingabe kann Männern, Frauen und unserer wachstumsbesessenen Kultur ein Wegweiser werden.

Das Ziel liegt mitten im Zyklus

10. Die Illusion erotischer Einvernehmlichkeit

Die Freiheit, mit der wir unsere Sexualität jenseits aller Geschlechterklischees leben, findet ihre Grenze im Nein des Anderen. Ein Nein zu übergehen galt früher als Kavaliersdelikt, wurde in den letzten Jahren jedoch zunehmend unter Strafe gestellt. Das macht Sinn, wenn wir uns vor Augen führen, wie oft mehrheitlich Frauen – aber auch Männer – sich sexuell belästigt fühlen oder Erfahrungen mit sexualisierter Gewalt machen. Da scheint Einvernehmlichkeit dringend geboten. Doch so einfach, wie manche Propagandisten sich das vorstellen, ist erotisches Einverständnis nicht zu bestimmen. Denn Erotik gedeiht besonders in einem Raum jenseits aller Eindeutigkeit.

Soll jeder nach seiner Fasson selig werden. Der Alte Fritz gab dies vor mehr als zweihundert Jahren als Losung zur Religionsfreiheit aus. Heute gilt diese Losung in unserer Kultur weitgehend auch für unsere Sexualität. Dabei ist die Errungenschaft sexueller Freiheit alles andere als selbstverständlich. In Russland beispielsweise stehen positive Aussagen über Homosexualität unter Strafe, in manchen afrikanischen Staaten steht auf homosexuelle Handlungen die Todesstrafe und in Afghanistan wird erwogen, Ehebruch wieder mit öffentlicher Steinigung zu bestrafen. Bei uns hingegen gibt es kaum eine sexuelle Praktik, die nicht talkshowfähig wäre. Wenn zwei sich einig sind, was sie miteinander treiben, was sollten wir dagegen einzuwenden haben?

Es gibt offensichtlich Konstellationen, wo Einvernehmlichkeit als Bedingung unserer Toleranz nicht ausreicht. Am deutlichsten wird dies beim Sex mit Minderjährigen. Ab welchem Alter billigen wir Kindern oder Jugendlichen zu, ihre Grenzen selbst setzen zu können oder zu dürfen? Wie sieht es aus beim Sex gegen Geld? Alice Schwarzer würde ihn am liebsten wieder verbieten lassen. Und was halten wir vom Sex zwischen Erwachsenen in ungleicher Beziehung, z.B. zwischen Chefin und Mitarbeiter oder zwischen einem Tantralehrer und seiner Seminarteilnehmerin?

Es gibt also Ausnahmen. Um diese soll es jedoch hier nicht gehen, sondern um die Begegnung zweier grundsätzlich ebenbürtiger erwachsener Menschen. Wenn keiner den anderen belästigt, nötigt oder drängt, sondern sich beide einig sind, was sie wollen, dann kann doch nichts mehr schiefgehen, oder?

Ganz so leicht ist es leider nicht. Denn ob beide das Gleiche wollen, lässt sich – wenn überhaupt – nur im Nachhinein feststellen. Schon die erotische Kontaktaufnahme birgt ein unvermeidbares Risiko. Was einer als charmantes Werben oder erfrischend-männlich-dominantes Auftreten versteht, kommt beim anderen vielleicht schon als Übergriff oder Belästigung an. Immer wieder verbreiten sich Empörungswellen gegen allgegenwärtige sexistische Anmache durch die Medien. In diesem Zusammenhang wird gerne gefordert, jeder erotische Kontakt müsse von Anfang an einvernehmlich sein. Doch dieser Forderung unter allen Umständen voll und ganz nachkommen zu wollen, wäre das Ende der Erotik, nicht jedoch das Ende sexueller Belästigung. Diese These mag zunächst empören und will daher gut begründet sein.

Es gibt im Leben Situationen, die sind mit klaren Regeln sinnvoll steuerbar, wie zum Beispiel der Straßenverkehr. Wer bei Rot über die Ampel fährt, weiß, dass er eine Regel bricht und mit Konsequenzen rechnen muss. Aber wie sieht es aus, wenn ich jemanden attraktiv finde und dies offen zum Ausdruck bringe? Übertrete ich dadurch vielleicht schon die Grenzen des anderen? Wie würde nun ein durch und durch antisexistisch sozialisierter Mann das Ganze angehen? Vielleicht wie in folgendem Dialog?

Er: Entschuldige bitte, dürfte ich der Kommunikation mit dir eine leicht erotische Färbung geben?
Sie (mit leicht säuerlichem Ausdruck): Wie bitte?
Er (zieht etwas aus der Tasche): Ich habe hier drei farbige Karten dabei, eine grüne, eine gelbe und eine rote. Würdest du so nett sein, während unseres Zusammenseins immer die entsprechende Karte nach oben zu legen, so dass ich sofort mitbekomme, wenn ich dich bedränge oder schon zu weit gegangen bin?
Sie (lacht laut auf): Hahaha! So eine originelle Anmache habe ich ja noch nie erlebt.
Er (freudig erregt): So? Da bin ich aber froh!
Sie (lacht immer noch): Zu mir oder zu dir?

So glatt wird es für unseren freundlichen Antisexisten wohl eher selten laufen. Vielleicht fängt er sich nach dem ersten Satz schon eine Ohrfeige ein, körperlich oder verbal. Während er noch mit den Ampel-Karten hantiert, in dem festen Glauben, damit seine erotisch-ethische Korrektheit unter Beweis zu stellen, klingelt es ihm in den Ohren: „*Weißt du, Schätzchen, ich stehe nicht auf Typen, die sich einschleimen. Wenn du mit mir ins Bett willst, dann mach mich an, aber komm mir bloß nicht mit Verkehrsregeln.*"

Sex ist kein Vertrag, den zuerst beide unterschreiben, um dann zur Tat zu schreiten. In der Annäherung gibt es immer eine Phase, in der Einvernehmlichkeit erst ausgelotet oder über sie verhandelt wird. In dieser Phase existiert sie noch nicht. Anders gesagt: Anmache – oder weniger anrüchig ausgedrückt: erotisch-sexuelle Initiative – beinhaltet unvermeidbar ein Risiko. Ohne dieses Risiko kommt keine sexuelle Begegnung zustande. Ich kann nicht vorher wissen, ob meine Initiative auf Gegenliebe stößt, ich kann höchstens kleinschrittig vorgehen, aber auch das kann ungut ankommen.

Und es kommt noch schlimmer. Das Risiko besteht nicht nur bei der Kontaktaufnahme, sondern genau genommen von Anfang bis Ende jeder erotischen Begegnung und noch darüber hinaus. Da Einvernehmlichkeit eben nicht bedeutet, wer A sagt, muss auch B sagen, ist Sex ein einziges, großes Risiko. Sex ist die stete verbal unausgesprochene, aber mit dem Körper kommunizierte Frage und Aufforderung: Willst du auch, was ich gerade will?

Wer das Risiko des in jedem Moment möglichen Auseinanderdriftens beider Begehrlichkeiten im akuten Geschehen nicht sieht, legt damit bereits den Grundstein für spätere Übergriffe oder Missbrauch. Einvernehmlichkeit existiert, wenn überhaupt, nur in der Gegenwart und kann nur in jedem Moment neu errungen werden. Wer sich dieses Risikos nicht bewusst ist, übersieht schnell mal körpersprachlich signalisierte rote Ampeln.

Für das Buch Lustvoll Mann sein[9] führten wir intime Gespräche mit fünfzehn Männern, die sich weit über die Grenzen bekannter Klischees männlicher Sexualität hinausgewagt haben. Dabei wurde uns sehr deutlich, wie sehr Männer als sexuelle Wesen verunsichert sind und wie oft Männer in ihrer Sexualität offen oder subtil abgewertet werden. Sehr viele Männer haben diese Abwertung so tief verinnerlicht, dass sie diese selbst schon gar nicht mehr bemerken. Aber sie macht sich natürlich dennoch bemerkbar, vor allem im Ringen um die Frage: Kann und darf ich als Mann meinen sexuellen Impulsen, Wünschen und Sehnsüchten trauen?

Dieses Ringen hat viele Facetten, aber es lässt sich in der Frage zuspitzen, um die es hier geht: Kann, darf, soll oder muss ich als Mann die sexuelle Initiative übernehmen? Wie viele Frauen wünschen sich, dass er sie fragt, bevor er sie küsst? Im Internet wird diese Frage heiß und kontrovers diskutiert. Durchaus nicht jede Frau will vorher gefragt werden. Manche wünscht sich, dass Mann sensibel zu unterscheiden vermag, wann eine vorsichtige Vorabanfrage und wann mutiges Handeln angesagt ist. Allerdings, es ihr immer nur Recht machen, das soll er nun auch wieder nicht. Da fehlt frau dann das echt männliche Begehren …

Der Grat zwischen zu viel und zu wenig ist schmal, so schmal, dass manche Männer lieber ganz auf ihr Begehren verzichten oder auf vermeintlich sichere Territorien wie Pornografie oder Prostitution ausweichen. Eine kleine Minderheit, deren Datingkunst aus den USA zu uns herüberschwappt, geht einen anderen Weg. Die Pickup-Artists stellen sich bewusst dem Risiko sexueller Anmache und machen daraus eine Art Sport. In Seminaren lernen sie alles über sexuelles Selbstvertrauen, in Foren tauschen sie die wirkungsvollsten Tricks aus, mit denen sie eine Frau ins Bett bekommen. Der Aufschrei in manchen Medien ist groß, einigen gelten die Pickup-Artists als frauenverachtend. Aber warum fallen Frauen auf deren Tricks herein? Könnte es sein, dass wir es hier mit einem riesigen blinden Fleck zu tun haben, den weder Frauen noch Männer bislang ausreichend in den Blick genommen haben? Dieser blinde Fleck beinhaltet wesentlich die Frage, wer für das Risiko sexueller Initiative und unterschiedlichen Begehrens zuständig ist und wer für den möglichen Schaden haftet.

Seit langer Zeit sitzt Julian Assange in der ecuadorianischen Botschaft in London fest. Er wird in Schweden der sexuellen Nötigung beschuldigt und es wurde Haftbefehl gegen ihn erlassen. Der Fall wurde in den Medien breit diskutiert und ist zu komplex, als dass ich hier dazu Stellung nehmen möchte. Ein Aspekt scheint mir aber für unser Thema der Erwähnung wert. In manchen Diskussionsbeiträgen wird das schwedische Strafrecht so ausgelegt, dass sich ein Mann bereits einer Straftat schuldig macht, wenn eine Frau sich nach dem Sex benutzt *fühlt*.

Wenn die Pickup-Artists mit ihrem Tunnelblick auf den kurzfristigen sexuellen Erfolg den einen Pol unseres blinden Fleckes verkörpern, dann stellt diese vermeintlich feministische Position wohl den Gegenpol dar: Was immer der Sex bei einer Frau anrichtet, der jeweilige Mann muss dafür zur Verantwortung gezogen werden. In beiden Positionen, so gegensätzlich sie auch sein mögen, wird Folgendes ausgeblendet: Was geschieht denn en detail, wenn es erotisch oder sexuell wird und die Beteiligten noch nicht wissen (können), ob sie einander wollen, wie sie einander wollen oder was sie ggfs. eben nicht wollen?

Eine beliebte, von manchen aber auch gefürchtete Übung in meinen Kursen geht so: Du bewegst dich durch den Raum und wenn du jemandem begegnest, kannst du sie oder ihn berühren. Die Berührung kann, muss aber nicht gegenseitig sein. Und nun das entscheidende Element dieser Übung: Wann immer du berührt wirst, sagst du kontinuierlich eines der folgenden vier Worte: Ja, Nein, Mehr oder Auf-Wiedersehen. Der Wortschatz ist auf diese vier Vokabeln reduziert.

Diese einfache Struktur bringt Muster und Verhaltensweisen ans Licht, die wir rund um das Thema Kontakt aufgebaut haben, ohne dass dieser unbedingt erotisch sein muss. Aber sobald er erotisch wird, treten die Muster verstärkt auf den Plan. Manche vermeiden es, Nein oder Auf Wiedersehen zu sagen, bei anderen ist es genau andersherum, sie vermeiden alles, wofür sie ein Nein kassieren könnten. Besonders spannend sind die vielen kleinen und subtilen Manöver, mit denen Frauen wie Männer klarer und wahrhaftiger Kommunikation ausweichen, indem sie zum Beispiel Ja sagen, obwohl sie Mehr meinen, oder indem sie ein Nein als Vorwurf oder Zurückweisung auffassen und sich sofort verabschieden. Dabei bedeutet ein Nein nur, dass ich diese Berührung nicht mag. Aber vielleicht eine andere.

In einer solchen Übung wird deutlich, dass der Reiz eines erotischen Kontaktes im Spiel mit dem Risiko liegt. Ich zeige dir mein Wollen und Begehren und bin neugierig gespannt, wie du darauf antwortest. Risikovermeidung heißt: Ich zeige mein Begehren nicht oder ich achte kaum oder gar nicht auf die Resonanz, die ich bei dir auslöse. Auch in der empfangenden Rolle können wir das Risiko vermeiden, indem wir den anderen im Unklaren lassen, beispielsweise um es uns nicht zu verscherzen.

Erotischer Kontakt lebt vom Spiel aus Annäherung und Zurückweisung, so prickelnd wie ein argentinischer Tango. Wenn uns allerdings dieses erotische Spiel überfordert, finden wir es nicht mehr lustig. Dann wird's ernst und wir retten uns in unsere Muster der Risikovermeidung. Der Tanz verliert seine Anmut, wird mechanisch oder einfach fad. Vielleicht schaffen wir es noch, uns in die richtige Schrittfolge zu retten und gute Miene zum enttäuschenden Spiel zu machen, aber die Magie ist dahin.

Interessanterweise verbinden viele Menschen diese Magie eher mit Erotik als mit Sex. Viele Frauen und Männer erleben beim Übergang von Erotik zum Sex einen Bruch, so als sei die Sensibilität für die gegenseitige Resonanz verzichtbar, sobald sich zwei Menschen einig sind, miteinander schlafen zu wollen. Es kann einem so vorkommen, als schalte das Gehirn auf einen gröberen, animalischen Modus um. Sex wird aber umso erfüllender, je mehr das Spiel mit dem Risiko bis zum Schluss und sogar darüber hinaus erhalten bleibt, auch inmitten wilder Geilheit, auch mitten im Orgasmus. Wenn uns dies überfordert, werden wir die bedrohliche Intimität echter Resonanz zu vermeiden wissen, und wenn wir uns dies nicht eingestehen, werden wir die Verantwortung gerne dem anderen zuschieben. Die – zugegeben – wenig erotisch klingende Formel lautet: Die Qualität sexuellen Kontakts ist direkt proportional zum Ausmaß an Risiko, das wir mit ausreichend Gelassenheit einzugehen bereit sind. Wenn wir also besseren Sex wollen, ist dies unsere Chance und Aufgabe: Gelassener zu werden im Umgang mit der Tatsache, dass wir vorher nie wissen können, wie unser Begehren ankommt, und mit dieser Unvorhersehbarkeit tiefe Freundschaft zu schließen.

Fassen wir zusammen: Die Forderung, Erotik und Sex sollten stets einvernehmlich sein, ist nur auf den ersten Blick einleuchtend. Im Grunde ist sie zutiefst irreführend, denn sie suggeriert, das Risiko sexueller Initiative sei vermeidbar. Da dies aber lebensfern ist, bleiben all die unbewussten Manöver, mit denen wir die Risiken vermeiden, im Schattenbereich unserer Psyche, um von dort aus Übergriffe, Manipulation, Schuldzuweisung und Resignation zu befördern, die wir mit unserer Orientierung an Einvernehmlichkeit eigentlich vermeiden wollten. Letztere stellt sich als eine Kraft heraus, die stets das Gute will und doch …

Was ist die Alternative? Zweivernehmlichkeit! In einem Kontakt, an dem zwei Menschen beteiligt sind, braucht es nicht Ein-, sondern Zweivernehmlichkeit.

Wenn beide sich Gehör verschaffen und aufeinander hören, wird daraus zwar kein Schuh, aber ein lebendiger Tanz. Dann entwickeln wir eine Kultur, in der die Aufforderung zum Tanz als ein Angebot, als ein Geschenk verstanden wird, das wir annehmen, aber stets auch dankend ablehnen dürfen. Vielleicht wird manche Frau, die dies liest, empört aufschreien und mich der Ignoranz bezichtigen, wie demütigend und verletzend sexuelle Belästigung durch Männer manchmal sei, vor allem an Orten wie dem Arbeitsplatz, wo sie nicht damit rechnen will, jederzeit angemacht zu werden. Aber könnte es nicht auch sein, dass durch eine grundlegende Wertschätzung erotisch-sexueller Initiative ein bewusster, kultivierterer und respektvollerer Umgang zwischen Männern und Frauen erleichtert wird und wir besser differenzieren lernen, was ein eindeutiges *Angebot* ist … und was eine Belästigung oder Nötigung? Vielleicht müssten wir uns dann auch am Arbeitsplatz nicht mehr erotisch gesehen in Neutren verwandeln.

Männer sind in dieser Thematik einer weitreichenden Schizophrenie ausgesetzt. Auf der einen Seite stehen wir unter Generalverdacht, kein Gespür für den angemessenen Respekt zu haben, mit dem wir uns dem anderen Geschlecht anzunähern haben. Auf der anderen Seite wird *Shades of Grey* zum Megahit bei Frauen und wir erfahren, was wir schon immer geahnt haben: Wenn es darauf ankommt, ist politische Korrektheit so erotisch wie Sex mit Ampelschaltung.

Anstatt nun aber zu verzweifeln oder den Frauen ihre Doppelbotschaften vorzuhalten, können wir darin unsere Chance entdecken und diese auch ergreifen. Wenn wir es den Frauen nie ganz Recht machen können, dann könnten wir doch lernen, mit ihnen zu tanzen, dabei zuweilen das Risiko der Initiative und Führung übernehmen und fasziniert-neugierig-sensibel dafür werden, wie sie darauf antwortet.

Vielleicht übernimmt sie sogar mal selbst das Risiko der Führung. Werden *wir* das dann zu schätzen wissen?

Erotik ist ein subtiles Spiel aus Annäherung und Zurückweisung. Erotische Signale stoßen nicht immer auf Gegenliebe. Dieses Risiko vermeiden und Einvernehmen unbedingt vorher herstellen zu müssen, widerspricht der Dynamik des Eros. Mangelnde Wertschätzung für das Risiko erotischer Initiative führt im Ergebnis zu weniger anstatt zu mehr Sensibilität für Grenzen und deren Überschreitung.
Statt Einvernehmlichkeit schenkt „Zweivernehmlichkeit" der Differenz des Begehrens Gehör und vereint gegenseitigen Respekt mit erotischer Herausforderung.

Erotik ist ein lustvoll besetzter Grenzkonflikt

11. Heiliger Sex in ritueller Vereinigung

Wir haben bereits unterschiedlichste Facetten unserer Sexualität beleuchtet. Je freier wir im Ausdruck unserer Erotik und Sexualität werden und je weniger Eros von kulturellen Begrenzungen erstickt wird, desto eher entdecken wir Sexualität als einen direkten Zugang zum Mysterium des Lebens, das uns zutiefst durchdringt, sich aber unserer Kontrolle entzieht. Sex ist genauso wie das Leben größer als wir. Was liegt also näher, als Sex in einem heiligen Ritual zu feiern und darin unserer göttlichen Natur so nahe zu kommen wie nur möglich?

Als ich vor vielen Jahren zum ersten Mal von einem tantrischen Sexualritual erfuhr, war ich sofort elektrisiert. Es war so anschaulich beschrieben, zugleich aber auch würdevoll und poetisch. Es berührte eine tiefe Sehnsucht, die mir in diesem Ausmaß gar nicht bewusst gewesen war. Das Ritual hieß *Maithuna* und zog sich über Stunden hin. Allein das war schon faszinierend. Während der Lektüre meinte ich, alles hautnah mitzuerleben, obwohl es sich weit jenseits dessen bewegte, was ich bis dahin erfahren hatte. Das würde sich ändern, das war mir sofort klar. Es gingen jedoch einige Jahre ins Land, bis ich in einem Tantraseminar eine rituelle sexuelle Vereinigung erleben durfte.

Dieses Erlebnis wurde allerdings zum Fiasko. Es konfrontierte mich mit einer ganzen Serie alter Wunden. Mit diesen Wunden offenbarten sich auch manche der Gründe, warum ich von der Idee des rituellen Sexes so angetan gewesen war. Ich hatte damit unterschwellig die Hoffnung verbunden, mit einem Schlag aus allen Zwängen meiner Persönlichkeit herausgehoben zu werden und quasi schon im Diesseits jenseitigen Sex erleben zu dürfen, ohne jeden Selbstzweifel, ohne jede Scham, ohne störende Gedanken, ohne Scheu, ohne unpassende Gefühle wie Ekel oder Langeweile, ohne die Angst zu versagen oder zurückgewiesen zu werden, ohne ohne ohne. Irgendwie hatte ich angenommen, in einem solchen Ritual könne nichts schiefgehen, alles sei heilig und vollkommen und wir wären Manifestationen von Shiva und Shakti. In einem heiligen Tempel voller Lust und Liebe würde ich als völlig neuer Mensch erwachen.

Heute, viele Jahre später, bin ich selbst Tantralehrer und darf miterleben, wie Frauen und Männer tiefe alte Wunden heilen und sich als erotische, sinnliche und spirituelle Wesen entwickeln. Ich leite allerdings keine Rituale mit sexueller Vereinigung als fest geplantem Bestandteil an. Diese Entscheidung traf ich nicht, weil ich nach dem ersten Fiasko weitere desaströse sexuelle Rituale erlebt hätte. Ganz im Gegenteil. Eine Seminarwoche habe ich in besonders guter Erinnerung.

Ich verbrachte jeden Tag mehrere Stunden in sexueller Vereinigung und fast jeden Tag mit einer anderen Frau. Wenn ich daran zurückdenke, verkläre ich die Erfahrung gerne zu reiner Glückseligkeit. Immerhin war es eine der heilsamsten Erfahrungen meines sexuellen Lebens. Bataillonen alter Glaubenssätze wurden in dieser Woche außer Kraft gesetzt, wie beispielsweise:

- Eine Frau will nur im Rahmen einer festen Bindung Sex.
- Frauen wollen immer aufwändig umworben werden und am Ende wollen sie dann doch nicht.
- Niemals würden innerhalb einer Gruppe gleich mehrere attraktive Frauen mit mir schlafen wollen.
- Eine Frau ist nur sexuell befriedigt, wenn sie am besten gleich mehrmals zum Höhepunkt kommt. Zuständig ist dafür natürlich der Mann.
- Für die sexuelle Vereinigung muss ich eine stabile Erektion zu bieten haben.
- Sex kann man nicht planen. Er geschieht spontan oder besser gar nicht.

Ich könnte diese Liste noch fortsetzen. Die Erfahrungen waren jedenfalls phänomenal, ich fühlte mich gigantisch. Das sexuelle Schlaraffenland, es schien greifbar nah.

Aber es kam, wie es kommen musste. Ich hatte Einblick in eine Welt erhalten, die mir paradiesisch vorkam, konnte meine Erkenntnisse aber nicht dauerhaft in meinen Alltag integrieren. Die Glaubenssätze kamen zurück, wenn auch mit etwas weniger Überzeugungskraft. Die alten Wunden waren noch nicht ganz geheilt. Bis heute gibt es Höhen und Tiefen und immer wieder weite Ebenen, in denen ich mich als sexuelles Wesen erlebe und mich weiterentwickle und in denen sich meine Sexualität mit dem Herzen, mit meinen Gefühlen und mit meinem Wesen verbindet.

Ich bin für alle diese Erfahrungen dankbar, übrigens auch für die Fiaskos. Das sage ich nicht nur so dahin. Ich habe oft erlebt, dass einem Fiasko eine noch größere Nähe zu mir selbst und zu meiner Partnerin folgte. Jede Ent-Täuschung gab mir Gelegenheit zu mehr Wahrhaftigkeit. Ich möchte keine missen, sie allerdings auch nicht unbedingt zur Regel machen.

Warum leite ich dann keine rituelle sexuelle Vereinigung in meinen Seminaren an, wenn ich doch selbst so davon profitiert habe?

Wikipedia definiert Rituale als *nach vorgegebenen Regeln ablaufende, meist formelle und oft feierlich-festliche Handlungen mit hohem Symbolgehalt.* In meinen Gruppen verwende ich den Begriff, wenn ich einer Übung besondere Achtsamkeit und Bewusstheit zukommen lassen möchte. Interessanterweise liegt im üblichen Sprachgebrauch auch die gegenteilige Bedeutung. Wenn wir etwas jeden Tag oder jede Woche in gleicher Weise tun, z.B. zum Frühstück Zeitung lesen, nennen wir das auch manchmal *Ritual*. Wir sind dabei aber nicht wacher, sondern haben aufgrund der Wiederholung auf „Autopilot" geschaltet, sind also eher weniger bewusst.

Durch erhöhte Achtsamkeit kann eine rituelle Vereinigung Sexualität in etwas Besonderes, in etwas Heiliges verwandeln. Hinter einem solchen Anliegen verbergen sich aber oft ganz andere, weniger hochtrabende und oft unbewusste Motive. So wollen wir in einem Ritual vielleicht nicht mit den Banalitäten und Schwierigkeiten konfrontiert werden, mit denen wir uns im Alltag schon genug herumschlagen. Solche Motive gab es bei mir und ich beobachte sie auch oft in meinen Gruppen. Wir geben es ja nicht gerne zu, aber der Wunsch ist nur zu menschlich und verständlich, dass wir unseren Schwierigkeiten und Hindernissen mal eine Pause gönnen möchten. Wir wären froh, sie für die Zeit eines Rituals verbannen zu können. Eine Seminarleiterin ließ uns vorher die Worte sprechen: „Mögen alle Dämonen jetzt den Ritualplatz verlassen; und wenn sie zurückkommen, dann als Helfer und Lehrer." Den Nachsatz fand ich wesentlich, auch wenn ich mir nicht sicher war, ob jeder im Raum ihn auch so gemeint hat.

Frauen und Männer reagieren regelmäßig unterschiedlich auf die Vorstellung, sexuelle Vereinigung in einem Ritual fest einzuplanen. In dieser Differenz kommen nicht nur die biologischen und sozialen Geschlechtsunterschiede zum Ausdruck, sondern auch verborgene Motive und Widerstände auf beiden Seiten. Wenn beispielsweise ein Mann es satt hat sich abzustrampeln, bevor er endlich in sie eindringen darf, dann wird er eine Vereinigung als festen Bestandteil des Rituals nur zu gerne begrüßen. Wenn eine Frau Mühe hat, ihre Grenzen zu spüren und zu setzen, dann werden ihr feste Absichten eher Angst machen. Als einmal mein Lingam im entscheidenden Moment – die ganze Gruppe war feierlicher Zeuge – nicht mitspielen wollte, hätte ich mich am liebsten im Mauseloch verkrochen. Die Angst davor kennen die meisten Männer und sie spielt in diesem Zusammenhang auch eine nicht unerhebliche Rolle. Solche Themen und Motive haben mit dem eigentlichen Sinn und Potenzial eines Maithuna-Rituals natürlich nicht viel zu tun. Sie werden aber darauf projiziert. Je verpönter unsere Motive, umso eher schlummern sie im Unterbewusstsein.

Es gibt viele Gründe, in einem sexuellen Ritual so manches lieber im Dunkeln zu belassen als es ans Licht des Bewusstseins zu zerren, so wie es überhaupt viele Gründe gibt, Sex zu haben – oder eben nicht. Beliebte Gründe für Sex sind: Lust spüren, Nähe erleben, den Energiepegel steigern, die Beziehung bestätigen oder Hemmungen überwinden. Weniger beliebte, aber nicht weniger wirksame Motive für Sex sind: jemanden an sich binden, Konflikte vermeiden, eheliche Pflichten erfüllen oder einen Streit beenden. Genauso gibt es beliebte und weniger beliebte Gründe, keinen Sex zu haben: Moral, Geschlechtskrankheiten, Treue, Angst vor Nähe, Scham, Angst vor Peinlichkeiten, Unabhängigkeit, Migräne …

Die Gründe für oder gegen Sex sind zahlreich und vielschichtig. Sie lassen sich jedoch in drei Hauptkategorien einordnen:

1. Gründe, die mit dem unmittelbaren Erleben im Sex zu tun haben
2. Gründe rund um das Thema Beziehung und Beziehungsdynamik
3. Sex oder seine Vermeidung soll für ganz andere Zwecke herhalten

Die meisten dieser Gründe haben mit der spirituellen Dimension von Sex nicht viel zu tun. Meiner Ansicht nach ist Sex immer göttlich, in allen Varianten. Insofern ist er immer auch spirituell. Eine bewusste spirituelle Dimension im Sex trägt jedoch auch jenseits der sexuellen Erfahrung zur Erweiterung unserer Bewusstheit und zum Erleben unserer universellen Verbundenheit bei. Dies ist sicher nicht bei jeder sexuellen Aktivität der Fall.

In Tantrabüchern heißt es oft, die sexuelle Energie solle in den Basischakren geweckt und zum Aufsteigen gebracht werden, um sich mit den Energien der höheren Chakren zu verbinden. Ich verwende solche etwas technisch klingenden Formulierungen nicht so gerne, weil sie im Dunkeln lassen, was in unserer Psyche eigentlich geschieht, wenn die sexuelle Energie aufsteigt und andere Ebenen unseres Seins energetisiert. Alte Wunden, unerledigte Geschichten und Strategien zur Kompensation wurden in unserem Energiesystem abseits der Hauptenergiebahnen abgeladen und „geparkt". Wie bei einem Fluss, der über die Ufer tritt, werden diese Altlasten nun mitgerissen und wieder ins Erleben gespült. Das kann sehr ungemütlich und konfrontierend werden und deckt sich nicht unbedingt mit den beliebten eso-romantischen Vorstellungen, die über tantrische Sexualität in Umlauf sind.

Ein Ritual, das sexuellen Kontakt ermutigt und einlädt, kann einiges aus unseren emotionalen Kellern ans Licht bringen. So habe ich es oft erlebt, und es war jedes Mal ein Schritt in Richtung Bewusstsein. Sexualität ist ein Urinstinkt, ein gewaltiges inneres Bedürfnis und ein kraftvoller Katalysator für unser gesamtes Erleben. Gerade wegen dieses gewaltigen Potenzials von Eros und Sexus halte ich es für wesentlich, ganz im Hier und Jetzt und damit ergebnisoffen zu bleiben. Dies ist eine Voraussetzung dafür, offen wahrzunehmen und anzuerkennen, was in jedem Moment tatsächlich in uns geschieht. Ergebnisoffen im Hier und Jetzt anwesend zu sein ist auch die Grundlage der „Schule des Seins"[10] und liegt mir sehr am Herzen.

Wir lernen von dem, was in jedem Moment geschieht, ohne jede Vorbedingung, die unseren Blick einengt und trübt. Wenn wir eine Agenda haben, was genau in einem Ritual geschehen soll, kann das die Offenheit für das, was ist, einschränken, vor allem dann, wenn es um etwas so Intimes wie eine sexuelle Vereinigung geht. Um es auf den Punkt zu bringen: Wenn das Ritual die sexuelle Vereinigung fest vorsieht, ist möglicherweise nicht genügend Bewusstheit für die unterschiedlichen Motive eingeladen, die dabei mitwirken und möglicherweise im Wege stehen. Die Gefahr ist groß, dass wir an einem bestimmten Punkt auf „Augen zu und durch!" setzen anstatt auf „Augen auf!" Mit offenen Augen riskieren wir, mit der sexuellen Vereinigung warten zu müssen, bis wir wirklich bereits sind, oder ganz auf sie zu verzichten.

Manöver zugunsten der Agenda lassen sich immer rechtfertigen, denn – wenn die Bedingungen einigermaßen stimmen – macht Sex allemal Lust und erhöht den Energiepegel. Dass ich dabei vielleicht vermeide, wahrhaftig anwesend oder wirklich intim zu sein, darüber lässt sich mitunter hinwegsehen. Wem geplanter Sex viel Stress bereitet, der meldet sich für ein solches Seminar wohl gar nicht erst an oder sucht das Weite, wenn deutlich wird, wo der Hase langläuft.

In unbewusste Muster und Fixierungen zu verfallen, halte ich nicht für verwerflich. Es handelt sich um ganz normale Prozesse, die wir alle in unserer sexuellen Biographie durchlaufen. Aber brauchen wir dafür ein Ritual? Wenn ein spirituelles Ritual Gefahr läuft, mehr der Verschleierung als der Offenbarung zu dienen, fördert es das, was im Sexuellen schon genug Verbreitung findet: Verdrängung, Verschleierung und Scham. Missbrauchen wir den Mantel der Spiritualität, um zuzudecken, wofür wir uns bei Licht besehen vielleicht schämen würden? Erst wenn auch unsere Scham voller Empathie angeschaut werden kann, hat sie eine Chance zu heilen und Sex wird wirklich zum schamlosen, kosmischen Fest.

Manche Menschen mögen bereit und in der Lage sein, sexuelle Vereinigung in einem heiligen Ritual und damit Tantra in seiner vielleicht höchsten Form zu zelebrieren. Ich würde jedoch nicht davon ausgehen, dass in einem meiner Seminare, auch nicht am Ende eines Jahrestrainings, alle Teilnehmerinnen und Teilnehmer bereit sind. Deswegen lasse ich es grundsätzlich offen, wie weit die Beteiligten miteinander gehen. Dieser Grundsatz gilt nicht erst dann, wenn es um Sex geht, sondern von Anfang an.

Nicht alle Teilnehmer sind davon begeistert, für ihre Wünsche selbst einstehen zu müssen. Langfristig erleben die meisten jedoch, dass sie ihre Ritualerfahrung leichter in ihr Leben integrieren können, wenn sie ein entscheidendes Maß an Verantwortung für den Ablauf behalten. Es darf also durchaus, es muss aber nicht zum sexuellen Kontakt kommen. Wenn es dann dazu kommt, hat er eine andere Basis. Wer innere Widerstände überwindet oder den Mut aufbringt, selbst zu seinen Wünschen oder auch zu seinen Grenzen zu stehen, nimmt im wörtlichen Sinne mehr Selbstbewusstsein mit aus dem Ritual: Was immer erfahren und erlebt wurde, kam nicht nur aufgrund der Anleitung oder des zeremoniellen Rahmens zustande, sondern aufgrund innerer Wachheit und eigener Entscheidungen. Darauf lässt sich aufbauen. Das Fundament heißt Selbstverantwortung. Auf dieser Grundlage werden rituelle Erfahrungen für den Alltag relevant, auch wenn der Prozess mühsam und durchaus ernüchternd sein kann. Aber das alles blüht uns so oder so. Dämonen kommen immer wieder, so lange wir sie nicht als Freunde und Helfer integriert haben.

Wesentlicher Kristallisationspunkt vor einem Ritual ist die Partnerwahl und deren Modus. Dabei wird oft offenbar, was vorher im Untergrund schwelt. Diejenigen mit den schlechteren Chancen auf dem „Markt" der potenziellen Ritualpartner möchten lieber das Schicksal walten lassen. Wer sich gute Chancen auf den Wunschpartner ausrechnet, sieht das naturgemäß anders. Mir wurde berichtet, andere Seminarleiter würden mit dieser Situation eleganter umgehen, so dass man die Wahl kaum bemerkt. Oder sie werfen ihre ganze Autorität in die Waagschale und teilen jedem seinen Partner zu und keiner wagt zu widersprechen.

Ich würde ungern Partner gegen ihren expliziten Willen zusammenbringen. Es kann zwar passieren, dass sie damit zu ihrem Glück gezwungen werden. Es mag vorkommen, dass die beiden einen Durchbruch erleben, die Widerstände sich als Fallen des Egos herausstellen und sie mir unendlich dankbar sind. Doch ich verzichte auf diese Option, denn sie hat beträchtliche Risiken und Nebenwirkungen. Verantwortung angemessen zu verorten ist für mich die Basis für spirituelles Wachstum, das über momentane Highlights hinausreicht. Die Verlockung, für das Erleben von Höhepunkten aller Art die eigene Verantwortung zu übergehen, ist allerdings groß.

Aus manchen tantrischen Traditionen ist überliefert, dass der Sexualpartner eines Rituals nicht frei gewählt werden darf. Jeder aus der Gruppe muss als Sexualpartner akzeptiert werden. Sollte eine Gruppe von Menschen soweit sein, dass sie diese Praxis ohne Verdrängung und Verleugnung leben kann, in vollem Bewusstsein aller inneren Geschehnisse, kann ich dazu nur gratulieren. In alten

Zeiten, so sagt man, brauchten die Adepten dafür allerdings Jahre, wenn nicht Jahrzehnte der Vorbereitung. Ich habe Zweifel, dass eine Gruppe nach einem Jahr bereits soweit sein kann. Aber offenbar sieht das manche Kollegin oder mancher Kollege anders.

Sex mit einem zugeteilten Partner haben zu können, ist nicht jedes Mannes oder jeder Frau erstrebenswertes Ziel. So fortgeschritten es auch klingt, jeden Menschen lieben zu können – nicht nur mit ganzem Herzen und ganzer Seele, sondern auch mit dem ganzen Körper – so kann gerade auch der Verzicht auf erotische Abwechslung und das kompromisslose sich Einlassen auf einen Partner tiefere Ebenen in uns berühren. Wie können wir Sex, Herz und Spirit am besten vereinen, monogam oder mit wechselnden Partnern?

Diese Frage wird auch in der Tantraszene heiß diskutiert. Wenn wir Maithuna, das tantrische Vereinigungsritual, mit unserem festen Partner feiern wollen, dann ist die Ausgangslage eine gänzlich andere als im oben beschriebenen Szenario. Aber auch hier sind Motive im Spiel, die bei Licht besehen wenig spirituell klingen wie zum Beispiel die Lustlosigkeit eines oder beider Partner zu überwinden oder sich von neuen Erfahrungen inspirieren zu lassen. Wenn ein Maithuna-Ritual dazu beitragen kann, warum nicht?

Mancher mag einwenden, dass damit alte kraftvolle Traditionen verwässert werden. Das mag sein, aber haben wir heute tatsächlich eine andere Wahl? Wenn der spirituelle Mantel hilft, sich tiefer zu begegnen und Sex in seiner Instinkthaftigkeit wie in seiner Erhabenheit zu adeln, immerhin! Das könnte ein guter Anfang sein.

Sex ist göttlich. Aber sind wir auch in der Lage, dies zu erleben und uns dem kosmischen Spiel von Yin und Yang vollständig hinzugeben? Rituelle Liturgie hilft da kaum weiter, und sei sie auch tantrisch. Letztlich geht es auch im Tantra nicht um Sex, sondern um unsere ungeteilte Präsenz in jedem Moment unseres Lebens. Rituale können uns dabei helfen, wacher zu werden, wenn wir bereit sind, unsere Vorannahmen immer wieder zu überprüfen und loszulassen.

Das sexuelle Ritual könnte dann natürlich genauso gut Halleluja heißen. Ich hatte immer schon die Fantasie, eines Tages mit meiner Liebsten auf dem Altar einer reich geschmückten barocken Kirche den Sex meines Lebens zu feiern, womöglich noch im Rahmen eines tantrisch inspirierten Gottesdienstes. Ich habe sie noch nicht dafür gewinnen können und der Pfarrer spielt auch noch nicht mit. Sollte es aber eines Tages dazu kommen, dann – da bin ich mir sicher – wird dies die vollständige Erleuchtung aller Beteiligten mit sich bringen. Nicht nur deswegen, weil die Schlange Kundalini in der Kirche zu ihrer Schwesterschlange zurückfinden dürfte, die einst Eva verführte. Viel eher deswegen, weil wir dann in einer Kultur leben, in der Sex, Herz und Geist wirklich vereint sind. Wen kümmert es dann noch, wer wann wie und mit wem? Das muss wahre Freiheit sein, in Vereinigung mit wahrer Verbundenheit.

Sexuelle Vereinigung im tantrischen Ritual kann faszinieren und helfen, tiefere Dimensionen von Präsenz zu entwickeln und mitten in praller Lebendigkeit voll und ganz anwesend zu sein.
Doch mit fest geplantem Sex sind Gefahren verbunden. Unbewusste Motive können aus dem Untergrund heraus die Regie übernehmen und die Aufmerksamkeit im Hier und Jetzt untergraben. Wir brauchen ein hohes Maß innerer Reife, damit wirklich bedingungslose Vereinigung geschehen kann.

Heiliger Sex ist (nicht) machbar

12. Durch Sex zur Erleuchtung

Durch sexuelle Praktiken die Mysterien des Lebens zu erforschen, ist im Tantra durchaus vorstellbar. Aus tantrischer Sicht sind Sexualität und Spiritualität keine Gegensätze, sondern verschiedene Facetten der einen Existenz, die alles umfasst. Nicht zuletzt durch sein Buch „Vom Sex zum kosmischen Bewusstsein" machte der Mystiker und Tantriker Osho vor gut 40 Jahren Tantra im Westen bekannt. Seitdem hat Tantra, im Westen damals weithin unbekannt, viele Menschen inspiriert. Das Spektrum dessen, was heute unter den Begriff Tantra gefasst wird, reicht allerdings weit, von hoch entwickelten spirituellen Praktiken bis zum Rotlichtmilieu. Mit einem der beiden Pole hat Tantra dabei meistens zu tun, mit Sex oder mit Spiritualität. Mit beiden allerdings eher selten.

Trotz sexueller Revolutionen in den letzten Jahrzehnten sind noch immer viele Menschen in ihrer Sexualität verwundet. Die damit verbundene Scham macht eine spirituelle Einkleidung sexueller Wünsche attraktiv. Aber auch unabhängig davon ist eine die Sexualität bejahende und heilsame Grundhaltung wie im Tantra vielen Menschen willkommen. Das hat aber noch nicht unbedingt etwas mit Spiritualität zu tun.

Wer in erster Linie Erleuchtung (oder „spirituelles Erwachen", „Vereinigung mit Gott", „das Ende der Suche", „unio mystica") sucht, den zieht es heutzutage wahrscheinlich weniger zum Tantra, sondern beispielsweise zur Lehre des Advaita (Lehre von der Non-Dualität) und zu deren Satsang-Lehrern. Obwohl es zwischen Tantra und Advaita durchaus Berührungspunkte gibt, steht bei letzterem der spirituelle Weg deutlicher im Vordergrund. Doch auch hier kann die Suche nach Heilung persönlicher Wunden bzw. die Sehnsucht, deren Schmerz möglichst endgültig zu beenden, das eigentlich treibende Motiv sein.

Was aber geschieht, wenn Sexualität und Spiritualität wirklich zusammenkommen? Gibt es spirituelle Schulen, die die Verbindung beider Pole lehren und nicht nur damit werben? Gibt es Suchende, die tatsächlich auf dem Weg vom Sex zur Erleuchtung sind? Oder ist bereits, wie in der Satsang-Szene gerne betont wird, die Suche selbst das eigentliche Hindernis? Sind wir alle schon erleuchtet, wissen es nur nicht? Derartige Formulierungen sind mancherorts beliebt, klingen in meinen Ohren jedoch wie Taschenspielertricks. Das spirituelle Ziel wäre dann eben nicht Erleuchtung, sondern um die eigene Erleuchtung zu wissen, also immer noch ein Ziel. Die Paradoxie des weglosen Weges bleibt stets erhalten. Er muss – obwohl aus absoluter Perspektive gesehen entbehrlich – dennoch gegangen werden. Wie also gehen wir ihn, am besten noch mit Lust und Liebe?

Tantralehrer im Westen[11] vertreten bezüglich der Art und Weise, wie Sex die spirituelle Suche beflügeln kann, konträre Auffassungen. Auf der einen Seite erklärt zum Beispiel Andro in manchen seiner Texte bereits pure Geilheit zum spirituellen Phänomen und Margot Anand sieht in der Entspannung im Zustand höchster Erregung den spirituellen Königsweg und erforscht, entwickelt und lehrt entsprechende Praktiken. Auf der anderen Seite hält Puja Diana Richardson bereits den speziellen Fokus auf Erregung für Irrweg und Ablenkung, die der Präsenz und damit dem Wesen der spirituellen Suche abträglich sei. Daniel Odier verweist immer wieder darauf, dass die meisten Verse des tantrischen Urtextes, der Vijnanabhairava-Tantra, nichts mit Sex zu tun haben, sondern mit dem grenzenlosen Erschauern im offenen Raum des Seins.

In diesen konträren Positionen kommen männliche und weibliche Archetypen zum Ausdruck. Wie weiter oben ausgeführt entspricht die zielgerichtete, auf Erregung ausgerichtete Praxis dem männlichen, die Hingabe an das spontane Geschehen dem weiblichen Pol. Die Beispiele zeigen, dass die jeweiligen Pole durchaus nicht immer von Angehörigen des passenden Geschlechts vertreten werden, sondern manchmal gerade umgekehrt.

Während manche Tantralehrer der Ansicht sind, ihre Lehre schlösse die jeweils gegenteilige Praxis aus, finde ich gerade die Vereinigung der grundverschiedenen Positionen und deren Praxis fruchtbar. So attraktiv sie zunächst klingen mag, eine solche Vereinigung wäre allerdings brisant, wenn sie konkret wird, und zwar nicht nur im individuellen Kontakt, wie wir weiter unten sehen werden. Sie wäre es wohl auch bei einer direkten Begegnung verschiedener Tantraschulen und deren Protagonisten.

In vielen Tantragruppen ist es üblich, Frauen als Shakti, Männer als Shiva anzusprechen. Rituale beginnen mit einem „Namasté" („Ich ehre das Göttliche in dir"). In dieser Wortwahl kommt die Weltsicht zum Ausdruck, dass wir bereits Manifestationen des Urmännlichen bzw. des Urweiblichen sind, auf der Suche nach Vereinigung und damit nach der Vereinigung mit Gott.

Doch wenn es konkret wird, geschieht Vereinigung nicht ohne Hindernisse. Wie klar dürfen sich der weibliche und der männliche Weg voneinander unterscheiden, ohne sich vollständig zu verfehlen? Wann und wo beginnt die Verblendung durch unsere menschlichen Begrenzungen? Inwieweit können wir mit individuellen und geschlechtstypischen Unterschieden spielen? Oder müssen wir uns doch irgendwann für einen Weg entscheiden?

Anstatt weiter darüber zu philosophieren, lassen wir nun Shakti und Shiva ganz zwanglos darüber streiten, wie Sex und Erleuchtung zusammenkommen.

Sie könnten natürlich genauso gut Tina und Lucas heißen. Hier das Gesprächsprotokoll aus dem gewöhnlich-irdischen Tantrahimmel.

Shakti: *Und du glaubst wirklich, durch Sex zu Erleuchtung zu kommen?*
Shiva: *Ja, ganz fest! Nein, ich weiß es sogar und ich hatte auch schon einige Male das Gefühl: Jetzt! Ich bin kurz davor. Gleich macht's Bäng!*
Shakti *(lacht mitleidig): Sorry, dass ich lache, aber das klingt ziemlich albern.*
Shiva: *Du bist ja nur neidisch!*
Shakti: *Ja, total. Und ich will alles genau wissen: Wie fühlt sich das an? Noch unerträglicher als vor einem ganz normalen Orgasmus? Muss ja heftig sein, so kurz vor einem kosmischen Orgasmus!*
Shiva *(stolz): Ich habe lange geübt. Ich kann endlos lange vor einem Orgasmus verweilen, ich bin so geil, dass sich alles andere auflöst, ich bin pure Geilheit. Die überflutet mein Bewusstsein, aber ich bin trotzdem voll präsent! Die totale Einheit der Existenz ist in ihrer Essenz einfach geil. Oder ekstatisch, um einen weniger vulgären Begriff zu gebrauchen.*
Shakti: *Nun komm schon, du brauchst mich mit deiner Wortwahl nicht zu schonen. Ich liebe es auch geil zu sein. Aber das ist ja wohl nicht alles! Darf ich offen reden, Shiva? Ich brauche kein Blatt vor den Mund zu nehmen?*
Shiva: *Spuck's aus!*
Shakti: *Okay! Also, hm … Könnte es vielleicht sein, dass du einfach … ein bisschen … sexsüchtig bist?*
Shiva: *Ach herrje, jetzt kommt die Nummer. Sobald sich einer voll und ganz auf Sex einlässt, ist er gleich süchtig?*
Shakti: *Das klingt alles so unpersönlich. Zusammenhanglos. Es scheint dir vollkommen egal zu sein, mit wem und wie du Sex hast, Hauptsache endlos geil.*
Shiva: *Hm, das stimmt! Aber ist das nicht in der Meditation genauso? Endlos stillsitzen, in die Stille des Zeugeseins hinein entspannen … Da ist es doch auch egal, wann, wo, wie und mit wem!*
Shakti: *Aber dabei geht's ja auch ums Alleinsein. Allerdings, manchmal ist mir das genauso suspekt. Meditation kann auch eine Flucht vor dem Alltag sein. Und vor allem vor nahen Beziehungen.*
Shiva: *Aha. Und wie stellst du dir dann den Weg zur Erleuchtung vor?*
Shakti: *Mann, Shiva, ich finde deine Idee ja sehr reizvoll. Nur mag ich nicht wahllos Sex haben. Irgendwie brauche ich auch Herzkontakt. Mit mir selbst Sex zu haben ist auch schön, aber da fällt es mir schwer, länger präsent zu sein und mich nur auf die Lust zu konzentrieren. Ich möchte mehr als pure Lust spüren, ich möchte auch mein Herz spüren.*

Shiva: Mein Herz fühlt sich total weit und offen an, wenn ich so geil bin. Dann liebe ich alles und jeden und auch jede Partnerin. Wenn ich überhaupt mal soweit komme.
Shakti: Ich würde mich nicht gemeint fühlen, wenn du so mit mir umgingst. Ich könnte auch nicht loslassen. Ich könnte nicht mal einen normalen Orgasmus haben, geschweige denn einen kosmischen.
Shiva: Tja, meine Liebe, dann bist du wohl noch zu sehr mit deiner Persönlichkeit verhaftet. Die ist es nämlich, die sich persönlich gesehen fühlen will! In unserer Essenz sind wir alle eins, da spielt es keine Rolle, wer wir persönlich sind.
Shakti: Chapeau! Die Retourkutsche für die Sex-Sucht! Nun gut. Eins zu eins. Und Satsang-Sprech hast du auch gut drauf, mein Lieber ... Aber im Ernst, ist es nicht egoistisch, alle persönlichen Bindungen, die durch Sex zustande kommen, einfach zu ignorieren, um ein höheres Ziel zu erreichen? Ich stelle mir erleuchtet zu sein so vor, dass ich keinerlei Nähe mehr fürchten muss. Wozu dann wechselnde Partner? Ein fester Partner sorgt dafür, dass ich mich nicht so einfach von meinen wunden Punkten abspalten kann. Der holt mich garantiert auf den Boden der Tatsachen zurück.
Shiva: Das wäre dann eben ein anderer spiritueller Weg. Spirituelle Partnerschaft als Weg. Das ist zwar nicht der Weg der Lust, aber der Erleuchtung ist es bekanntlich egal, wodurch du sie erreichst. Der Lust auch. Mir übrigens auch.
Shakti: Aber meinem Herzen nicht, verdammt nochmal! Das alte Lied: „...und sie konnten zueinander nicht kommen ..." Er geht den Weg der Lust, Sie geht den Weg des Herzens. Er geht fremd, sie will nur den Einen. Kann doch nicht wahr sein
Shiva: Ach, jetzt übertreib mal nicht! Darum geht's doch gar nicht. Ich möchte mich jedenfalls nicht durch Beziehungs-Genörgle von meinem Weg abbringen lassen. Das zieht mich nur runter.
Shakti: Und was zieht dich wieder hoch?
Shiva: Intensität. Prickeln. Erotik. Ich meine das nicht so banal wie es klingt.
Shakti: Nicht?
Shiva: Nein! Bei dem berühmten spirituellen Physiker Hans-Peter Dürr las ich kürzlich, dass höchste Lebendigkeit aus einem dynamischen Gleichgewicht von statischen Instabilitäten resultiert. Das klingt abstrakt, ich weiß, aber er macht es sehr anschaulich durch das Bild von einem Pendel an seinem höchsten Punkt. Mir fällt dazu eine Schiffsschaukel ein. Am höchsten Punkt, da wo sie sich fast überschlägt, weißt du nicht, in welche Richtung du runterkommen wirst. Ein total spannender Moment, dort oben am Nullpunkt. Unberechenbar. Unvorhersehbar. Genauso empfinde ich es, wenn sich meine Lust dem Höhepunkt nähert, kurz bevor sie sich überschlägt.

Innehalten inmitten des Orgasmus ist für mich gleichbedeutend mit Gewahrsein absoluter Potenz! Fülle und Stille werden eins. Ein extrem kreativer Raum. Alles ist möglich.

Shakti: *Klingt zwar etwas abgehoben, aber sei's drum. Ich mag diesen Moment auch, kurz vor dem Orgasmus. Leider habe ich nie geschafft, mitten im Kommen innezuhalten. Es reißt mich jedes Mal mit, da gibt's kein Halten mehr. Aber ... ich finde dein Bild von Erleuchtung zu grob, zu fixiert, zu wenig spielerisch. Ja, der Höhepunkt ist geil. Aber auch der Weg hinauf und der Weg wieder hinunter gehören doch zum Leben. Oder einfach mal nichts tun. Still miteinander liegen.*

Shiva: *Warum schmunzelst du jetzt? Lachst du mich etwa aus?*

Shakti: *Quatsch – ich denke gerade an einen Porno.*

Shiva: *Du schaust Pornos?*

Shakti: *Naja, die meisten sind schrecklich. Aber das wollte ich ja gerade sagen: Euch Männern scheint es nichts auszumachen, wenn es gleich zur Sache geht und nichts aber auch gar nichts drum rum erzählt wird. Wir Frauen brauchen eine Story. Die darf auch nicht zu platt sein, sonst törnt's total ab. Mit Erleuchtung geht's mir ähnlich. Der ganze Weg ist wichtig, nicht nur der Big Bäng. Der Weg ist das Ziel!*

Shiva: *Eine schöne Floskel, der man schwer widersprechen kann. Aber du hast doch auch Ziele, oder? Oder lebst du schon ganz entspannt im Hier und Jetzt?*

Shakti: *Naja, ich übe. Aber ganz entspannt im Hier und Jetzt ist schon eine wichtige Orientierung. Das mit Partner zu erleben, vollkommen präsent, nichts tun, mich spüren und ihn spüren, ist meine größte Sehnsucht und zugleich meine größte Herausforderung. Genau darum geht's mir auch im Sex: präsent sein, Weite, Raum. Ist wichtiger als alles andere.*

Shiva: *Klingt ziemlich esoterisch korrekt. Spielt denn Lust dabei keine Rolle? Ist es dir egal, ob du begehrst oder begehrt wirst?*

Shakti: *Quatsch, ich liebe es zu begehren. Und begehrt zu werden, hmmm. Aber wenn Begehren aus dem puren Dasein mit meinem Liebsten entspringt, fühlt sich das viel erfüllender an als wenn er versucht, voller Absicht meine Geilheit heraus zu kitzeln. Wenn beide präsent sind, wird jeder Moment zum Abenteuer. Nichts ist vorhersehbar. Das geht leichter mit einem Partner, den ich lange kenne.*

Shiva: *Wieso das denn? Schleicht sich keine Routine ein? Mir würde das so gehen.*

Shakti: *Die meisten Menschen behaupten, dass nach den wilden Jahren der Sex irgendwann langweilig wird. Aber nicht, wenn beide voll und ganz im Moment präsent sind! Aufregung und Abenteuer haben nichts mit Präsenz zu tun. Ein neuer Lover lenkt doch nur von der Routine ab.*

Shiva: *Bei mir nicht!*

Shiva: *Ja, vielleicht, aber viel weniger als bei immer der gleichen Partnerin.*
Shakti: *Wie dem auch sei. Ich will jedenfalls nur mit meinem Partner Sex. Monogam. Das geht einfach am tiefsten.*
Shiva: *Und auch am tiefsten in die Krise, oder?*
Shakti: *Gehört auch dazu, stimmt. Ist durchaus nicht nur Zuckerschlecken. Aber darum geht's auch nicht, sondern in jedem Moment voll und ganz da zu sein.*
Shiva: *Lässt die sexuelle Anziehung bei euch nicht langsam nach? Ich hätte so sehr mit all dem Bockmist zu tun, der mit einer festen Beziehung einhergeht, dass für Ekstase gar kein Raum mehr bliebe. Wir würden uns irgendwann mit weit weniger als der Vereinigung mit Gott zufriedengeben. Wenn die Bindung nicht so stark ist, kann ich mich viel besser auf das unmittelbare Erleben konzentrieren. Hier und Jetzt!*
Shakti: *Aber schau, die Begegnung mit unterschiedlichen Menschen befreit dich doch noch nicht von deinen Mustern.*
Shiva: *Ich bin jedenfalls viel spontaner, wenn ich jemanden noch nicht so lange kenne. Alles ist neu, es kann gar nicht anders sein als überraschend. Das bringt mich ins Hier und Jetzt.*
Shakti: *Das ist doch nur der Anschein von Spontaneität, wenn alles neu ist. In der Tiefe bleiben wir trotzdem in unserer Routine gefangen. Wir merken es nur nicht, weil wir uns ablenken. Wenn wir aber mit einem vertrauten Partner unmittelbar anwesend sein können, ohne zu wissen, was als nächstes geschieht, verleiht das der Begegnung erst den richtigen Esprit!*
Shiva: Amen.

Shakti: *Fällt dir wohl schwer, das an dich ran zu lassen? Für mich ist das Erleuchtung: Wenn du mitten im prallen Leben präsent bleibst. Wo kann ich das besser üben als beim Sex mit meinem Liebsten? Wenn irgendetwas unserer Präsenz im Wege ist, dann merken wir es beim Sex. Kannst du Gift drauf nehmen.*
Shiva: *Könnte glatt von mir sein: Sei ganz da, mitten im prallen Leben. Aber wann ist das Leben praller als mitten im Orgasmus? Das muss doch Erleuchtung sein, oder?*
Shakti: *Wenn ich mit dir zusammen wäre, würde mir deine Fixierung auf den Orgasmus tierisch die Knöpfe drücken. Echt mal.*
Shiva: *Das ist jetzt skurril. Ich bin ja eben nicht auf den Orgasmus fixiert. Ich halte direkt davor inne!!! Ich will, dass das ganze Leben orgiastisch wird.*
Shakti: *Genau das meine ich ... Aber ich frage mich gerade, warum ich mich mit dir darüber fetze. Wahrscheinlich steht meiner eigenen Lust und Ekstase doch noch Einiges im Wege. Mehr als ich mir eingestehen mag.*
Shiva: *Oh, welche lichte Einsicht.*

Shakti: *Das war jetzt nicht nötig. Aber ich merke tatsächlich, dass ich Sex noch irgendwie abwerte. Und deswegen muss ich dich abwerten, du Sexperte. Vielleicht kann ich von dir lernen, mehr bei mir zu sein, nicht immer auf meinen Partner zu schauen. Gehören unsere beiden Wege am Ende doch zusammen, wie Nähe und Distanz, Berg- und Talfahrt, Leere und Fülle, Yin und Yang, stille Vereinigung und wilder, geiler Sex? So gesehen ist es fast schade, dass wir kein Paar sind.*
Shiva: *Was heißt das denn jetzt?*
Shakti: *Na, was ist jetzt mit deiner viel gepriesenen Spontaneität??? Aber keine Sorge, ich bin in festen Händen.*
Shiva: *Da bin ich aber erleichtert. Aber mal ehrlich: Ich finde es bedauerlich, dass du schon vergeben bist, ich find' dich nämlich rattenscharf. Sex mit dir stelle ich mir richtig heiß vor. Und wer weiß, vielleicht würde ich mich glatt noch in dich verlieben. Ob ich so dem heiß ersehnten kosmischen Orgasmus näher käme …*
Shakti: *Du lässt aber auch nicht locker. Aber irgendwie … macht mich deine Hartnäckigkeit an. Männer müssen wohl so sein. Auf dass das Spiel weitergehe …*
Shiva: *Ganz Frau! Nimmt mich einfach so, wie ich bin.*
Shakti: *Vielleicht sind wir es ja schon!*
Shiva: *Was, ein Paar?*
Shakti: *Ich meine erleuchtet!*
Shiva: *Meinst du?*
Shakti: *Küss mich!*

Sexualität und Spiritualität liegen in unserer Kultur weit auseinander. Nicht so im Tantra. Doch auch unter Tantraschulen gibt es entscheidende Unterschiede, was das Verständnis der weiblich-männlichen Polarität als auch die sexuell-spirituelle Praxis angeht. Konzeptuelle Unterschiede spiegeln die persönlichen Vorlieben und Abneigungen ihrer Urheber.

Erleuchtung ist ein Kuss

---

13. Stufen der Liebesfähigkeit – eine Heldenreise

Es gibt nur ein Heldentum auf der Welt: Die Welt zu sehen, wie sie ist – und sie zu lieben. (Romain Rolland)

In vielen spirituellen Konzepten existiert die Vorstellung, dass die Lebensenergie, die uns durchflutet, langsam durch den Körper beziehungsweise durch die verschiedenen Energiezentren, auch Chakren genannt, aufsteigt. Aus dieser Sicht gehört Sexualität zu den niedrigeren Energien, die Liebe befindet sich in der Mitte dieses Weges und das Erwachen des Einheitsbewusstseins wäre die höchste Stufe.

Auch in dem bereits erwähnten Werk „Vom Sex zum kosmischen Bewusstsein" wird dieses Konzept vertreten. Danach bildet die Befreiung der Sexualität Basis und Voraussetzung für die weitere Entwicklung, die dann nach und nach auch das Herz und das Bewusstsein von ihren Begrenzungen befreit.

In der Anordnung der Themen in diesem Buch folgen wir auch dieser Reihenfolge. Damit ist jedoch keine Wertung verbunden und damit soll auch nicht gesagt werden, dass wir, um die Mysterien des Lebens zu entdecken, in dieser Reihenfolge vorgehen müssen. Jeder Entwicklungsweg ist anders und es liegt mir fern, implizit oder explizit Vorgaben machen zu wollen. Wenn dein Weg also erst über das Herz führt und du dich dann erst für den Sex interessierst, ist das eben dein Weg, nicht mehr und nicht weniger.

Die Gefahr bei allen Konzepten besteht darin, dass wir den Mysterien des Lebens damit nicht gerecht werden. Sie lassen sich nämlich nicht in Konzepte fassen, sondern sind jenseits unserer menschlichen, begrenzten Vorstellungskraft zuhause. Dennoch können Konzepte eine Hilfe sein, sie bieten erste Orientierung, um sich überhaupt in den Dschungel eines Lebens jenseits der Kontrolle durch unseren Verstand hinein zu wagen. Wenn wir uns nun der Ebene des Herzens zuwenden, beginnen wir mit einer solchen Orientierung.

In vielerlei Hinsicht entwickeln wir uns allmählich, aber auch in Stufen. Das gilt genauso für unser Liebesleben. Auf diesen Stufen blüht, mit Herrmann Hesse gesprochen, jede Weisheit und jede Tugend. Erkennen wir diesen Entwicklungsweg als solchen, können wir auf ihm „heiter Raum um Raum durchschreiten" und werden „an keinem wie an einer Heimat hängen"[12]. Der Konflikt zwischen Treue und Freiheit, dem wir schon aus anderer Perspektive begegnet sind, begleitet uns weiter und hilft, „neuen Räumen jung entgegen" zu gehen.

Wenn wir geboren werden, lieben wir bedingungslos. Wir schenken unsere kindlich-unschuldige Liebe jedem, der gerade anwesend ist. Wir fragen nicht, ob Mama oder Papa sie verdient haben, wir verströmen sie ohne Einschränkung. Wer einem Baby in die Augen schaut, vermag – mit der dafür nötigen eigenen Offenheit – Unendlichkeit darin erblicken.

Aber dabei bleibt es nicht, die Geburt ist der Beginn einer Reise, auf der unser Herz viele Abenteuer zu bestehen hat. Glückliche Höhen wechseln mit tiefen Tälern, Tränen des Glücks mit denen voller Schmerz, und dann sind da die weiten Ebenen des Alltags, wo wir unser Herz manchmal kaum spüren. Wir verlieben uns unsterblich und sterben tausend Tode, wenn wir uns wieder trennen müssen. Wir begehren und werden begehrt – oder auch nicht. Wir lernen in den verschiedenen Phasen unseres Lebens mit der verwirrenden Vielfalt an Erlebnis- und Begegnungsmöglichkeiten umzugehen. So reift unser Bewusstsein. Wir werden dabei auch mit unseren Begrenzungen konfrontiert und nicht zuletzt mit unserer Einfalt, wenn wir uns einer anstehenden Entwicklung verweigern.

Unser Bewusstsein durchläuft in seiner Entwicklung typische Phasen. Diese wurden von Entwicklungspsychologen, Ethnologen, Religionswissenschaftlern und vielen weiteren Pionieren der Bewusstseinsforschung untersucht. Ken Wilber hat in seinem Entwurf einer Integralen Psychologie und Spiritualität Modelle aus unterschiedlichsten Richtungen zusammengeführt. Davon inspiriert möchte ich Stufen skizzieren, die wir in unserem Liebesleben durchlaufen, mit ihren ganz spezifischen Herausforderungen, mit ihren typischen Glaubenssätzen und Illusionen und ihrem jeweiligen Beitrag zur Reifung unserer Liebesfähigkeit. Diese ist zwar bei einem Baby bedingungslos, aber nicht ausgereift. Auf jeder Ebene lernen wir etwas hinzu, können aber auch scheitern. Es können unverheilte Wunden zurückbleiben und uns irgendwann zwingen, nochmals auf diese Ebene zurückzukehren, auch wenn wir längst gelernt haben, die aus den Wunden entstandenen Handicaps zu kompensieren.

Wo treten die Handicaps deutlicher zutage als beim uralten Konflikt zwischen Treue und Freiheit? Manch einer möchte lieber nicht zu viel davon wissen und hält unbeirrt an seinem Konzept von wahlweise freier Liebe oder partnerschaftlicher Verbindlichkeit fest, auch wenn es Jahre oder gar Jahrzehnte lang nicht funktioniert. Sowohl Treue als auch Freiheit in Liebesdingen haben ihren Charme. Aber sie können auch mächtig stinken, wenn sie dazu dienen, unsere Wunden zu verdecken, vor allem vor uns selbst. Dann eitert die Wunde munter vor sich hin, während wir uns wundern, warum Liebe so flüchtiger oder gar quälender Natur sein kann. Es lohnt sich, neugierig zu werden und die Phasen unserer Liebesreise näher in Augenschein zu nehmen.

Die folgenden Zeilen sind nicht mehr als ein Anfang, eine erste Skizze, die zu weiterer Erforschung anregen möge.

1. Stufe: Symbiose

Wir lieben Mama bedingungslos. Was bleibt uns auch anderes übrig. Wir erleben uns noch vollkommen eins mit ihr. In den ersten Lebensmonaten und -jahren beginnen wir uns von ihr zu differenzieren. Wir wachsen aus der Symbiose heraus. Wunden aus diesem Prozess zeigen sich vor allem in Überzeugungen wie „Ohne die große Liebe ist die Welt ein unwirtlicher Ort" oder „Ohne dich kann ich nicht leben, du bist mein Ein und Alles!" Es kann aber auch sein, dass wir jede emotionale Nähe meiden. Vielleicht erleben wir sexuelle Erregung nur bei ausreichender Anonymität. Oder wir leben zölibatär. Mit Spiritualität hat diese hier allerdings nicht mehr zu tun als das Bewusstsein eines Babys mit Erleuchtung. Ja, Verwechslungen sind möglich.

2. Stufe: Abhängigkeit

Als Kleinkind sind wir zwar vollkommen abhängig von Mama und Papa (oder deren Ersatz), aber nicht machtlos. Dem unmittelbaren Ausdruck unserer Bedürfnisse kann sich ein fühlender Mensch kaum entziehen. Weil sich dennoch oft nicht adäquat unserer Bedürfnisse angenommen wurde, haben wir gelernt zu manipulieren. Wir nutzen die Schwächen des Anderen für unsere Zwecke und erleben darin eine magische Erweiterung unserer Macht. „Ich spüre es, wir sind füreinander bestimmt, Schatz!" oder „Liebe ist ein Kind der Freiheit, deswegen folge ich konsequent meiner Energie. Wenn dir das wehtut, kümmere dich selbst um deine Bedürftigkeit!" Im Sex entdecken wir ein ganzes Universum von Manipulationsmöglichkeiten. Solange es funktioniert, ist es berauschend, aber früher oder später kommt unvermeidlich der Katzenjammer.

3. Stufe: Nein sagen

Jetzt kommt die „Trotzphase". Wir entwickeln unseren eigenen Willen, wir lernen „Nein!" zu sagen, eine wichtige Voraussetzung dafür, später auch mal klar „Ja!" sagen zu können. Wurden wir in unserem Willen entweder gebrochen oder wurden uns keine einfühlbaren Grenzen gesetzt, bleiben wir in unserem Liebesleben auf unseren Egoismus fixiert – oder auf den unseres Partners: „Dir geht es nur um dich!" Liebe wird zur Bühne für Kampf. Sex bleibt fixiert auf die Befriedigung von Bedürfnissen, sogar wenn er unbefriedigend ist. Zu erobern und erobert zu werden macht hier noch am meisten Spaß, denn alles, was danach kommt, wird anstrengend.

4. Stufe: Regeln sind sinnvoll

Hier lernen wir, dass auch uns selbst damit gedient ist, wenn wir nicht immer unseren Kopf durchsetzen, sondern auch andere zu ihrem Recht kommen lassen. Wir beginnen, den Sinn von bestimmten Regeln zu verstehen und gewinnen eine erste Distanz von unseren egoistischen Motiven. Waren die Regeln in unserem Elternhaus sehr rigide, tendieren wir nun dazu, „Dienst nach Vorschrift" zu machen: Wir heiraten und bleiben zusammen, bis dass der Tod uns scheidet, weil sich das eben so gehört. Vielleicht bleiben wir jedoch auch in der Rebellion gegen Konventionen stecken. Dann kann Verbindlichkeit in der Liebe Panik auslösen. Sex dient hier vor allem der Rückversicherung, dass wir zusammengehören, oder dem lustvollen Ausbruch aus den Konventionen von Sollen, Müssen und nicht Dürfen.

5. Stufe: Vernunft

Wenn wir Konventionen eingehen und uns auch wieder davon lösen können, werden wir aufgeklärt, liberal. Wir können fair über den bestmöglichen Ausgleich zwischen deinen und meinen Bedürfnissen verhandeln. Alles darf sein, nichts muss, außer dass es einem guten Zweck dienen sollte. Wenn niemand etwas davon hat, dann lassen wir es besser bleiben und suchen nach neuen Möglichkeiten. Rationalität hält Einzug in unseren Umgang mit Liebesdingen. Alle Beziehungsmodelle stehen zur Auswahl, wir diskutieren darüber, bis wir eine gute Lösung gefunden haben.

Im Sex werden Anatomie und Physiologie wichtiger als Moral, wir experimentieren mit neuen Sexpraktiken, soweit es uns Spaß macht. Unsere sexuelle Anziehung lässt nach? Wie wäre es, uns Außenbeziehungen zuzugestehen? Wir brauchen ein gewisses Maß an Sicherheit? Okay, dann Außenkontakte ohne Penetration oder nur mit Kondom! Wenn das Feuer der Liebe verglüht, erkennen wir die Zeichen der Zeit und lassen wieder los. Wenn in unserem Elternhaus die Rationalität unsere Gefühle verdrängt hat, werden sich unsere rationalen Entscheidungen oft blutleer anfühlen und uns trotz aller Logik irgendwie frustrieren.

6. Stufe: Du bist einzigartig!

Wir fangen an zu begreifen, dass wir mit dem Kopf nur sehr bedingt unseren Liebesbedürfnissen gerecht werden. Unsere Sehnsucht treibt uns an, tiefer zu gehen, unsere Empfindsamkeit und Einzigartigkeit zu erkunden und wertzuschätzen. Du bist anders als ich. Davon bin ich zugleich irritiert wie auch fasziniert. Ich liebe dich, auch wenn ich dich manchmal auf den Mond schießen könnte. Keiner von uns ist besser als der andere, wir sind nur anders, gehen aber partnerschaftlich damit um. Wir lassen uns frei und erleben darin eine nie gekannte

Nähe. Sex wird zunehmend intim, dadurch aber auf neue Art gefährlich.

Zwei Fallen dominieren auf dieser Ebene: Wir sind begeistert von der Idee wirklich freier und partnerschaftlicher Liebe, gestehen uns aber nicht gerne ein, wann und wie wir auf vorherige Stufen zurückfallen und überfordern uns. Oder aber wir leben unter dem Deckmantel unserer „Einzigartigkeit" munter unsere egoistischen oder gar narzisstischen Motive weiter aus. „Ich bin eben so, damit musst du klarkommen, Liebste! Ich lasse dich ja auch so, wie du bist!"

7. Stufe: Inneres Wachstum

Liebe zu leben entpuppt sich als ein Weg inneren Wachstums. Wir erkennen, wie Beziehungen uns spiegeln. Wir lernen zu schätzen, dass wir nicht immer bekommen, was wir wollen. Das führt uns unsere Begrenzungen vor Augen und gibt uns Gelegenheit, darüber hinaus zu wachsen. Wir nehmen mehr wahr, wie wir in subtiler Resonanz mit unserer Umgebung unser Liebesleben erschaffen. Wir fühlen, dass wir auf jeder der vorangegangenen Stufen unserer eigenen Liebe und Fürsorge bedürfen. Indem unsere Selbstliebe wächst, entlassen wir unsere Liebsten aus der Zuständigkeit für unsere Defizite. Wir öffnen uns für ein wirkliches Gegenüber und Miteinander, in dem tendenziell alles Platz hat.

Sexualität bekommt hier eine unglaubliche Vielfalt. Alle Ebenen können gleichzeitig in uns anklingen. Unser Leben wird von Eros durchdrungen, auch wenn wir uns nicht direkt sexuell betätigen. Umgekehrt spiegelt unsere Sexualität auch alle anderen Facetten unseres Lebens. Sex pur und ohne Intimität zu leben verliert an Attraktivität. Stattdessen wächst unsere Potenz, Sex voll und ganz zu leben und mitten in der Ekstase zu entspannen. Die Beziehungsformen werden so vielfältig wie die Menschen, die sie leben. Oft reicht uns jedoch ein Partner, weil wir weniger äußere Abwechslung brauchen, um erregt zu werden.

8. Stufe: Liebe zum Leben

In unseren Liebesbeziehungen spiegelt sich unsere Liebe zum Leben. Indem ich dich liebe, liebe ich mich. Indem ich mich liebe, liebe ich das Leben. Ich sehe alle Facetten des Lebens in mir, in dir, potenziell in jedem Menschen. Was ich noch immer ablehne, nicht ertrage oder zurückweise ist eine großzügige Erinnerung daran, dass diese Reise kein Ende hat, sondern mich immer weiter herausfordert, zu lieben was ist.

Wie gestaltet sich der ultimative Sex auf dieser Stufe, kurz vor der endgültigen Erleuchtung? Wird Sex zur Meditation? Segeln wir selig von einem Maithuna-Ritual zum nächsten? Kundalini vibriert in jeder Zelle? Ist Tantra der direkte Weg dorthin?

Diese Ebene bleibt ein Geheimnis, sie entzieht sich der Kategorisierung. Auf den Bewusstseinsstufen, auf denen wir uns in unserer Kultur überwiegend befinden, bedienen Bilder von erleuchtetem Sex oft die Tendenz, Defizite auf anderen Ebenen zu überspringen. Sie schauen nett aus, die Hochglanzbilder in manchem Tantrabuch. Schön, wenn wir davon glänzende Augen bekommen. Können wir uns schmunzelnd eingestehen, dass ein kleiner Junge oder ein kleines Mädchen in uns davon träumt, dass es auch für Erwachsene magische oder gar sexy Weihnachten geben möge? Oder vielleicht Ostern und Halloween zusammen? Alles ist möglich.

Ich mache mich manchmal darüber lustig, wie wir Menschen in Fallen hineinlaufen und uns selbst darüber hinwegtäuschen, auf welcher Ebene wir uns gerade befinden. Mir selbst passiert das natürlich schon lange nicht mehr ...

Die Auseinandersetzungen um Monogamie und Polyamorie, um freie Liebe versus Treue, werden allzu oft mit Missionseifer oder gar Verbitterung geführt. Wenn wir mehr Gewahrsein darüber erlangen, dass alle diese Ebenen simultan in uns wirksam sind und dass wir alle Wunden jeder Ebene in uns tragen, entwickeln wir mehr Verständnis und Einfühlung in uns und Andere und lernen zu differenzieren.

Ist es meine ungestillte Symbiose-Sehnsucht, mein Verhaftetsein in Konventionen oder meine sich vertiefende Verletzlichkeit, was mich an sexueller Treue festhalten lässt? Ist es meine Flucht vor Manipulation, ist es meine Sucht nach immer neuen Eroberungen oder die logische Schlussfolgerung aus nachlassender Erotik, was mich der „freien Liebe" gegenüber aufgeschlossen macht? Auf jeder Stufe gibt es eine ganz eigene Version des uralten Pro und Kontra: Wählen wir lieber die Freiheit oder Verbindlichkeit? Ziehen wir Partner an, die damit übereinstimmen oder – rein zufällig – immer genau die Gegenposition beziehen? Je zwanghafter wir unsere Position vertreten, desto eher hängen wir auf einer der Ebenen fest. Es sei denn, wir sind zwanghaft liberal und hassen jede Zwanghaftigkeit. Auch dieser Haken wäre interessant genug, näher untersucht zu werden.

Jeder Haken, an dem wir hängen, ist eine Einladung zur Selbstliebe. Genau dort wird sie gebraucht. Hier wird unsere Liebesreise zur Heldenreise[13]. Ist dir schon einmal aufgefallen, dass jeder echte Held seine große Prüfung am Ende allein bestehen muss? Alle seine Gefährten, alle seine Liebsten, alle seine Jünger, vor dem großen Showdown muss er sie alle zurücklassen. So geht es auch uns auf der Liebesreise. Gegenüber den Lebensentwürfen „Mono" und „Poly" fristet „Solo" allerdings noch immer ein Schattendasein. „Hast wohl niemanden abgekriegt? Ist es nicht ein bisschen fad, Sex mit dir allein zu haben?" Als Woody Alan einst bemerkte, Masturbation sei Sex mit einer Person, die er sehr liebe, konnte er es sich leisten. Er stand auf der Liste der bei Frauen beliebtesten Männer ganz weit oben.

Aber kaufen wir uns selbst das ab? Lieben wir uns wirklich selbst, innig und leidenschaftlich, zärtlich und intim, phantasievoll und ausdauernd, lustvoll und voller Vertrauen, wenn wir mit uns selbst ins Bett gehen? Können wir zu uns selbst auch mal liebevoll sagen „Nein, jetzt gerade nicht, mein Schatz?"

Wenn ich mich am Aktienmarkt zwischen „Mono", „Poly" und „Solo" entscheiden müsste, würde ich mich für „Solo" entscheiden. Wie heißt es so schön im Börsenlatein: „Trotz Stützkäufen immer noch unterbewertet!" oder „Mit Potenzial nach oben!" oder „Da ist Musik drin – kaufen!".

Naja, mit diesem Vergleich mache ich mich in Anbetracht der allgegenwärtigen Herrschaft der Ökonomie nicht unbedingt beliebt. Aber ich war heute morgen mit mir im Bett. Geil! Und intim! Ich kaufe diese Aktie, ob sie nun im Trend liegt oder nicht!

Optionsscheine auf Mono und Poly lege ich gleich mit ins Depot, die können davon nur profitieren.

Wir werden mit bedingungsloser Liebe geboren, können als Baby aber noch nicht differenzieren. Im Laufe des Lebens wächst unser Bewusstsein und entwickelt sich über typische Stufen hinweg.

Das Konzept der aus der Integralen Psychologie bekannten Bewusstseinsstufen kann helfen, Vorlieben im Liebesleben – insbesondere im Bindungsstil – besser einzuordnen. Im Kern geht es immer wieder neu um die Herausforderung, sich selbst und einander lieben zu lernen.

Selbstliebe ist selbst Liebe

14. Liebe und Selbstliebe

„Liebe dich selbst und es ist egal, wen du heiratest." Der Buchtitel ist zum geflügelten Wort geworden, die Bedeutung von Selbstliebe wird immer mehr anerkannt. Doch nicht selten wird sie missverstanden und dient als Vorwand, sich mit bestimmten Aspekten der eigenen Persönlichkeit nicht beschäftigen zu müssen.

„Hast du es gut!" flüstert Lena Martin zu, als sie sich am Ende eines erlebnisreichen Tantrawochenendes voneinander verabschieden. „Zuhause wartet jetzt deine Liebste sehnsüchtig auf dich und du kannst dein Verlangen mit jemandem teilen. Und ich muss in meine verwaiste Zweizimmerwohnung, wo sich nicht mal ein kleiner Hamster auf mich freut." Sehnsucht war das dominierende Thema des Workshops gewesen und die beiden spürten ein brennendes Begehren nach Lust und Liebe. Und doch hatten sie nicht miteinander geschlafen. Diese Grenze hatten sie gewahrt, denn weiter zu gehen würde alle Beteiligten ins Unglück stürzen. Da waren sie sich einig.

Zuhause angekommen findet Martin seine Frau Anne in der Badewanne. Sie schickt ihn hinaus, sie will erst mal nicht gestört werden. Enttäuscht packt Martin seine Sachen aus und wartet, bis Anne aus der Wanne kommt. Sie begrüßt ihn mit einem Küsschen und verkündet mit zuckersüßer Stimme, dass sie schon auf dem Sprung zu einer Verabredung ist, mit ihrer besten Freundin Katja, zu der sie auf keinen Fall zu spät kommen möchte. „Aber wir sehen uns ja morgen!", fügt sie noch im Hinausgehen hinzu und sieht nicht, wie Martins Mundwinkel heruntersacken. „Aber", stammelt Martin ihr hinterher, „ich dachte, du freust dich auf mich, nach all den heißen SMS, die du mir geschickt hast!" Er fühlt sich hundsmiserabel, könnte gleich losheulen, aber das schluckt er runter und denkt nur: „Von wegen ich habe es gut! Jetzt hätte ich gerne wie Lena eine eigene Wohnung. Da wüsste ich, was ich habe. Niemand würde mich einfach so stehen lassen! Oder noch besser, ich wäre gleich mit zu Lena gefahren …"

Lena, inzwischen auch zuhause angekommen, sitzt fröstelnd an ihrem Küchentisch und schiebt sich ein Käsebrot zwischen die Zähne. Ihr ist wehmütig ums Herz, wenn sie an die vielen intensiven Begegnungen zurückdenkt, die Kälte ihrer Wohnung spürt sie doppelt heftig. Niemand da, der ihr die Heizung aufgedreht hätte. Dann gibt sie sich einen Ruck. Hier zu sitzen und mich selbst zu bemitleiden, interessiert auch keinen, murmelt sie vor sich hin und schlägt die Zeitung auf. Sie verschwindet in all den Ereignissen, die überall auf der Welt passieren. Manchmal taucht Martin vor ihrem inneren Auge auf, wie er jetzt in den Armen seiner Frau liegt. Sie kann diesen

Gedanken kaum ertragen. Warum verdammt vergucke ich mich immer in Typen, die in festen Händen stecken? Warum nicht in Peter, der wäre frei? Ich muss was unternehmen, sonst bin ich alt und grau, bevor mich der Prinz wachküsst, geht es ihr durch den Kopf. Ihr Blick fällt auf die Flirtseite ihrer Sonntagszeitung. „Hamster sucht Laufrad!" liest sie da und muss lachen, obwohl ihr gerade noch zum Heulen zumute war. Was für dumme Anzeigen manche aufgeben! Mich auf diesen Markt der einsamen Herzen werfen? Niemals. Dann doch lieber die kalte Wohnung und ab und zu ein Tantrawochenende. Und vielleicht einen Hamster.

Welchen Rat würden wir Lena und Martin geben? Lerne dich selbst zu lieben, dann wird sich alles finden? Damit lägen wir bestimmt nicht falsch. Aber was heißt das schon?

Dass Selbstliebe eine der wichtigsten Voraussetzungen für erfülltes Leben im Allgemeinen wie auch für erfüllendes Liebesleben im Besonderen ist, gehört zu den Binsenweisheiten. Das Ja zu uns selbst, so wie wir sind, gilt auch im Tantra als die Basis des spirituellen Weges. Gerade Tantra hat viel dazu beigetragen, dass sexuelle Selbstliebe aus einer bemitleidenswerten Ersatzbefriedigung herausgekommen ist. Selbstlieberituale gehören zum Standard tantrischer Hausaufgaben. Sich selbst lieben zu lernen, und das natürlich nicht nur sexuell, ist ein herausfordernder Prozess mit vielen Höhen und Tiefen und manchmal auch öden Ebenen. Dieser Prozess ist wahrscheinlich nie ganz zuende.

Sich selbst besser annehmen zu lernen, scheint die Chancen, einen passenden Partner zu finden, allerdings nicht immer zu erhöhen, sondern manchmal sogar zu vermindern. Frauen, die früher gewohnt waren, dem Manne untertan zu sein und sich viele ihrer Bedürfnisse abzuschminken, sind heute weniger nachgiebig und eher bereit, die Beziehung zu verlassen, wenn es *nicht mehr stimmt*. Viele betrachten dies als ein Ausdruck ihrer Liebe zu sich selbst. *Ich lasse nicht mehr alles mit mir machen. Da lebe ich doch lieber allein!*

Nach den Schocks durch sich emanzipierende Frauen und Jahrzehnten frauenfreundlicher Umerziehung sind Männer allerdings auch immer häufiger an dem Punkt, dass sie lieber allein bleiben. Sie haben es satt, sich Vorwürfe machen zu lassen, nicht genügend Mann zu sein, um dann doch ihre männlichen Stärken verleugnen zu müssen, weil diese nicht gewürdigt werden. Auch diese Reaktion kann zunächst Ausdruck von Liebe zu sich selbst sein: *Ich bin, der ich bin, und wenn du mich so nicht willst, dann wird das nichts mit uns!*

Wenn sich nicht tief in uns und immer wieder die Sehnsucht nach Nähe und Verbundenheit melden würde – oder ist die vielleicht nur Ausdruck von frühkindlichen Entbehrungen? – würden wir bald alle in Singlehaushalten unserer Selbstliebe frönen. Wir könnten uns alles leisten, wären niemandem gegenüber Rechenschaft schuldig und lebten glücklich bis ans Ende unserer Tage. Oder nicht?

Oft kommen Männer und Frauen in meine Seminare, die sich zutiefst nach einem Partner sehnen. Sie sind voller Bereitschaft sich einzulassen und begegnen doch schier unüberwindbaren Hindernissen. Es ist manchmal schmerzhaft mitanzusehen, wie beide, indem sie zu sich stehen und ihre Grenzen anerkennen, einem tieferen Einlassen aus dem Weg gehen. Die Fähigkeit, sich selbst zu lieben, scheint das Alleinsein so erträglich, wenn nicht gar angenehm und bequem gemacht zu haben, dass wir nicht mehr unbedingt einen Partner brauchen. Wir müssen nicht allein deswegen eine Beziehung eingehen, weil wir es mit uns allein nicht aushalten. Soweit, so gut. Aber wir können uns in unserer selbstbezogenen Bequemlichkeit auch so gut einrichten, dass jede nahe Beziehung zu großen Unannehmlichkeiten führt. Zum Glück – oder zum Unglück? – trifft der Pfeil des Amor dann doch manchmal mit voller Wucht und verführt uns dazu, uns gegen alle inneren Hemmnisse wieder auf einen anderen Menschen einzulassen. Es sei denn, wir haben uns gänzlich aus der Schusslinie gebracht.

Auch wenn Amors Pfeil uns trifft, kann er uns eine wesentliche Entscheidung nicht abnehmen. Wenn die Wirkung des Pfeils nachlässt, stehen wir wieder vor derselben quälenden Frage: Wollen wir uns wirklich einlassen? Spätestens wenn unser Liebster sich mal wieder unmöglich verhält. Und wer tut das nicht? Sollen wir zu uns und unserer Wahrheit stehen oder in Beziehung bleiben? Dieses Dilemma scheint unauflöslich mit verbindlicher Liebe einherzugehen. Solange wir glauben, dem Dilemma durch äußere Distanz zu entkommen, sehen wir noch nicht das innere Dilemma, das sich in unserer Beziehung spiegelt.

Es ist verführerisch, sich unter dem Vorwand der Selbstliebe in die Tasche zu lügen. Wir wenden uns vom anderen ab in dem Glauben, uns selbst damit zu lieben und zu achten, aber unbemerkt wenden wir uns dadurch auch von dem Teil in uns ab, der unsere Selbstliebe am dringendsten braucht und auf den uns der Partner mehr oder weniger unsanft aufmerksam macht. Solange ich glaube, dein Verhalten macht mich wütend oder traurig, macht es Sinn, mich von dir abzugrenzen, wenn ich diese Gefühle nicht mag. Sobald mir aber klar wird, dass ich damit die mangelnde Einfühlung in meine eigenen Bedürfnisse, die von meinen Gefühlen signalisiert werden, weiter vertiefe, öffnet sich eine andere Perspektive. Hinter Wut steckt oft das Bedürfnis nach Respekt oder Integrität, hinter Trauer das Bedürfnis nach Kontakt oder Bindung. Ich bekomme also durch dein Verhalten die Gelegenheit, ungeliebte, verdrängte und abgewehrte Teile meiner selbst ans Licht zu holen und liebevoll in ein sich erweiterndes Ich zu integrieren.

Am Du werden wir zum Ich, erst in der Begegnung mit dem Gegenüber entdecken und entwickeln wir weite Bereiche unserer selbst. Dies gilt nicht zuletzt für unsere Schattenseiten, für unsere blinden Flecken, die wir mit Vorliebe auf andere projizieren, weil sie doch unzweifelhaft erst in der Begegnung mit dem Anderen zum Vorschein kommen. Woody Allen brachte dies mit seinem köstlichen Koan auf den Punkt: *Die Ehe ist der Versuch, gemeinsam mit den Problemen fertig zu werden, die wir alleine nie gehabt hätten!*

Es gibt eine sehr einfache Hypothese, die wir an dieser Stelle in Erwägung ziehen könnten. Sie anzuwenden hätte jedoch unabsehbare Konsequenzen: *Was in meiner Beziehung zum Vorschein kommt und mich vor dem anderen zurückweichen lässt, das bin ich selbst!* Es sind vor allem die Bereiche meiner selbst, die ich im Alleinsein ausblende, ohne es zu merken. Diese Hypothese kann der Anfang eines langen Weges sein. Vielleicht reift sie irgendwann zu einer befreienden Gewissheit. Es braucht Bewusstsein und Mut, sie genau dann zu beherzigen, wenn sich unsere Liebste gerade wieder *unmöglich* verhält. Ich scheitere an dieser Aufgabe immer wieder und doch werden die Abstände kürzer, bis ich aus der Trance der Projektion wieder aufwache und zu mir komme.

Wenn wir diese Perspektive tiefer sacken lassen wollen, hilft uns der Raum des Nichtwissens. Wir könnten ihn auch Raum der Ohnmacht oder Raum wirklicher Liebe nennen. In diesem Raum erleben wir Verbindung jenseits aller Vorstellungen unseres Verstandes. Wir können diesen Raum nicht einfach herstellen, daher sind wir ohnmächtig. Wir können ihn nicht wissen, denn er ist unvorhersehbar, frisch und neu. Wir können ihn aber erfahren, insoweit wir bereit sind, vollkommen freiwillig unwissend und ohnmächtig zu sein. Unfreiwillige Unwissenheit und Ohnmacht machen uns zu Opfern. Aus unserem Opferbewusstsein wachen wir auf, indem wir hinschauen und nicht mehr verleugnen, was wir bereits wissen und indem wir die Macht anerkennen, die wir bereits besitzen.

Diese Schritte sind befreiend und können uns ein warmes Gefühl für uns selbst bescheren. *Ich weiß, was ich brauche und ich übernehme dafür die Verantwortung. Ich liebe mich!* Doch damit ist die Reise zu unserer Liebesfähigkeit nicht zu Ende, denn danach kommt der Schritt ins Ungewisse. Kaum etwas kann uns so direkt dorthin führen wie ein anderer Mensch, auf den wir uns wirklich einlassen. Obwohl wir glauben, unser Opferbewusstsein längst hinter uns gelassen zu haben, fühlen wir uns erneut als Opfer. Obwohl wir sicher sind, schon weiter zu sein und einen so offensichtlich unbewussten, unreifen Partner nicht mehr verdient zu haben …, landen wir wieder genau dort. Genau dort können wir den Hilferuf unserer Seele vernehmen. Hier schreit etwas in uns: „Nimm mich an! Schau mich an! Bitte! Liebe mich!"

Selbstliebe und Liebe für andere Menschen sind zwei Seiten derselben Medaille, zwei Aspekte des einen Mysteriums der Liebe. Vermeiden wir die eine, fehlt uns bald die andere Seite. Wenn du erfahren möchtest, wo du wirklich Bedarf an Selbstliebe hast: Lass jemanden nah genug an dich heran! Und nimm die Verantwortung für alles, was in dir geschieht, zu dir!

Und wie geht es bei Martin und bei Lena weiter?

Als Anne, Martins Frau, spät am Abend nach Hause kommt, liegt Martin in der Badewanne. Sie betritt das Bad und sieht ihn bewegungslos in rotgefärbtem Wasser liegen. Sie bekommt einen riesigen Schrecken. Dann zieht er sie plötzlich ins Wasser, voll bekleidet. Er lacht sie an und lässt sich darin auch von ihrem überraschten Prusten nicht beirren. Nach einer Welle der Erleichterung spürt Anne intensives Begehren in sich aufsteigen, obwohl ihr diese Situation einfach nur schrill vorkommt und sein Humor doch etwas makaber. Das rote Wasser schmeckt nach rote Beete. Im ersten Moment kommt Panik auf, dass sie es mit ihrer Unabhängigkeitsdemonstration zu weit getrieben haben könnte. Jetzt schmilzt sie dahin und kann ihre Klamotten nicht schnell genug vom Leib bekommen. Als sie später aus der Wanne steigen, sagt Martin trocken: Ich habe etwas ganz Tiefes begriffen. Ich werde dich nie begreifen! Und du mich auch nicht. Das ist so geil!

Lena liegt um Mitternacht hellwach in ihrem Bett und träumt von Martin. Sie hat sich nackt ausgezogen, streichelt sich über ihre empfindlichsten Zonen und stellt sich vor, er würde sie berühren. Sie ist überrascht, ihre Lust so stark zu fühlen, obwohl er doch gar nicht da ist. Sie erlebt ihre Selbstliebe völlig neu. Sie ist ganz bei sich, und trotzdem ist es so, als berühre sie jemand anders. Sie fühlt eine Elektrizität, die sie nur vom Zusammensein mit einem Mann kennt, in den sie verliebt ist. Es ist, als führten die Hände, mit denen sie sich berührt, ein Eigenleben. Sie ist regelrecht überwältigt, wie sie sich anfasst und was sie dabei fühlt. Sie spielt mit ihrem Begehren und fühlt sich geneckt und gelockt. Ihre Säfte fließen und plötzlich sprudeln Bilder von all den Männern durch ihr Bewusstsein, mit denen sie schon mal Liebe gemacht hat. Es geht nicht um Martin, es geht nicht um einen bestimmten Mann. Plötzlich spürt sie ihr Herz voller Liebe für sich selbst und zugleich für diese ihr so fremden Wesen der Gattung Mann. Sie ist sich sicher: Die nächste Begegnung mit einem Mann wird anders sein.

Selbstliebe war lange verpönt. Inzwischen wird sie teilweise über die Liebe zu einem anderen Menschen gestellt. Sich anzupassen und sich den Bedürfnissen anderer unterzuordnen scheint nicht mehr angesagt.
Selbstliebe ohne den Spiegel eines anderen Menschen, auf den wir uns einlassen, greift zu kurz. Im nahen Kontakt begegnen wir Aspekten unserer selbst, die dringend unserer Selbstliebe bedürfen. Liebe und Selbstliebe sind zwei Seiten des Mysteriums der Liebe.

> *Ohne dich verpasse ich mich*

15. Wie Wahrheit Lust und Liebe beflügelt

Ich hatte nichts und doch genug. Den Drang nach Wahrheit und die Lust am Trug! (Johann Wolfgang von Goethe)

Viele Menschen wünschen sich mehr Lust und Liebe und nahe Beziehungen, in denen diese gedeihen. Welche Rolle die Wahrheit dabei spielt, wird dabei oft kaum berücksichtigt. Wahrheit erscheint uns erst mal weniger verlockend, denn sie kann bedrohlich und schockierend sein. Aber je tiefer wir uns ihr anvertrauen und beginnen sie zu lieben, desto großzügiger offenbart sich ihre süße, frische, heilende und heilige Qualität.

Als ich mich das letzte Mal frisch verliebt habe, mit allen bekannten Symptomen wie Herzklopfen und Schmetterlingen, probierte ich etwas Neues. Ich wollte nicht wieder in der süßen Verliebtheits-Trance erblinden, wie es so leicht geschieht, und daher weigerte ich mich, es überhaupt *verliebt* zu nennen. Ich wollte diesen köstlichen Zustand genau und bewusst erforschen und nicht einfach den rosaroten Erwartungen aufsitzen, die wir so oft daran knüpfen. Das ist mir nur teilweise gelungen. Es ging auch dieses Mal nicht ohne Enttäuschungen ab, was bedeutet, dass ich mich getäuscht hatte. Aber worin?

Zeiten der Verliebtheit gehören zu den intensivsten unseres Lebens. Wir erfinden uns neu. Wir trauen uns Dinge, die vorher nur peinlich gewesen wären. Wir glauben, allen Widrigkeiten des Lebens trotzen zu können. Koordinaten von Raum und Zeit verlieren ihre Gültigkeit. Wir sind bereit aufzugeben, was wir über viele Jahre aufgebaut haben. Sind wir verrückt, wenn wir uns verlieben? Oder bekommen wir einen Geschmack von Wahrheit?

Was immer es ist, der Rausch grenzenloser Lust und Liebe ist unendlich attraktiv. Literatur, Theater, Film und Musik singen so gerne das Lied von der großen Liebe. Sogar unerfüllt, tragisch oder schmerzhaft darf sie sein, aber das tägliche Kleinklein, mit dem Liebe im Alltag einhergeht, blenden wir lieber aus. Es holt uns allerdings umso schneller wieder ein. Warum fällt es so schwer, das große Glück grenzenloser Liebe im Alltag und auf Dauer zu verwirklichen? Was gäben wir dafür?

Mit etwas Glück gelingt es uns, in langfristigen Partnerschaften zumindest dann und wann davon zu kosten. Vielleicht haben wir ekstatischen Sex. Augenblicke tiefer Intimität, Momente von Hingabe, bedingungslosem Vertrauen oder Verschmelzung. Vielleicht erleben wir sogar eine Grundströmung von Liebe, die auch dann nicht abbricht, wenn wir unseren Partner gerade am liebsten auf den Mond schießen würden. Das alles wäre nicht wenig und vielleicht sollten wir mit

Arnold Retzer, dem Autor von „Lob der Vernunftehe", so *vernünftig* sein, nicht allzu viel von unserer Partnerschaft zu erwarten und sie nicht ständig zu überfordern. Es spricht Einiges dafür. Aber wäre das nicht auch ein bisschen schal? Ist da nicht doch noch mehr zwischen Himmel und Erde, jenseits aller Vernunft?

Mit zunehmender Erfahrung in Liebesdingen ahnen wir, dass das große Glück nicht vom richtigen Partner abhängt und auch nicht von der eigenen Vollkommenheit. Stattdessen entdecken wir vielleicht unsere Selbstliebe als wichtigen Schlüssel, um auch andere Menschen lieben zu können und von ihnen geliebt zu werden. Aber wie geht es dann weiter? Manch einer, enttäuscht von den unausweichlichen Begrenzungen unseres alltäglichen Liebeslebens, verlagert seine Suche in Richtung Mystik und Spiritualität. Schon Goethe ließ uns im „Faust" durch den *Chorus Mystikus* wissen: „Alles Vergängliche ist nur ein Gleichnis (...) das Ewig-Weibliche zieht uns hinan!"

Suchte ich das Ewig-Weibliche oder doch eher das Vergänglich-Erotische, als ich vor vielen Jahren zum Tantra kam? Ganz sicher war es auch Letzteres, aber kann ich das so genau unterscheiden? Habe ich überhaupt den Mut, mir die Wahrheit anzuschauen? Ich fand und finde es charmant, dass wir uns im Tantra nicht zwischen irdischen und himmlischen Genüssen entscheiden müssen. Wir können unseren ganz diesseitigen Sehnsüchten nach Sex, Liebe und erfüllenden Beziehungen nachgehen und uns gleichzeitig auf einem spirituellen Weg befinden. Doch darin liegen auch Gefahren. Wir könnten versucht sein – nein, wir *sind* immer wieder versucht – die beiden Ebenen zu verwechseln. Wir führen uns regelmäßig selbst über unsere Motive hinters Licht. Die Gretchenfrage heißt hier: Wie halten wir es mit der Wahrheit? Was sind unsere wahren Motive?

Ich leite seit über 25 Jahren Tantraseminare, und immer wieder stelle ich mir die Frage: Warum kommt jemand in einen Tantrakurs? Mir sind eigentlich fast alle Motive recht, aber es interessiert mich doch, wie wahrhaftig wir uns diese eingestehen. Und welche Wirkung haben Dichtung oder Wahrheit?

Häufige Statements zu Beginn eines Kurses sind: „Ich möchte mich selbst besser kennen lernen", „Ich möchte mehr fühlen", „Ich möchte alte Wunden meiner Sexualität heilen" oder „Mich spricht Tantra an, weil hier alles sein darf und ich lernen kann, das Leben so anzunehmen, wie es ist." Solche Motive sind weitgehend akzeptiert, kaum jemand muss befürchten, wegen solcher Anliegen schräg angesehen zu werden. Sie können natürlich trotzdem wahr sein. Sie können aber auch andere Motive verbergen.

Neulich lehnte sich eine Frau gleich zu Beginn eines Kurses weit aus dem Fenster: „Ich bin seit 12 Jahren ohne Partner. Ich habe Mühe, außerhalb eines so geschützten Rahmens einen Mann kennenzulernen. Deswegen bin ich hier." Solche Äußerungen sind eher selten, diese Frau bewies Mut. Noch nie habe ich allerdings erlebt, dass jemand gleich zu Beginn erklärt hätte: „Ich suche hier eine Frau für eine sexuelle Affäre. Nichts Festes. Ich habe zu Hause eine Ehefrau. Leider macht die sich nicht so viel aus Sex. Bei Frauen, die hierherkommen, ist das hoffentlich anders." Doch auch solche Motive spielen eine Rolle, wie sich oft herausstellt. Einmal rief mich eine empörte Ehefrau an, um mich vor den treulosen Motiven ihres Partners zu warnen. Ich neige zu der Annahme, dass an den Projektionen auf ihren Mann etwas Wahres dran gewesen sein könnte. Männer sind doch manchmal so, oder? Aber war das der Grund mich anzurufen? Was war *ihr* Motiv? War sie sich dessen bewusst?

Es ist verständlich, wenn wir uns auf der Suche nach einem erotischen Abenteuer nicht gleich outen und damit unsere Chance verspielen, wobei dreiste Direktheit auch ihren Charme haben kann. Aber gestehen wir uns unsere eigenen Motive überhaupt selbst ein? Der schärfste Kritiker und Richter unserer Handlungen, Gefühle und Motive sind wir in aller Regel selbst. Da ist es naheliegend, dass wir den Motiven, die wir selbst herabwürdigen oder für die wir uns schämen, ein etwas niveauvolleres Mäntelchen umhängen.

Für solche Mäntelchen ist tantrisches Vokabular eine wahre Fundgrube. Wenn wir einfach mal hemmungslos wild und geil vögeln wollen, nennen wir das: *Ich will endlich meine animalische Seite leben!* Wenn wir auf Partnersuche sind, wollen wir *wieder unser Herz öffnen*. Wenn wir Mühe mit Nähe haben, sehnen wir uns vielleicht nach einem *tantrischen Vereinigungsritual jenseits aller persönlichen Bindung*. All diese Motive sind nicht gelogen. Aber sie sind auch nicht wirklich wahr, solange unsere Motive vom Inneren Richter zensiert werden. Dem Richter geht es nicht um Wahrheit, sondern um Schutz. Wir können also nie ganz sicher sein, was uns wirklich umtreibt. Was wir vor uns selbst verborgen halten, schmort in den Tiefen des Unbewussten. Indizien, die uns auf die Spur verborgener Wahrheiten bringen könnten, gibt es allerdings schon. Wenn wir ein Motiv voller Entrüstung weit von uns weisen, ist es ziemlich wahrscheinlich, dass etwas Wahres dran ist.

Als ich wie oben angedeutet verliebt war, unterstellte mir meine Lebensgefährtin, es ginge mir hauptsächlich um Sex. Ich „wusste", dass das nicht stimmte. Was mich nämlich am meisten am Zusammensein mit der anderen faszinierte, war das Ausmaß an Wahrhaftigkeit, das wir einander schenken konnten. Der Sex war gar nicht so toll. Toll war, dass wir uns auch das wahrhaftig hatten eingestehen können. Warum nur beharrte meine Partnerin darauf, dass es mir um Sex ging? Hatte sie womöglich selbst unerfüllte sexuelle Wünsche und projizierte sie auf mich? So billig kam ich nicht davon. Etwas nagte weiter an mir, bis ich mir eingestand, dass es durchaus einen sexuellen Abenteurer in mir gibt, den ich mich nicht ganz zu leben traue, sondern gerne verstecke. Mit ihm fühle ich mich sehr verletzlich.

Zahllose Urteile über uns Männer und unsere Sexsucht prägen unsere Kultur und gehören auch zum Waffenarsenal meines Inneren Richters: „Du willst doch nur das Eine!" oder „Nie kannst du genug kriegen" oder „Du brauchst immer wieder eine Neue, nur um dich aufzugeilen!" Vor solchen Urteilen wollte ich mich in Sicherheit bringen, aber der Schutz durch Verleugnung funktionierte nicht mehr. Erst als ich fragte, was an diesen Klischees auch auf mich zutreffen könnte, kam ich aus meiner Verteidigungshaltung des „Ich doch nicht!" heraus. Ganz überraschend haben sich neue Türen geöffnet, im Sex gemeinsam Neues zu erforschen. Diese Erfahrung ermutigte mich, immer tiefer nach Wahrheit zu forschen, weit über den Sex hinaus.

Liebe und Sex sind zwei unserer kraftvollsten Triebkräfte. Ihnen stehen andere Kräfte entgegen, die uns vor Verletzungen im Liebesleben schützen. Diese inneren Wächter können noch mächtiger sein als die Urkräfte von Amor und Sexus. Für die Wahrheit ist dieses Terrain ein undurchdringlicher Dschungel. Die Verführung ist immens, es mit der Wahrheit nicht so genau zu nehmen. Wenn der Sex gut ist und die Liebe fließt, was kümmert es mich, ob alles der Wahrheit entspricht? So weit, so wahr. Aber meine Erfahrung lehrt mich, dass der Sex flacher wird und die Liebe ins Stocken gerät, wenn Wahrheit auf der Strecke bleibt. Wenn Lust und Liebe irgendwann ausbleiben, ist die Wahrheit oft das Einzige, was bleibt. Es sind dann allerdings die unbequemen, schmerzhaften, bedrohlichen und unsere Identität erschütternden Wahrheiten, die dann auf uns warten.

Wir könnten versucht sein, im Tantra einen Weg um solche Unannehmlichkeiten herum zu suchen. Viele Menschen kommen zum Tantra in der Hoffnung, ihr Liebesleben wieder flott zu kriegen. So weit so gut, aber manche glauben, dass es mit wirkungsvollen Übungen unter guter Anleitung getan sei. Zu den Leichen im Keller des eigenen Gefühlslebens hinabsteigen? Ist doch wirklich unerotisch dort unten! Untantrisch!

Wenn wir allerdings sexuell nicht viel fühlen, weil wir uns gegen das Spüren alter Wunden desensibilisiert haben, werden es auch die besten Übungen nicht bringen. Die Suche nach üppiger Sinnlichkeit und ekstatischem Sex, die zum Tantra lockt, führt uns möglicherweise in die Irre. Wir brauchen ausreichend

Liebe zur Wahrheit, um uns in den Keller zu begeben. Erst die Bereitschaft, *Alles* zu fühlen, wird auch unsere Erotik wieder ins Fließen bringen.

Ähnlich verhält es sich mit der Sehnsucht nach Liebe. Sie ist eine wunderbare innere Kraft, die uns motiviert, unser Schneckenhaus zu verlassen und unser verletzliches und verletztes Herz zu öffnen. Aber ohne die Verbindung mit unserer Wahrheit werden wir geneigt sein, so manche Enttäuschung dem Partner in die Schuhe zu schieben. Unsere Sehnsucht nach Liebe treibt uns an, aber als Kompass im Gefühlsdschungel ist sie denkbar ungeeignet, vor allem, wenn sie mit romantischen Vorstellungen perfekter Liebe infiziert ist, von denen wir tagein tagaus überschwemmt werden.

Am gefährlichsten für unsere Wahrheit wird es, wenn wir Lust und Liebe in den Dienst unserer spirituellen Entwicklung stellen wollen. Da ist dem Selbstbetrug Tür und Tor geöffnet. Mit tantrischer Philosophie können wir alles und jedes rechtfertigen. Es darf ja alles sein. Ich habe oft beobachten können – ja, auch bei mir selbst – wie Tantra dazu herhalten musste, persönliche Motive zu verschleiern. Wir wollen eine offene Beziehung? Voilà, Tantra lehrt uns doch, unserer Energie zu folgen, und wenn die mich nun mal von Blüte zu Blüte treibt? Es wäre doch untantrisch, mir das zu verbieten. Du ziehst eine monogame Beziehung vor? Alles klar! Tantra lehrt, ganz da zu bleiben. Das sollte doch auch dein Partner endlich verstehen!

Tantra ist ein Weg, der uns in Gefilde jenseits von Bewertungen führen kann, jenseits von richtig und falsch. Wenn wir ihn allerdings dazu benutzen, undifferenziert unseren Vorlieben und Abneigungen, unseren Überzeugungen und Glaubenssätzen aufzusitzen, führt uns das in eine Sackgasse. Unsere persönlichen Präferenzen gegenüber pauschaler Abwertung zu schützen, kann heilsam sein. Wenn wir jedoch dabei stehenbleiben und unsere Augen davor verschließen, welche Konsequenzen und Nachteile unser Verhalten hat, stecken wir in unserem selbstgebauten Gefängnis fest. Indem wir uns auf etwas fixieren, was wir wünschen oder vermeiden, errichten wir Gefängnismauern. Wenn wir achtsam sind, merken wir es an unserer Verteidigungshaltung. „Das habe ich doch gar nicht gemeint" oder „Ich bin eben so!" rufen wir gerne aus, wenn uns jemand in Frage stellt. Den ersehnten, geheimnisvollen Raum jenseits aller Bewertung werden auf diese Weise nicht betreten.

Es hat allerdings seinen Preis, seine wahren Motive zu erkennen. Die Unschuld ist dahin. Unsere Hoffnung, dass beim nächsten Partner alles anders werden möge, bekommt einen entscheidenden Dämpfer. Unserem Brustton der

Überzeugung geht die Puste aus. Und wir realisieren, dass auch Tantra uns nicht vor uns selbst und unseren Schattenseiten zu retten vermag.

In meiner Partnerschaft ist nach der Krise wieder Ruhe eingekehrt. In der Phase, wo alles in Frage stand, waren wir so wahrhaftig miteinander wie kaum je zuvor. Wir hatten nichts mehr zu verlieren, das haben wir genutzt, um echte Risiken einzugehen und manches zu bekennen, was uns nicht leicht über die Lippen kam. Es ist beeindruckend für mich zu erleben, wie schwer es ist, Wahrhaftigkeit immer wieder zu riskieren, sobald es wieder etwas zu verlieren gibt.

Liebe und Sexualität sind Mysterien, die uns Flügel verleihen. Ob wir mit ihnen im Käfig herumflattern oder uns trauen, in die Weite und Freiheit unserer Existenz aufzubrechen, das können sie nicht garantieren. Dazu bedarf es eines weiteren Mysteriums: der Liebe zur Wahrheit. Erst die Wahrheit konfrontiert uns damit, wo wir festhängen oder wo wir uns so sein lassen, wie wir sind. Beides kann von außen ähnlich aussehen, aber es bedeutet das genaue Gegenteil.

Liebe und Sex haben das Potenzial, uns über die engen Grenzen unserer Persönlichkeit hinaus zu führen. Wenn wir uns verlieben, spüren wir ihre Sprengkraft und ihren Zug zur Bedingungslosigkeit. Sie sind wichtige spirituelle Ressourcen und fühlen sich auch noch wunderbar an!

Sie können uns aber auch verrückt machen. Ob diese Verrücktheit ein Zeichen unkonditionierter Weisheit ist oder von Verblendung, wer vermag das immer mit Sicherheit zu unterscheiden? Liebe und Sex können uns einen Geschmack davon geben, dass wir in jedem Moment Ausdruck der einen Existenz sind und damit göttlich. Himmlisch. Wie frisch verliebt. Der Prüfstein, ob wir uns damit der Ganzheit des Lebens hingeben oder genau davor fliehen, liegt in unserem Verhältnis zur Wahrheit. Da diese aber – so heißt es – die Erfindung eines Lügners ist, können wir uns ihrer nie sicher sein. Sie entzieht sich dem direkten Zugriff.

Wir können es aber auf anderem Wege versuchen. Wir können all das, was wir nicht wahrhaben wollen, daraufhin untersuchen, was wir daran zurückweisen. Was darf nicht sein? Wie wollen wir nicht gesehen werden? Was würden wir nie tun? Was wäre echt unter unserem Niveau? In diesem Geist – im Zen heißt er Anfängergeist – kann Tantra ein Weg werden, alles zu sein, mit Allem zu sein, in jedem Moment mit dem zu sein, was ist. Es ist die Offenheit für das Undenkbare, das Unerhörte, das schamhaft Unsagbare, die uns zur Wahrheit führt und damit zu dem, was ist. Das, was ist, führt uns wiederum zur Wahrheit. Ob wir uns darin lieben, uns hassen oder uns um den Verstand vögeln ist der Wahrheit egal.

Aber uns ist es nicht egal. Können wir uns unsere Vorlieben eingestehen? Es ist die wachsende Liebe zur Wahrheit, die uns wachsen lässt. Uns einzugestehen, dass manchmal anderes wichtiger ist als die Wahrheit, mag immer wieder der erste Schritt zu ihr sein.

Zurück zu meiner Verliebtheit, die ich oben erwähnt habe und die ich damals nicht so nennen wollte. Worin hatte ich mich letztlich getäuscht? Ich glaubte seinerzeit bereit zu sein, bedingungslos meiner Wahrheit zu folgen, aber ich war es nicht. Ich wurde krank. Ich hatte mich maßlos selbst überfordert. Ich wollte das nicht wahrhaben. Danach backte ich wieder kleinere Brötchen. Aber die tiefe Sehnsucht nach grenzenloser Wahrheit hüte ich weiter in mir wie einen Schatz.

Wahrheit bedeutet nicht brutales, kompromissloses Niederreißen aller Grenzen. Sie fordert noch nicht einmal, dass wir ihr um jeden Preis folgen. Das würde uns allzu oft nur dazu verleiten, uns selbst etwas vorzumachen. Wahrheit ist das, was ist. Dazu gehören unsere Grenzen, unsere Scheinheiligkeiten und sogar unsere Lügen. In dem Moment, wo wir unsere Begrenzung als das sehen, was sie ist, wird sie zum Tor. Wenn wir eine Lüge als solche erkennen, wird sie zur Wahrheit. Wahrheit umfasst Alles, weit jenseits unserer Vorstellungskraft.

Je mehr wir uns auf das einlassen, was ist, desto mehr bekommen wir ihre Zuverlässigkeit zu spüren. Sie ist immer da. Wir kosten ihre Frische, denn sie ist immer neu. Sie heilt unsere Wunden, sobald wir sie wie frische Luft an uns heranlassen. Und wenn wir uns unsere Bitterkeit, die sie uns schonungslos vor Augen halten kann, genüsslich auf der Zunge zergehen lassen, entdecken wir darin sogar eine Süße, ein köstliches Erschauern, ganz und gar unabhängig von unseren Vorlieben. Vielleicht sogar heiliges Erschauern.

Ist das nun alles wahr? Glaube nichts, was du nicht selbst erfunden hast!

Lust und Liebe können uns in die Irre führen, wenn wir uns nicht auch für die Wahrheit interessieren. Ohne Liebe zur Wahrheit werden Sex und Liebe flach und wir projizieren alte Wunden auf unseren Partner.
Mit der Wahrheit im Bunde erschließt sich uns das, was ist, als das Mysterium des Seins. Lust und Liebe werden zu dessen Flügeln.

> *Liebevoller Sex ist ein Flirt mit der Wahrheit*

16. Die Logik der Liebe

Wenn wir uns fragen, was unserem Leben wahrhaftig Sinn verleiht, landen die meisten von uns früher oder später bei der Liebe. In der Rückschau an der Schwelle des Todes werden wir uns wahrscheinlich über jeden Moment freuen, an dem wir es riskiert haben zu lieben. Wir werden uns aber vielleicht auch fragen, was uns davon abhielt, mehr Liebe zu wagen. Mit dieser Frage müssen wir nicht bist zur Schwelle des Todes warten, wir können sie auch bereits jetzt stellen. Was hält uns davon ab, nach Herzenslust zu lieben?

„Liebe ist das einzige, was wächst, indem wir es verschwenden." Dieser berühmte Ausspruch der Dichterin und Philosophin Ricarda Huch macht uns darauf aufmerksam, dass Liebe nach anderen Gesetzen funktioniert als der Verstand. Wie können wir ihr bewusst eine höhere Priorität in unserem Leben einräumen, wenn wir doch nie ganz verstehen, was sie eigentlich in ihrem Wesen ausmacht?

Zunächst könnten wir die Hindernisse erforschen und unsere Ausreden näher untersuchen, die uns von der Liebe trennen. Es gibt derer viele: keinen passenden Partner, keine Zeit, Beziehungsstress, Angst vor Verletzungen … die Liste ließe sich endlos fortsetzen. Im Internet fand ich unter der Überschrift „Warum man lieber hassen statt lieben sollte" folgenden Text:

„Liebe und Hass nehmen sich nicht viel. Beide machen blind, beide machen verwundbar, beide sind im Grunde nur dazu gut, dich fertig zu machen. Beide sind für manche ein Grund zum Töten, beide sind unter Umständen etwas, das dich zu Tode quälen kann, beide machen dich manipulierbar, kalkulierbar und unvorsichtig. Allerdings sitzen die Wunden, die du durch die verdammte Liebe davonträgst, tiefer und heilen langsamer. Wenn überhaupt."

Hier scheint sich jemand aus Enttäuschung und Verletzung vollständig von der Liebe abgewandt zu haben. So krass machen das nicht viele, aber wer kennt das nicht, sich aus Enttäuschung von der Liebe abzuwenden? Aber ist der Grund für Enttäuschung tatsächlich die Liebe oder sind es nicht eher die romantischen Vorstellungen, die falschen Erwartungen, Überzeugungen und Missverständnisse, die uns an der Liebe scheitern lassen? Unter vielen Hindernissen scheint mir dieses eines der wichtigsten zu sein: Wir glauben zu wissen, was Liebe sei, aber wir täuschen uns gewaltig. Vielleicht können wir es auch gar nicht wissen. Liebe entzieht sich unserem Verstand. Sie tickt anders als wir denken.

Den Kopf einfach auszuschalten und blind unserem Herzen zu folgen, ist auch keine Lösung. Frisch Verliebten mag dies in ihrer begnadeten Verrücktheit eine Weile gelingen, aber auf Dauer brauchen wir auch den Verstand, um Liebe in unserem Leben zum Blühen zu bringen. Es ist der Verstand, unter dessen Regie wir in hohem Maße unser Leben gestalten. Aber wie soll das gehen, wenn der Verstand die Liebe gar nicht begreifen kann?

Die wichtigsten Schlüssel zum Herzen, zur Liebe, sind für den Verstand Widersprüche. Die sind dem Verstand gar nicht geheuer, aber wir können ihm liebevoll beibringen, dass es etwas gibt, was sich seiner Logik entzieht. Die klassische Logik in Aristoteles' „Satz vom Widerspruch" besagt, dass zwei einander widersprechende Gegensätze nicht zugleich zutreffen können. Etwas kann nicht zugleich schwarz und weiß sein. In der Liebe schon. Sie umfasst nicht nur schwarz und weiß, sondern auch noch den gesamten Regenbogen. Liebe setzt rationale Logik außer Kraft. Sie verhält sich jedoch auch nicht unlogisch, sondern sie ist paradox. Ich möchte dies an einigen Beispielen verdeutlichen.

1. Liebe ist Freiheit und Verbindlichkeit

Einerseits brauchen wir das Gefühl von Freiheit, um unser Herz zu öffnen. Wenn von einem Herzen gefordert wird, sich zu öffnen, verschließt es sich eher. Sobald wir aber die Verschlossenheit wirklich akzeptieren und uns in sie einfühlen, öffnet es sich wieder.

Andererseits brauchen wir auch Bindung. Wenn wir spüren, dass unser Partner uns nicht wirklich meint und will, sondern genauso gut mit jemand anderem zusammen sein könnte, zieht sich etwas in uns zurück und schützt sich vor Austauschbarkeit. Solange wir dieses Paradox von Freiheit und Verbindlichkeit nicht als solches erkennen, wird es uns Mühe bereiten. Bei vielen Paaren besetzt zum Beispiel jeweils ein Partner den einen Pol, der andere den anderen. SIE will Bindung, ER will Freiheit. Oder umgekehrt. Dann beginnt der Kampf, bei dem beide verlieren. Wirklich frei werden wir erst dann, wenn wir uns freiwillig auch binden können. Wirklich gebunden sind wir erst dann, wenn wir darin frei bleiben, denn sonst sind zwei Menschen aneinandergebunden, die gar nicht sie selbst sind. Freiheit und Verbindlichkeit sind für den Verstand Gegensätze. Für die Liebe sind es zwei Flügel, die sie beide zum Fliegen braucht.

2. Bedingungslose Liebe beinhaltet auch Bedingungen

„Ich wünsche mir einen Partner, der mich voll und ganz so annimmt, wie ich bin!" Angenommen zu sein ist eine der großen Sehnsüchte in Liebesbeziehungen. Wir möchten bedingungslos geliebt werden. Wenn nun aber unser Partner sich dasselbe wünscht? Die Antwort scheint einfach: „Ich bin ja bereit, dich bedingungslos zu lieben, wenn du mich auch bedingungslos liebst!"

Was zunächst nach einem fairen Deal klingt, ist ein klassischer Beziehungsknoten, an dem sich viele Paare die Zähne ausbeißen. Die Rechnung geht nicht auf. Sie kann nicht aufgehen, denn wir haben unbemerkt das Wörtchen „wenn" hineingeschmuggelt, also eben doch eine Bedingung. Wenn ich dich wirklich bedingungslos lieben will, bleibt mir nichts anderes übrig, als auch unsere Bedingungen zu lieben, und dazu gehören unsere menschlichen Begrenzungen, Fehler und Schwächen, deine genauso wie meine. Deine Schwäche könnte sein, dass du mich nicht jederzeit bedingungslos lieben kannst. Liebe ich dich trotzdem? Liebe ich meine eigene Begrenzung, wenn ich es nicht kann? Hier gibt es keine Lösung, aber es gibt einen Prozess, auf den ich mich mit Hilfe dieses Paradoxons einlassen kann: *Lieben heißt bereit zu sein, lieben zu lernen.*

3. Liebe verwandelt, indem sie etwas so sein lässt, wie es ist

Für den Verstand ist das eine weitere harte Nuss. Er glaubt, dass wir für Veränderungen etwas tun müssen. „Wenn mein Partner mich betrügt, wird er nicht damit aufhören, nur weil ich ihn so sein lasse, wie er ist!"... Nein, das wird er vielleicht nicht. Aber ich kann mich all dem zuwenden, was diese Situation beinhaltet: meiner Eifersucht und allem was dahintersteckt, den Taten und Motiven meines Partners, den Wünschen und Sehnsüchten, die uns verbinden und den Wünschen und Sehnsüchten, die uns voneinander unterscheiden. Wenn ich die Gedanken und Emotionen ungefiltert an mich heranlasse, sie dasein lasse und nicht ändern muss, wird mich dies verwandeln. In welcher Weise es mich verwandelt, entzieht sich allerdings meiner Kontrolle. Vielleicht wird mir klar, dass sich unsere Wege trennen, vielleicht aber auch, dass das Fremdgehen meines Partners mir eigene unerfüllte Sehnsüchte spiegelt, und ich kann mit diesem Verständnis neu auf ihn zugehen.

Indem die Liebe etwas so sein lässt, wie es ist, befreit sie uns von unseren fixen Vorstellungen. Was wir unbedingt verändern wollten, kann sich als das offenbaren, was es wirklich ist. Das ist die tiefste Veränderung, die möglich ist. Wir können sie uns vorher nicht vorstellen, nicht ausmalen. Deswegen ist Liebe nicht planbar und wir erleben es als Gnade, wenn wir sie erfahren dürfen. Uns für die Liebe bereithalten, das können wir allerdings schon.

4. Erfüllende Liebe beginnt mit Enttäuschung

Diese Erkenntnis ist nur solange ein Widerspruch, wie wir glauben, Liebe sei die Erfüllung unserer Wünsche und Sehnsüchte. Dann sieht der übliche Zyklus in etwa so aus: Wir suchen jemanden, der unseren Wünschen und Sehnsüchten entspricht. Wenn wir *den Richtigen* gefunden haben, verlieben wir uns und lassen uns ein. Wenn wir später enttäuscht werden, glauben wir, es sei doch der Falsche gewesen und trennen uns wieder. Serielle Monogamie ist heute die dominierende Beziehungsform. Die Verliebtheit steht am Anfang, die Enttäuschung am Ende. Und wenn wir die Enttäuschung als Betrug von Seiten unseres Partners auffassen, dann kann Liebe auch in Hass umschlagen.

In Wahrheit ist *Ent*täuschung nicht das Ende, sondern der Beginn wirklicher Liebe. Unsere Sehnsüchte sind zwar wichtig, jedoch nicht, um unbedingt erfüllt zu werden. Sie sind vor allem eine unwiderstehliche Verführung, uns über die Grenzen unserer Gewohnheiten und Skepsis hinauszuwagen. Der Partner ist niemals der, der er unserer Vorstellung nach sein sollte. Wenn es uns gelänge, ihn dahingehend „umzuerziehen", hätten wir kein wirkliches Gegenüber mehr, sondern nur die narzisstische Spiegelung unserer eigenen Wünsche. Die erotische Anziehung liegt dann früher oder später am Boden, weil die Polarität fehlt. Wenn die Umerziehung auf Dauer nicht gelingt, gibt es Streit oder Resignation.

Eine Lösung aus diesem Dilemma finden wir nur dann, wenn wir uns von unserer eigenen Enttäuschung verwandeln lassen. Das kann bedeuten, dass wir alten Verletzungen in uns endlich die Aufmerksamkeit und Zuwendung schenken, die sie zur Heilung brauchen. Enttäuschung ist so gesehen eigentlich eine Voraussetzung für die Liebe. Erst wenn ich dich so sehe, wie du wirklich bist, jenseits aller Illusionen, kann ich dich auch so lieben, wie du bist. Unsere Liebe kann sich entwickeln, je mehr wir uns der Herausforderung stellen, das zu lieben, was wir in der Liebe überhaupt nicht gesucht haben.

5. Liebe ist mehr als stimmig

Liebe ist nicht nur persönliche Liebe, wie wir sie in unseren Beziehungen suchen und finden können. Sie kann auch unser Verhältnis zur Natur, zum Leben und zur gesamten Existenz durchdringen. Aber auch diese universelle Liebe ist nicht so harmonisch, wie wir uns das manchmal vorstellen. Widersprüche, Dilemmata und unlösbare Situationen sind wichtige Aspekte des Lebens, die uns aufwecken und an denen wir wachsen und reifen. Wir sind nicht gewohnt, sie als Wegweiser zur Liebe zu sehen. Stattdessen suchen wir nach Frieden, Einklang und Harmonie – und wenn schon nach Gegensätzen, dann nach solchen, die sich unwiderstehlich anziehen. Es soll alles stimmen. Dann sind wir bereit zu lieben.

Aber das stimmt nicht. Die Fixierung auf Stimmigkeit führt uns von der Liebe weg. Unsere Wahrnehmung von Widersprüchen, Ungerechtigkeiten, Nöten und Konflikten bis hin zum Krieg macht uns darauf aufmerksam, dass es mehr gibt als das, was wir zu lieben bereit sind. Je mehr wir uns in Freiheit auch damit verbinden, je mehr wir die Begrenzungen unserer Liebesfähigkeit anerkennen und uns unsere Enttäuschungen eingestehen, desto mehr entfaltet die Dynamik der Liebe ihre Kraft. Erst wenn wir uns dem hingeben, was ist – und dazu gehören paradoxerweise auch alle unsere Impulse, etwas zu verändern – können wir das ganze Konzert der Existenz in uns und durch uns erklingen lassen. Wir bekommen eine Ahnung von einer Liebe, die alles umfasst. Wir sind Liebe. Wir sind – so vielgestaltig wie wir sind – ein Klang. Wirklicher Einklang ist weder stimmig noch unstimmig, sondern vielstimmig.

An diesen Beispielen ist hoffentlich deutlich geworden, dass Liebe das Potenzial hat, uns aus gewohnten Bahnen zu werfen. Sie gibt uns Rätsel auf. Sie überrascht uns. Sie ist nicht machbar, nicht planbar, widersetzt sich dem Funktionieren und folgt eigenen Gesetzen. Was wir unserem Verstand begreiflich machen können, damit er der Liebe nicht länger im Weg steht, sondern sie sogar unterstützt, ist dies: Liebe ist für den Verstand paradox. Was der Verstand sinnvollerweise als unvereinbare Gegensätze ansieht, verbindet sich in der Liebe.

Unser Verstand trifft Unterscheidungen, damit wir uns in der Dualität des Lebens zurechtfinden. Er unterscheidet richtig und falsch, besser und schlechter, passend und unpassend. Aber alle Unterscheidungen besitzen bestenfalls relative Wahrheit. Die absolute Wahrheit löst alle Unterschiede auf, aber eben nicht, indem wir sie verleugnen oder pseudoharmonisch ignorieren, sondern indem wir uns der grundlegenden Paradoxie unserer menschlichen Existenz[14] stellen: Wir erleben uns als getrennt und sind zugleich untrennbar verbunden. In der Liebe erleben wir, dass beide Pole zusammengehören.

Das Wichtigste im Leben ist die Liebe. Der Verstand kann das Wesen von Liebe nicht begreifen, aber wir können ihm begreiflich machen, dass Liebe nicht nach seinen Gesetzen funktioniert.
Liebe ist ihrem Wesen nach paradox. Freiheit, Bedingungslosigkeit, Akzeptanz, Erfüllung und Stimmigkeit führen erst dann zu Liebe, wenn wir auch den jeweiligen Gegenpol würdigen. Sobald der Verstand das begreift, kann er der Liebe das Feld überlassen.

> *Der gereifte Verstand begreift seine Begrenzung*

Liebes Christkind
ich wünsche m
eine Seilbahn
und einen Farb
kasten und ein
Schulfüller
ein Hampel
mann und
Indianer und
Feuerwehrwagen und e
Puppenstube

Frohe Weihnacht
Dein Matthias

17. Wünschen und loslassen

Einen der am meisten herausfordernden Widersprüche unseres Liebeslebens finden wir in der Dynamik von Wünschen und Loslassen. Wir erleben eine schmerzhafte Diskrepanz zwischen Wunsch und Wirklichkeit und wünschen uns etwas aus ganzem Herzen, aber die Erfüllung lässt auf sich warten. Insgeheim ahnen wir, dass wir der Erfüllung selbst im Weg stehen. Aber wie?

Die Dynamik entfaltet sich in vielen Lebensbereichen, insbesondere aber auch in unseren nahen Beziehungen. Im Namen der Liebe haben Menschen sich zu Großtaten des Herzens aufgeschwungen, sind dabei über sich selbst hinausgewachsen, haben aber auch gequält und gemordet. Anstatt nun das Eine zu erstreben und das Andere zu verurteilen, lehrt Tantra eine andere Haltung: Verurteile nicht, sondern begegne Licht- und Schattenseiten mit Einfühlung. Auf diese Weise lernen wir zu verstehen, warum Glück und Unglück in der Liebe so erstaunlich nah beieinanderliegen und wie wir Einfluss darauf nehmen können.

Viele Menschen sehnen sich nach einem Partner, mit dem sich ihre tiefsten Wünsche erfüllen. Diese Sehnsucht ist zutiefst menschlich. Wenn wir allerdings etwas *unbedingt* wollen und gnadenlos daran festhalten, sind wir auf dem besten Wege zur Hölle. Unser Partner wird sich ob der Unbedingtheit unserer Sehnsucht unter Druck fühlen und sich allein schon deswegen unseren Wünschen widersetzen. Vielleicht wollen wir es dann umso mehr und der Teufelskreis nimmt seinen Lauf. Wir können stattdessen lernen, dass Liebe etwas anderes bedeutet als zu bekommen, was wir wollen und begehren. Wir begegnen unserem Partner so, wie er oder sie ist, und lassen uns von seinem So-Sein berühren, auch wenn es nicht unseren Vorstellungen entspricht. Oft ist genau dies das Tor, durch das wir etwas vom Himmel auf die Erde bringen können.

Kennst du das folgende Phänomen? Wir tun alles Mögliche für die Erfüllung eines Wunsches, werden aber solange enttäuscht, bis wir irgendwann genug haben und loslassen. Just in diesem Moment geht unser Wunsch in Erfüllung, auf eine Weise, die wir uns niemals hätten ausdenken können. Der Schlüssel zu dieser Art Erfahrung heißt Loslassen.

Loslassen bedeutet nicht, zu resignieren. Im Loslassen entspannen wir uns in das, was ist. Wir hören nicht auf zu wünschen, aber zu kämpfen und zu verkrampfen. Wir überlassen uns der Unmittelbarkeit dessen, was geschieht. Loslassen ist nicht unbedingt passiv, es kann sogar ein Feuerwerk an Lebendigkeit freisetzen.

Im Sex erleben wir Wünsche als Begehren. Loslassen wird hier zum Schlüssel für den Orgasmus, für manche das höchste der Glücksgefühle. Dieses Glücksgefühl muss weder auf die Genitalien noch auf einen kurzen Moment beschränkt bleiben. Wenn wir auf allen Ebenen unseres Seins loslassen, also auch in unserem Herzen und unserem Geist, erleben wir *orgastisch zu sein* anstatt einen Orgasmus zu haben. Wir kommen dem näher, was wir begehren, indem wir unser Begehren tief in uns spüren und willkommen heißen, dann aber die Vorstellung loslassen, des Objektes unserer Begierde habhaft werden zu können. Was wir besitzen, können wir nicht begehren, und so beginnt der Zyklus des Begehrens immer wieder von Neuem, sobald wir etwas bekommen. Viele Paare können von dieser Dynamik ein trauriges Lied singen: Begehren und Besitzen passen nicht gut zusammen, genauso wenig wie Wünschen und Festhalten.

Liebesbeziehungen sind das Feld, in dem wir an dieser paradoxen Dynamik reifen und wachsen können. Unseren Partner zu begehren, ihn dabei frei zu lassen und uns dennoch mit ihm verbunden zu fühlen, will gelernt sein. Natürlich wollen wir Einfluss nehmen auf das, was wir gemeinsam erleben, aber das Leben, die Liebe und unser Partner entziehen sich unserer Kontrolle. Je mehr wir das akzeptieren, desto eher können wir zusammen tanzen und lassen uns dabei herausfordern, immer wieder neue Schritte in den Tanz zu integrieren. Wenn wir uns jedoch gegenseitig unter Kontrolle bringen wollen – und nichts anderes bedeutet die Vorstellung, dass meine Partnerin meine Wünsche und Erwartungen zu erfüllen habe – werden wir irgendwann kämpfen oder frustriert aufgeben.

Was für unsere Wünsche an eine Partnerschaft gilt, lässt sich auch auf unsere Wünsche an das Leben selbst übertragen. Nehmen wir das Leben so an, wie es ist? Diese Formulierung ist im spirituellen Kontext längst zum Klischee geronnen. Unter dem Deckmantel des Annehmens erhoffen viele sich eben doch eine Veränderung hin zu einem tiefer erfüllenden Leben. Hier begegnen wir der gleichen Paradoxie wie im Liebesleben: Wir können nicht einfach *bekommen*, was wir uns wünschen, auch wenn manche esoterischen Bestseller das Gegenteil behaupten. Unsere Wünsche können erst dann in ihrer Gesamtheit in Erfüllung gehen, wenn wir wollen, was wir bekommen, anstatt bekommen zu müssen, was wir wollen.

Was wie ein simples Wortspiel klingt, enthält eine Kernweisheit vieler spiritueller Wege. Wir lernen anzunehmen, was immer uns das Leben beschert (was immer wir *bekommen*) und unsere einzigartige *Antwort* darauf zu finden. Dies ist unsere Verantwortung (engl.: response-ability, Fähigkeit zu antworten) und sie ist ein Tor. Am meisten habe ich darüber in meinen Liebesbeziehungen gelernt und lerne jeden Tag noch etwas hinzu.

Die meisten Menschen brauchen – so wie ich – hochkarätige Enttäuschungen, bis sie bereit sind, romantische Ideale bedingungsloser Liebe loszulassen. Romantische Liebe ist unser Startkapital. Wenn die Verliebtheitstrance nachlässt, sind wir herausgefordert zu lernen, was es heißt wirklich zu lieben. Dazu gehört, unsere eigenen Wünsche genauso anzuerkennen wie die unseres Partners. Auf Dauer sind beide selten identisch. Früher oder später werden wir herausgefordert, mit unterschiedlichen Gelüsten, Vorlieben, Verletzungen, Schutzhaltungen und Wertesystemen zurecht zu kommen.

Im Umgang mit Unterschiedlichkeit stehen wir vor einer entscheidenden Weichenstellung: Vermeiden wir unsere Differenzen und bewegen uns auf den kleinsten gemeinsamen Nenner zu? Dann wird unser Einheitsempfinden sich eher hohl anfühlen. Oder lernen wir, uns auch mit unseren Unterschieden zuzumuten und dennoch anzunehmen? Auf letzterem Weg haben wir eher die Chance zu erfahren, was wirkliche Einheit bedeutet, denn diese grenzt Unterschiede nicht aus, sondern integriert sie.

Was in umfassender Einheit geschieht, geht weit über unser Vorstellungsvermögen hinaus. Wir sind intim mit dem Leben, mit allem, was wir mögen oder auch nicht mögen. Wir dürfen, aber wir müssen das Leben nicht verändern. Aus dieser Akzeptanz wird wirkliche, nachhaltige Veränderung möglich. Unser Herz weiß um diese Qualität und kann uns daran erinnern, solange es schlägt und wir ihm Aufmerksamkeit schenken. Vielleicht kein Geheimtipp, aber ein Wegweiser für erfüllende Liebe und Partnerschaft. Und ein spiritueller Weg, auf dem wir durch unsere Erfahrungen in Lust und Liebe wachsen und reifen dürfen.

Unbedingtheit steht der Erfüllung von Wünschen im Weg, wir brauchen auch die Fähigkeit loszulassen.
In Partnerschaften – und darüber hinaus – begegnen wir der Dynamik von Wünschen, Wollen und Loslassen. Indem wir uns die Unterschiedlichkeit unserer Wünsche zu Herzen nehmen, lernen wir, mit dem Leben, so wie es ist, intim zu werden. Das heißt nicht, alles hinzunehmen, sondern zu antworten. Darin besteht unsere Verantwortung.

Der ultimative Wunsch heißt ... loslassen

---

18. Mutig intim

Es wird kaum noch jemanden überraschen, auch wenn romantische Vorstellungen uns anderes vorgaukeln: Beziehungen sind nicht immer bequem. Sie erfordern Mut zum Risiko und zur eigenen Verletzlichkeit. Die Suche nach dem perfekten Seelenpartner, der mit uns in allem und jedem übereinstimmt, ist eine Illusion. Nach der ersten Verliebtheit gibt es keinen Weg daran vorbei, unsere rosaroten Vorstellungen loszulassen und uns mit der Andersartigkeit des Geliebten auseinanderzusetzen. Wenn wir uns auf diesen spannenden Prozess einlassen, erwartet uns nicht mehr und nicht weniger als eine Feuerprobe.

Martin hat manches über Tantra gehört, was ihn neugierig macht. Er sehnt sich zutiefst danach, Lust und Liebe intensiver zu spüren, und vor allem eine erfüllende Partnerschaft einzugehen. Seit sich seine Freundin vor einem Jahr von ihm getrennt hat, hat er sich in ein Schneckenhaus zurückgezogen. Jetzt möchte er wieder raus. „Was habe ich zu verlieren?", denkt er in einer mutigen Stunde, und meldet sich übers Internet bei einem Tantrakurs an.
Der Workshop hat begonnen, die Gruppe sitzt im Kreis. Eine kurze Anfangsrunde ist angesagt. Martin beginnt mit „Ich bin der Martin. Und ich weiß im Moment überhaupt nicht, warum ich überhaupt hier bin! Als ich mich vor zwei Monaten angemeldet habe, war ich voller Sehnsucht und Vorfreude. Aber vorhin im Zug dachte ich: Wie kann man nur so blöde sein, sich hier anzumelden! Mit fielen lauter Dinge ein, die ich lieber täte." Nach einer kurzen Pause fährt er fort: „Aber ich bleibe hier. Ich kenne das nämlich schon. Ich bekomme immer Schiss, wenn es um etwas geht, was mir wirklich wichtig ist. Dann haue ich am liebsten ab. Deswegen bin ich auch so viel allein."

Was Martin beschreibt, ist nicht ungewöhnlich. Wir haben oft genau vor dem Angst, was wir uns am sehnlichsten wünschen. Wenn wir näher hinschauen, ist diese Angst nicht erstaunlich. Wirkliche Herzenswünsche sind nur erfüllbar, wenn wir erreichbar, berührbar und damit auch verletzlich sind. Sonst prallt die Erfüllung an uns ab und wir können sie gar nicht annehmen. Viele Menschen kommen in einen Tantrakurs, weil sie sich nach Liebe, Intimität und Erotik sehnen. Wenn der Kurs dann näher rückt, kommen die Ängste hoch:

- Was, wenn ich Außenseiter der Gruppe werde?
- Was, wenn ich bei Partnerwahlen übrigbleibe?
- Was, wenn ich es nicht schaffe, meine Grenzen zu respektieren?
- Was, wenn ich mich nicht mehr spüre?

- Was, wenn ich alle doof finde oder mich alle doof finden?
- Was, wenn ich mich nicht sicher fühle oder mich nicht öffnen kann?

Jeder von uns hat Ängste, wenn wir uns öffnen wollen. Wie gehen wir mit diesen Ängsten um? Der erste Schritt besteht darin, sie überhaupt als Ängste zu erkennen. Oft maskieren sie sich als Unlust oder Kritik – an uns selbst, an anderen Menschen oder an den Umständen. Der vermeintliche Ausweg heißt dann „Wenn doch nur …". Wenn wir auf diese Ablenkungsmanöver verzichten, steigt die Angst erst mal noch weiter an. Als naheliegende Antwort darauf fahren wir unsere Antennen aus, versuchen herauszufinden, was von uns erwartet wird und passen uns an. Das schafft Sicherheit.

Zumindest glauben wir das, denn es hat uns in der Kindheit entscheidend geholfen. Wir wussten genau, wie wir uns verhalten mussten, damit Mama, Papa und andere wichtige Bezugspersonen uns liebhaben. Wir haben vielleicht mehr oder weniger dagegen rebelliert und uns trotzig gerade anders verhalten. Das hat uns ermöglicht, eine gewisse Autonomie zu erlangen. Die aber hatte ihren Preis, die liebevolle Nähe zu Mama und Papa war erst mal dahin. Aus diesen Erfahrungen haben wir den Schluss gezogen, dass sich Intimität einstellt, indem wir uns auf den anderen einstellen und ein gewisses Maß an Autonomie opfern.

Wenn wir uns Intimität wünschen, wird dieses Dilemma sofort aktiviert. Wir sehnen uns nach friedlicher Harmonie, nach prickelnder Erotik, nach Herzensverbindung, aber im Schlepptau dieser Sehnsucht schwimmt die Angst:

- Wie muss ich dafür sein?
- Was muss ich dafür aufgeben?
- Was darf ich von mir zeigen?
- Was muss ich von mir zeigen?

Der Tanz zwischen Nähe und Autonomie ist essentiell für Intimität. Intimität braucht beides. Am besten finden wir also einen Partner oder einer Partnerin, die so weit wie möglich mit unseren Bedürfnissen übereinstimmen. Mr. oder Mrs. Right verspricht, die ideale Lösung für unsere Sehnsüchte und zugleich für unsere Ängste zu sein. Eine genial einfache Lösung! Der kleine Haken: Wir müssen diesen Partner erst mal finden. Der große Haken: Nach Ende der Verliebtheitsphase stellt sich heraus, dass wir wieder vor demselben Dilemma stehen. Die Wünsche und Bedürfnisse stimmen nicht mehr stets überein und die Zeit der verliebtheitsbedingten Blindheit für Unterschiede geht unausweichlich dem Ende entgegen.

Viele Paare – besonders die harmonisch veranlagten – versuchen so lange wie möglich zu retten, was zu retten ist, indem sie sich auf den kleinsten gemeinsamen Nenner einigen. Sie machen einfach nur das zusammen, was *beide* gerne mögen. Am Anfang ist dies meist recht viel. In der Dynamik des kleinsten gemeinsamen Nenners wird es leider immer weniger. Am deutlichsten wird das im Bett, die Erotik versiegt. Aus Mann und Frau werden Bruder und Schwester.

Eine andere Variante wird gewählt, wenn einer oder beide Partner ein ausgeprägtes Autonomiebedürfnis haben und sich mit dem kleinsten gemeinsamen Nenner nicht abfinden können. In diesem Fall nehmen die Konflikte zu, einer oder beide fühlen sich zu kurz gekommen und fangen an, sich Vorwürfe zu machen oder auf Distanz zu halten. Irgendwann haben sie sich auseinandergelebt oder die Eskalation der Konflikte führt in die Trennung.

Die schlechte Nachricht: So gut wie alle intimen Paare haben mit diesem Dilemma zu tun, es gehört zu intimen Beziehungen einfach dazu. Unsere Bedürfnisse nach Nähe und Freiheit, nach Authentizität und Angenommen sein, stehen in einem natürlichen Spannungsverhältnis zueinander. Es gibt keine einfache und bequeme Lösung. Die gute Nachricht: Genau diese Spannung ist einer der besten Wachstumsimpulse für unseren inneren Reifungsprozess. Wenn wir die Vorstellung loslassen, dass Spannung ein Indiz für misslungene Partnerwahl oder für Beziehungsunfähigkeit ist – für die eigene oder die des anderen –, dann erwartet uns der wunderbare Tanz echter Intimität. Dieser Tanz ist nicht immer romantisch, aber umso mehr wahrhaftig.

Wahrhaftige Intimität beinhaltet das ganze Spektrum unserer Erfahrung. Sie wird dort, wo wir Aspekte unseres Seins aus unserem Bewusstsein ausgegrenzt haben, zur echten Feuerprobe. Das in unserer Kultur verbreitete romantische Bild von Intimität ist eigentlich nur ein Spezialfall. „Ich will mit dir schön französisch essen gehen, dann barfuß und rauchfrei tanzen und am Ende des Abends erst leidenschaftlichen, dann meditativen Sex. Du willst das auch? Oh, wie schön! Let's do it!" Beide wollen das Gleiche, wie schön. Und wie außergewöhnlich! Wir dürfen genießen, wenn es dazu kommt. Wenn wir allerdings auf diesen Spezialfall völliger Übereinstimmung fixiert sind und glauben, nur dann sei echte Intimität möglich, haben wir ein Problem.

Was ist die Alternative zu vollständiger Übereinstimmung? Kommen wir zurück zum obigen Beispiel: Ich will französisch essen, barfuß und rauchfrei tanzen und zu Hause leidenschaftlichen, meditativen Sex. Du hingegen willst in einen Pärchenclub. Du willst dort immer wieder am kulinarischen Buffet naschen, willst in sexy Dessous barfuß, nicht ganz rauchfrei, dafür aber umso erotischer tanzen und dich dann immer wieder auf Spielwiesen oder auch mal im Séparée die Lust mit mir ausleben, die sich inzwischen durch die prickelnde Clubatmosphäre aufgebaut hat. Dies ist der Normalfall. Normal ist weder das französische Essen noch der Pärchenclub. Normal ist, dass zwei Menschen unterschiedliche Bedürfnisse, Vorlieben und Sehnsüchte haben.

Normal ist auch, dass wir auf fremde oder gar bedrohliche Wünsche unseres Partners reagieren. So könnte es sein, dass jemand die Wünsche des Partners, der gerne Sex in einem Pärchenclub hätte, für obszön, inakzeptabel oder gar krank hält. Genauso kann der Wunsch nach meditativem, stillem Sex auf Widerstand stoßen, wenn zum Beispiel damit verbunden ist, keinen Orgasmus haben zu sollen. Solche Reaktionen können schnell zum Streit führen. Vorauseilend gehorsam schminken wir uns alle Wünsche ab, die wahrscheinlich nicht auf Gegenliebe stoßen, oder teilen sie unserem Partner zumindest nicht mit. Vielleicht verheimlichen wir sie sogar gegenüber uns selbst.

Hinter unseren Reaktionen stehen unsere Ängste. Hinter der Abwehr des Pärchenclubs steht vielleicht die Angst, die eigenen Grenzen nicht wahren zu können oder in Konkurrenz mit anderen potenziellen Sexpartnern zu geraten. Hinter der Abwehr von meditativem Sex steht vielleicht die Angst, die eigene animalische, triebhafte Lust unterdrücken zu müssen oder schlicht die Erektion zu verlieren. Auch solche Ängste sind nicht ungewöhnlich. Die Vorlieben unseres Partners wie auch seine Ängste machen uns Angst. Entscheidende Fragen, mit denen wir den Spielraum für Intimität ausdehnen können, lauten in etwa so:

- Können wir diese Ängste da sein lassen?
- Sind wir bereit, sie als Herausforderung zu begreifen, selbst zu wachsen und zu reifen?
- Können wir unsere Unterschiedlichkeit als Chance begrüßen, einander in tiefen, unbekannten oder bedrohlichen Aspekten kennenzulernen?

Durch solche Optionen lernen wir, diese Aspekte auch in uns selbst zu erkennen. Das heißt nicht, dass wir die Vorlieben unseres Partners immer erfüllen müssen. Wir bleiben frei in unserer Entscheidung, zu was wir bereit sind und zu was nicht. Aber wir bleiben nicht auf unsere festgefügten Vorstellungen fixiert, sondern spielen innerlich mit dem „Was wäre denn, wenn …?" Wir lassen die Wünsche und Ängste des anderen an uns heran und finden in jedem Moment unsere Antwort darauf. Je mehr Übung wir in diesem Tanz bekommen, desto weniger brauchen wir die Gefühle und Vorlieben unseres Partners zu verunglimpfen. Es entsteht gegenseitiger Respekt, der nicht auf dem kleinsten gemeinsamen Nenner beruht, sondern auf einem alles integrierenden größeren Ganzen, das uns mit der gesamten Existenz verbindet.

In diesen manchmal stillen, manchmal stürmischen Gewässern können wir Dimensionen von Intimität erleben, die weit über das romantisch-einverständliche Klischeebild hinausgehen. Ich erlebe es oft als beglückend, mich auf diesen intimen Prozess einzulassen, aber manchmal verzweifle ich auch daran und stecke mitten im Dilemma fest. Die Feuerprobe, wie der Paartherapeut David Schnarch[15] diesen Prozess nennt, bleibt kaum einem Paar erspart. Intimität gewinnt an Breite und Tiefe, je mehr ich mich zeigen kann, ohne mir deiner Bestätigung sicher zu sein. Das braucht Mut. Davor haben wir Angst. Zugleich liegt darin eine ungeheure Kraft. Ich erlebe es manchmal als einen inneren Energieschub ohnegleichen, wenn ich voll und ganz zu mir stehe und ungebremst meine Sehnsüchte mitteile.

Innere Kraft beziehen wir nicht aus unserem Schutz vor oder Widerstand gegen, sondern aus dem Eins-sein mit dem Fluss des Lebens. Das Leben pulsiert in mir und durch mich hindurch. Ich nehme es zugleich vollständig an und zu mir und lasse doch alle Identifikation damit los. Von diesem inneren Ort – und ich spreche hier von Sternstunden – fällt es mir weitaus leichter damit umzugehen, wenn meine Bedürfnisse und meine Wahrheit nicht auf Abwehr treffen. Die Intimität, die daraus entsteht, lebt von der Polarität und vom Anderssein, mit dem wir uns bekämpfen, aber auch beglücken können. Sie geht zugleich über alle Polarität hinaus.

Mutig intim zu sein ist keine Abwehr unsere Ängste vor Intimität, im Gegenteil. Es ist die Kraft inmitten aller Ängste, die uns zum Kern unserer Liebesfähigkeit führt. Seit ich von dieser Kraft kosten durfte, lässt sie mich immer wieder Risiken eingehen, inklusive des Risikos, das daraus erwächst, Risiken zu vermeiden. Wir Menschen sind verletzlich, wir sind empfindsame Wesen, vor allem wenn wir uns tief öffnen. Wir sind aber auch beseelt von einer tiefen Kraft. Beides zusammenzubringen und miteinander zu teilen, nenne ich *mutig intim*.

Am Ende des Workshops berichtet Martin von seiner Feuerprobe:

„Ich habe hier erlebt, was ich gesucht habe und mir doch nie hätte vorstellen können. Wenn ich vorher gewusst hätte, was mir hier blüht, wäre ich nicht gekommen, nicht weil die Übungen oder Rituale so spektakulär gewesen wären, sondern weil ich mich unmöglich aufgeführt habe. Wie ich mich beleidigt zurückgezogen habe, weil ich nicht die Ritualgruppe bekam, die ich wollte, war echt peinlich. Danke, dass ihr mich

nicht ausgegrenzt habt, ihr hättet allen Grund dazu gehabt. Ich war nahe dran abzureisen, zum Glück habe ich es nicht getan. Dann kam das Ritual und entgegen aller meiner Erwartungen war die Ritualgruppe genau richtig für mich. Das tat fast mehr weh, als wenn es nicht gestimmt hätte. Es macht mich traurig, wie sehr ich auf sogenannte Stimmigkeit fixiert bin und was ich mir dadurch selbst verbaue. Das wirklich Öde im Leben ist nicht die Ablehnung, die man erfahren kann, sondern sie erst gar nicht zu riskieren. Für den Fall, dass ich das wieder vergessen sollte, habe ich jetzt einen Wegweiser. Darauf steht in fetten roten Lettern ‚Risiko!'"

Überstimmung von Bedürfnissen ist ein Spezialfall von Intimität. Größeren intimen Spielraum gewinnen wir inmitten unserer Unterschiedlichkeit. Jenseits romantischer Idealvorstellungen geschieht Intimität durch wahrhaftige Begegnung und die Bereitschaft, sich zu offenbaren und selbst zu bestätigen, anstatt sich von äußerer Bestätigung abhängig zu machen.

> *Im Risiko wächst Mut*

19. Das Geschenk der Ohnmacht

Die beschriebene Feuerprobe durch Intimität inmitten von Unterschiedlichkeit ist eine große Herausforderung für unser Liebesleben. Doch es kommt noch dicker. Wenn wir einem anderen Menschen wirklich nah sein wollen, brauchen wie dazu die Bereitschaft, ohnmächtig zu sein – oder uns zumindest manchmal so zu erleben.

Ohnmacht gilt als eines der schrecklichsten Gefühle, und wir tun fast alles, um sie zu vermeiden. Was soll an Ohnmacht gut sein? Oder geht es dabei um eine exotische Spielart des Sex?

Im Sex kann Ohnmacht tatsächlich ein starkes Aphrodisiakum sein. Sich einem Menschen, dem wir vertrauen, vollständig auszuliefern, kann unglaublich geil sein, für manche ist es darüber hinaus sogar eine spirituelle Erfahrung. Erotische Spiele um Macht und Ohnmacht erfreuen sich zunehmender gesellschaftlicher Akzeptanz, allerdings unter der Voraussetzung, dass es sich dabei um einvernehmliche Sexualität handelt. Erlaubt ist, was beiden gefällt. Genau genommen handelt es sich daher bei BDSM oder Macht/Ohnmacht-Spielen nicht wirklich um Ohnmacht, denn die Szene kann normalerweise jederzeit durch ein Codewort beendet werden.

Wie sieht es aber mit unfreiwilliger Ohnmacht aus, ohne Netz und doppelten Boden, ohne Codewort und Ausschaltknopf? Spätestens jetzt lässt die Begeisterung meist schnell nach und wir landen wieder bei der Ausgangsfrage: Was soll an Ohnmacht gut sein oder gar ein Geschenk?

Wann und wie erleben wir überhaupt Ohnmacht? Hier einige typische Beispiele:

- Wir haben es eilig und geraten in einen Stau.
- Wir werden arbeitslos und finden monate- oder jahrelang keine neue Stelle.
- Eine Krankheitsdiagnose verändert schlagartig unser ganzes Leben und wir schauen ohnmächtig dabei zu, wie der Körper nicht mehr so mitspielt, wie er sollte.
- Unser Partner hat selten Lust auf Sex, erlaubt uns aber auch keine erotischen Außenkontakte.
- Wir lesen in der Zeitung von der drohenden Klimakatastrophe.

Solche Erfahrungen sind alles andere als attraktiv. In der Regel haben wir Strategien entwickelt, um derlei Ohnmacht nicht wirklich spüren zu müssen: Wir werden wütend, resignieren, fliehen in Aktivismus oder blenden das Thema soweit wie möglich aus. Die Ohnmacht einfach zu fühlen, erscheint zu quälend.

Eigentlich ist Ohnmacht gar kein reines Gefühl. Mit dem Gefühl der Ohnmacht geht eine Beziehungsdefinition einher, oft ohne dass uns dies bewusst ist. Ich etikettiere meine Gefühle als Ohnmacht und schreibe im gleichen Moment etwas oder jemand anderem Macht über mich zu: dem Arbeitgeber, den Krebszellen, meinem Partner, den Politikern und Wirtschaftsbossen oder dem Verkehr. Dabei handelt es sich nicht unbedingt um die reale Machtverteilung, sondern um eine bestimmte Perspektive, die wir einnehmen. Wir beziehen uns auf etwas in den Kategorien von Macht und Ohnmacht. Es geht um Beziehung.

Deswegen finden wir vieles über unsere Ohnmacht heraus, wenn wir uns in unseren Beziehungen näher umschauen. Am meisten können wir dort lernen, wo wir uns ein Gleichgewicht der Kräfte wünschen und Macht und Ohnmacht am liebsten heraushalten würden, nämlich im Feld unserer Liebesbeziehungen. „Geliebt wirst du einzig, wo schwach du dich zeigen darfst, ohne Stärke zu provozieren." (Adorno)

Der Wunsch oder die Erwartung, dass Macht und Ohnmacht in der Liebe keine Rolle spielen, ist leider eine Illusion. Ganz im Gegenteil, kaum jemand kann uns so sehr in ohnmächtige Wut versetzen wie der eigene Partner. Hier begegnen wir dem Kern dessen, was Ohnmacht ausmacht, wie wir sie erleben, was sie uns mitteilt und wie wir sie würdigen können.

Theo ist ein flotter Typ, hat immer einen lustigen Spruch auf Lager und möchte sein Leben vor allem einfach genießen. Er sieht keinen Sinn darin, sich mehr abzurackern als nötig. Leben und leben lassen *heißt seine Devise. Komplizierte Geschichten sind ihm ein Gräuel. Laura hat sich Hals über Kopf in ihn verliebt. Sie hat einige komplizierte Beziehungen hinter sich und liebt Theos lockere Art, die überhaupt keinen Ansatzpunkt für die Dramen bietet, die sie sonst durchgemacht hat. Theo lässt sich Lauras Bewunderung und Zuneigung gerne gefallen. Er bewundert ihre Tiefe, die er so noch selten erlebt hat. Schon ein Augenkontakt lässt ihn dahin schmelzen ...*

Wir kürzen die Geschichte hier etwas ab. Als Außenstehende mit etwas Erfahrung ahnen wir schon, was auf die beiden zukommt.

Nach einem halben Jahr wird Theo immer öfter wütend, wenn Laura ihn mit ihren Psychotricks manipuliert. Sie klammert, aber sie macht das irgendwie so geschickt, dass er sich einfach hundeelend fühlt, wenn er sich von ihr distanzieren will. Er schafft es einfach nicht. Er hatte gedacht, er sei immun gegen solche Spielchen. Er hatte andere Paare verachtet, wenn er so etwas mitbekam. Und jetzt steckt er selbst mitten drin in so einer „Beziehungskiste" und fühlt sich ihr ohnmächtig ausgeliefert.

Laura versteht überhaupt nicht, was er mit Psychotricks *meint. Sie ist immer noch unglaublich von Theo angezogen. Nie zuvor hat sie eine so freie Sexualität erlebt. Es tut ihr einfach weh, wenn er sich distanziert, und das zeigt sie ihm. Ist das nicht okay? Sie würde sich wünschen, er würde auch seinen Schmerz zeigen, anstatt immer gleich wütend zu werden oder abzuhauen.*

Ich brauche nicht weiter auszuführen, was in dieser Beziehung geschieht, wir können es uns lebhaft vorstellen. Wenn wir uns jemals näher auf einen anderen Menschen einlassen, kommen wir irgendwann an einen ähnlichen Punkt, an unsere Ohnmacht. Wir kosten vom Paradies, Lust und Liebe fließen im Übermaß. *Und jetzt das!* Wir merken, wie wir uns immer weiter in das Drama hineinverstricken, ohne es aufhalten zu können. Oder wir ziehen die Notbremse, kochen die Beziehung auf Sparflamme oder trennen uns gleich ganz.

Wenn wir diese Erfahrung oft genug gemacht haben, sind wir irgendwann vielleicht bereit, aus der Ohnmacht zu lernen. Das Geschenk der Ohnmacht liegt darin, dass sie ein Tor zu wahrhaftiger Intimität sein kann. Folgende Schritte können uns zu dieser Erkenntnis führen:

- Ich erkenne an, dass ich mich ohnmächtig fühle. Etwas liegt außerhalb meiner Kontrolle. Nichts bringt mir diese Kontrolle zurück. Meine Versuche, die Kontrolle zurückzubekommen, machen alles nur noch schlimmer. Im Moment kann ich nichts tun. Ich lasse mich die Ohnmacht fühlen.
- Ich bemerke, dass sich mein Partner – bewusst oder unbewusst – auch ohnmächtig fühlt, obwohl ich ihn oder sie immer als so mächtig angesehen habe.
- Ich beginne mich zu entspannen. Es gibt niemanden, der mir meine Macht raubt. Der andere fühlt sich ebenso machtlos. Durch die Entspannung gewinne ich Einfluss auf meine eigene Befindlichkeit, unabhängig von meinem Partner. Ich erlange Macht über mich selbst.
- Ich höre auf, Macht oder Kontrolle über den anderen bekommen zu wollen. Das ist der schwerste Schritt, denn wir versuchen dies oft unbewusst. Eine ehrliche und liebevolle Haltung uns selbst gegenüber kann helfen, uns auf die Schliche zu kommen und loszulassen.

An diesem Punkt gibt es keine Garantie, aber gute Chancen, dass auch mein Partner entspannt. Er spürt, dass ich ihn zu nichts mehr zwingen will. Daraus kann eine wunderschöne erneute Annäherung erfolgen. Es besteht jedoch die Gefahr, meine Kontrollversuche nur auszusetzen und später wieder ins alte Muster zurückzufallen. Meistens durchlaufen wir diesen Zyklus viele Male, bis wir genug davon haben.

Aus vielen Zyklen habe ich gelernt, dass die Intimität gerade dann am größten werden kann, wenn ich meine eigenen Bedürfnisse in der Partnerschaft artikuliere und mich auch nicht allzu schnell davon abbringen lasse, mir zugleich aber klarmache, dass es weder in meinem Zuständigkeits- noch Machtbereich liegt, wie meine Partnerin darauf antwortet. Es liegt aber in meinem Zuständigkeits- und Machtbereich zu lernen, auf die Antworten meiner Partnerin wiederum meine Antwort zu finden.

Je mehr ich von meinen Kontroll- und Manipulationsmanövern ablasse, ohne meine Bedürfnisse zu verleugnen, desto mehr wird dieser Dialog ein liebevoller Tanz voller Intimität, Lust und Liebe. Meine Ohnmacht ist mein Lehrer, der mir zeigt, dass ich mich selbst verlassen habe. Ohnmacht ist das absolut passende Gefühl, wenn ich nach Macht über den anderen strebe, anstatt die Verantwortung für mich selbst zu übernehmen. Wir könnten uns eigentlich glücklich schätzen, wenn unser Partner dabei nicht mitspielt und uns seine Grenzen erleben lässt. Dennoch könnte ich manchmal fluchen und verzweifeln. Es ist anfangs immer wieder schmerzhaft und es braucht Mut, ehrlich zu mir selbst zu sein. Der romantische Traum, dass jemand „immer für mich da" ist, klingt so süß und verlockend. Es ist ernüchternd uns einzugestehen, dass wir im Zuge dieses Traumes zu vielfältigen Gemeinheiten in der Lage sind. Wenn wir mit unseren Manövern Erfolg haben und unser Partner unsere Bedürfnisse erfüllt, ohne wirklich dazu bereit zu sein, zahlen wir dafür einen hohen Preis. Er oder sie wird uns später dafür „bluten" lassen, möglicherweise völlig unbewusst.

Es ist dieser Preis, der mich das Gefühl der Ohnmacht vorziehen lässt, wo ich früher versucht habe mich durchzusetzen. Es bringt mich zu mir selbst zurück. Es lehrt mich Respekt. Es bringt mich damit in Kontakt, dass meine Liebste nicht dazu da ist, meine Wünsche zu erfüllen und genauso wenig umgekehrt. Wir sind freie Wesen, auch wenn wir das noch nicht ganz realisiert haben. Je mehr wir die Macht über und Verantwortung für uns selbst zu uns zurücknehmen und die subtilen oder weniger subtilen Versuche, den anderen zu nötigen, loslassen, desto eher erleben wir eine unmittelbare und erfüllende Qualität von Kontakt und Intimität. Diese ist das Geschenk der Ohnmacht. Wir erleben, dass wir Menschen großen Gefallen daran haben, uns gegenseitig unsere Wünsche zu erfüllen, wenn wir uns dabei frei fühlen und unsere eigenen Wünsche nicht vernachlässigen. Auf dieser Basis kann Vertrauen entstehen und wir lernen unsere Unterschiedlichkeit erst richtig zu schätzen und lieben.

Laura und Theo sind bis hierhin einen weiten Weg mit vielen Höhen und Tiefen gegangen. Sie fallen immer mal wieder in alte Dramen zurück und nennen das scherzhaft „Drama-Nostalgie". Immer häufiger jedoch freuen sie sich an den ganz verschiedenen Wesenszügen, an denen sie sich teilhaben lassen. Wie das möglich wurde? Fragen wir sie selbst:

Theo: „Ich war so fixiert darauf, wie blöd und kindisch Lauras Spielchen waren, dass ich darüber ganz übersehen habe, wie kindisch meine Wutanfälle und Rückzugsdrohungen waren. Es ist ja eigentlich überhaupt nicht mein Ding, aber ich musste echt ins Tal der Tränen und anerkennen, wie liebeshungrig ich unter der Fassade des coolen Typen bin. Erst von dort aus konnte ich erkennen, dass ich Laura mit meinem Verhalten ‚kleinkriegen' wollte. Ich hätte das nie, also wirklich nie zugegeben. Wenn ich jetzt den coolen Typen markiere, dann ist das etwas ganz Anderes. Wir haben Spaß dran und es macht sie manchmal so scharf wie am ersten Tag.

Laura: „Ich habe in Theo immer dieses übermächtige Monster gesehen, wenn ich mich so klein und hilflos fühlte. Ich dachte, alles tanzt nach seiner Pfeife, aber nur, weil ich bereit war, nach seiner Pfeife zu tanzen. Es hat mich umgehauen, als er mir irgendwann anvertraut hat, wie mickrig er sich hinter dem tollen Typen fühlt. Ehrlich gesagt, genau da wollte ich ihn immer haben: mickrig. Ich verband damit die Hoffnung, dass ich selbst mich dann stark fühle und er meine Nähe sucht, anstatt ich die seine. Solange ich darauf aus war, biss ich jedoch auf Granit. Ich habe mir an dem Typen die Zähne ausgebissen. Als es dann soweit war und er schluchzte wie ein Häufchen Elend, habe ich mich gar nicht stark gefühlt, sondern einfach nur nah. Nach dieser Tiefe hatte ich mich gesehnt und es war nicht leicht mir einzugestehen, wie oft ich sie mit meinen Psychotricks selbst verhindert habe. Wenn ich ihm heute mit meinem Bedürfnis nach Tiefe komme, sperrt er seine Augen ganz weit auf und sagt: ‚Schau rein Liebste, die Fenster sind offen!' Ich hätte nie gedacht, dass Tiefe und Leichtigkeit zusammenpassen. Aber genau um das zu lernen, habe ich mir wohl Theo ausgesucht."

Paare in einer langfristigen und erfüllenden Beziehung gehen immer wieder durch Krisen, wie Laura und Theo. „Den anderen annehmen, wie er oder sie ist" gilt als das Wundermittel für eine glückliche Partnerschaft. Den wenigsten Menschen ist jedoch bewusst, dass dazu auch das Annehmen der eigenen Ohnmacht gehört; spätestens dann, wenn das Verhalten des Partners unsere Wunden berührt. Unsere Ohnmacht bezüglich der Angelegenheiten des anderen anzunehmen kann ein wichtiger Schritt in Richtung eigener Heilung sein.

Lohnt es, sich auch in anderen Lebensbereichen mit der Ohnmacht anzufreunden? Hilft uns das auch im Stau, bei Arbeitslosigkeit, bei Krankheiten oder bei politischen Themen? Wir mögen an die Kraft der Liebe glauben, wenn es um nahe Beziehungen geht. Aber vertrauen wir ihr auch dann noch, wenn wir dieses

Feld verlassen? Machen wir uns nicht zum willigen Opfer, wenn wir unsere Ohnmacht annehmen? Müssen wir uns nicht auch wehren? Sehr schnell kehren wir zu gewohnten Denkschablonen zurück und glauben, durch eigene Machtdemonstration der Ohnmacht zu entkommen. Besonders deutlich spiegeln uns das die USA. Amerika gilt als das mächtigste Land der Welt. Ihre Macht schützt die Amerikaner jedoch nicht vor ihrer Ohnmacht, das wissen wir spätestens seit dem 11. September 2001. Inzwischen bestätigen alle (!) 22 US-Geheimdienste, dass die vermeintliche Reaktion der Stärke, der „Krieg gegen den Terror", die Bedrohung durch den Terrorismus verstärkt hat. Es wäre leicht, mit dem Finger auf die Amis zu zeigen und uns selbstgerecht zurückzulehnen, weil wir es doch schon immer gewusst haben. Aber welche Alternative haben wir anzubieten? Reagieren wir anders, wenn wir attackiert werden?

Es ist schwer, aus dem Teufelskreis von Misstrauen, Machtstreben und Gewalt auszubrechen. Ich sehe kaum eine andere Möglichkeit, als uns der Ohnmacht zu stellen. Wir Menschen brauchen einander. Um aus diesem Planeten den wunderbaren Ort zu schaffen, der er sein könnte und natürlicherweise ist, brauchen wir Kooperation. Liebe können wir niemals gegen unseren Partner durchsetzen, sondern immer nur mit ihm leben. Das macht uns verletzlich. Im Annehmen von Verletzlichkeit und Ohnmacht schlummert jedoch eine enorme Kraft. Wir können uns ganz für das einsetzen, was wir im Herzen ersehnen. Ich vertraue darauf, dass wir unseren eigenen Bedürfnissen am besten dienen, wenn wir uns mit ihnen zeigen und sie dadurch für andere einfühlbar werden. Wenn wir uns zugleich auch für die Bedürfnisse anderer öffnen, geschehen Wunder. Das Geschenk der Ohnmacht ist ein Meilenstein auf diesem wundersamen Weg.

Macht und Ohnmacht spielen in der Liebe eine größere Rolle, als uns lieb ist. Wenn wir uns auf jemanden wirklich einlassen, erleben wir Ohnmacht. Ohnmacht ist ein Tor zu wahrhaftiger Intimität und die passende innere Antwort, wenn ich Macht über den Anderen anstrebe, dieser aber keinen Gefallen daran findet. Indem wir unsere Verletzlichkeit und Ohnmacht annehmen, können wir uns für unsere Herzenswünsche engagieren und brauchen doch keine Kontrolle.

Ohnmacht ist die Macht der Liebe

20. Werte, Fluch und Segen

Allmählich verwandelt das Mysterium des Lebens allen Kummer gewesener Tage in ruhige Heiterkeit. (Fjodor Michailowitsch Dostojewskij)

Wenden wir uns einem Thema zu, das implizit schon in vielen anderen Themen angeklungen ist, das aber besondere Beachtung verdient: Was erachten wir als wertvoll und was als wertlos? Wir Menschen sind – im Unterschied zu Tieren und Pflanzen, nicht nur durch Gefühle und Instinkte gesteuert, sondern auch durch das, was wir wertschätzen – oder eben nicht. Oft geschieht dies unbewusst, weil wir die Werte unserer Eltern und unserer Kultur erst einmal übernehmen, bevor wir möglicherweise unsere eigenen entwickeln. Doch welchen Wert messen wir der Orientierung an Werten selbst zu?

Werte haben in unserer westlichen Kultur einen hohen Stellenwert, zumindest offiziell. In Begriffen wie „westliche Wertegemeinschaft" soll zum Ausdruck kommen, dass die Orientierung an Werten wie Freiheit und Menschenwürde zu den großen Errungenschaften der menschlichen Zivilisation gehören. Doch oft werden gerade in der Politik Werte hochgehalten, um unter deren Deckmantel ganz andere Interessen zu verfolgen. Diese anderen Interessen sind im Zeitalter der Globalisierung zuvorderst wirtschaftliche oder finanzielle Interessen.

Das zeigt sich daran, dass fast alle gesellschaftlichen Aktivitäten in Geld gemessen werden, und sei dies auch noch so absurd. Naturkatastrophen, Kriege, Klimawandel, Flüchtlingswanderungen, alles wird in Euro umgerechnet, so als könnten wir uns davon freikaufen, wenn wir nur über genügend Finanzkraft verfügten. Manche Zeitgenossen scheinen sogar davon auszugehen, dass wir uns einen anderen Planeten kaufen können, wenn die Erde ausgebrannt ist.

Die weltumspannende Herrschaft des Geldes färbt auf unser individuelles Bewusstsein ab und damit auch auf unser Liebesleben. Auch wenn jeder weiß, dass wir Liebe nicht kaufen können, so können wir doch fast alles kaufen, was wir in Liebesbeziehungen einander schenken, um nicht zu sagen miteinander tauschen: Zuwendung, Sex, Unterhaltung, Herausforderung, Gemeinschaft, Zugehörigkeit. Die meisten Beziehungen sind in gewisser Weise Tauschbeziehungen. Gebe ich dir das, gibst du mir das. Auch wenn dieser Tauschhandel nicht über das Medium Geld abgewickelt wird, hinterlässt er doch leicht ein Gefühl der Leere. Das liegt nicht zuletzt daran, dass einfaches Dasein keinen Wert mehr zu haben scheint. Unsere schlichte Existenz bringt nichts ein, sie verursacht nur Kosten.

Aufschlussreich ist auch die Redewendung „sich eine Existenz aufbauen", so als sei unsere Existenz nicht genau das, was wir nicht erst aufbauen, verdienen oder rechtfertigen müssten.

Es verwundert daher nicht, dass das Thema Werte als unangenehm assoziiert wird und dass wir uns manchmal danach sehnen, dem Diktat der Werte zu entkommen, andere Werte jenseits aller *Verwertbarkeit* zu entdecken oder gar einen Raum jenseits aller Bewertungen zu betreten. Eine solche, eben ganz andere Perspektive auf das Thema Werte finden viele Menschen in der Spiritualität. Im Christentum werden viele der Werte, die unsere westliche, vermeintlich christlich geprägte Kultur hochhält, ganz anders bewertet. „Die ersten werden die letzten sein" heißt es da oder „Eher geht ein Kamel durch ein Nadelöhr, als dass ein Reicher in das Reich Gottes gelangt."

Im Tantra suchen viele Menschen eine Atmosphäre frei von Bewertungen, in denen jeder so sein darf, wie er ist. Die Abneigung gegenüber Bewertungen ist hier teilweise so groß, dass die ihr zugrundeliegenden Werte nicht erkannt werden und damit auch nicht anerkannt und selbstbewusst vertreten werden können. So ist auch der Wunsch, sich offen und verletzlich zu zeigen, ohne verletzt, beschämt oder verurteilt zu werden, ein Wert. Nur eben einer, der sich kaum gegen Geld verrechnen lässt, obwohl auch Tantrakurse meistens etwas kosten und insofern auch deren Atmosphäre in gewisser Hinsicht gekauft wird.

Werte, so können wir zusammenfassen, sind ein heikles Thema, nicht zuletzt auch in unserem Liebes- und Gefühlsleben und in unserer Sexualität. Wenn es darum geht, Konflikte zu lösen und Intimität zuzulassen, spielt das Bewusstsein für die Werte, die unser Fühlen, Denken und Handeln leiten, eine entscheidende Rolle. Das Ideal eines wertfreien Raumes in der Liebe kann den Blick dafür trüben, wie Werte eben doch stets in unsere Erfahrungen hineinfunken.

Es gibt tatsächlich einen Raum, der jenseits von Werten liegt, weil er so umfassend ist, dass er sich aller Bewertung von gut und schlecht entzieht. Die Buddhisten nennen ihn Nirvana, im Christentum heißt er Paradies, in manchen spirituellen Schulen wie auch im Tantra spricht man von der unio mystica oder von Erleuchtung. Im Internet fand ich dafür folgende Definition: „Erleuchtung bezeichnet eine religiös-spirituelle Erfahrung, bei der jemand den Eindruck erhält, sein Alltagsbewusstsein sei überschritten worden und er habe eine besondere, dauerhafte Einsicht in eine – wie auch immer geartete – gesamtheitliche Wirklichkeit erlangt."

Wenn ich in diesem Buch von den Mysterien des Lebens spreche, dann geht es auch mir um einen Raum, der sich nicht nur der verstandesmäßigen Durchdringung, sondern auch der Polarität von gut und schlecht, von richtig und falsch entzieht. Dieser Raum liegt jedoch nicht jenseits unserer gewohnten, dreidimensionalen Existenz, sondern er stellt eine besondere Perspektive auf das Leben dar, die alle anderen Perspektiven relativiert, indem sie sich als Teil und unmittelbarer Ausdruck des Lebens selbst erfährt. Es handelt sich um einen Bewusstseinszustand, in dem wir uns als mit allem verbunden erleben. Bewertungen machen hier wenig Sinn, weil im Lichte universeller Verbundenheit nichts gegeneinander aufgewogen werden kann. Doch wenn wir aus diesem Bewusstsein wieder in unsere gewohnte, ichorientierte Perspektive zurückkehren, beginnen wir wieder – ob wir wollen oder nicht – zu werten. Von hier aus gesehen macht es also Sinn zu klären, welchen Wert wir dem Werten zumessen, und wann es sich lohnt, einen mystischen Raum jenseits aller Wertung zu betreten, den Raum des puren Seins.

Ich habe das Thema Werte lange Zeit unterschätzt. Im tantrischen Umfeld sind Bewertungen verpönt und stehen im Verdacht, der inneren Entwicklung im Wege zu stehen. Der Verzicht auf Bewertungen gilt manchem als Königsweg ins Glück. Allzu oft habe ich aber beobachten können, dass sich auf diese Weise die Werte, die unser Handeln leiten, ins Unbewusste zurückziehen. So gewinnen sie aber noch mehr Einfluss auf unser Handeln, und wir haben wenig Möglichkeiten, ihren Einfluss zu verändern, da sie eben nicht bewusst sind.

Wofür brauchen wir Werte, was können sie uns geben und was können sie uns nehmen? Wenn wir von Werten sprechen, meinen wir damit vor allem, dass wir etwas gut oder schlecht finden oder eines besser als etwas anderes. Wir vergleichen aufgrund von Werten. Auf diese Weise geben sie uns Orientierung. Wann immer wir eine Entscheidung zu treffen haben, entscheiden wir aufgrund von Werten. Wenn wir nicht bewusst entscheiden, leiten uns Instinkte und Konditionierungen, doch auch diesen liegen Werte zugrunde, zum Beispiel biologisch-evolutionäre (Überleben, Fortpflanzung) oder gesellschaftliche Werte (Status, Reichtum).

Werte werden auf den unterschiedlichen Ebenen unseres Seins auf unterschiedliche Weise erschaffen und geprägt. Auf der Instinktebene ist entscheidend, was sich gut anfühlt oder was eher unangenehm ist. Auf der Ebene unserer Persönlichkeit geht es darum, womit wir uns identifizieren, behaupten und durchsetzen. Auf der Ebene des Herzens bekommt besondere Bedeutung, was uns einem anderen Menschen nahe und Liebe ins Spiel bringt. Beim Verstand steht die Analyse und Lösung von Problemen im Zentrum der Aufmerksamkeit. Und auf der geistig-spirituellen Ebene geht es darum, was unserer Weltanschauung, unserem tiefsten Glauben oder unserer Aufgabe in diesem Leben entspricht.

Wenn wir dahinter kommen wollen, was jeweils unser Handeln leitet, sind wir also gut beraten, unseren Werten auf die Spur zu kommen. Wenn wir herausfinden wollen, was das Handeln anderer leitet, brauchen wir Verständnis für deren Werte. Wir Menschen können uns das Leben schwer machen, indem wir davon ausgehen, dass unsere Werte auch für andere Gültigkeit besitzen. Ein solcher Absolutheitsanspruch fordert geradewegs zum Konflikt heraus, ohne dass für dessen Lösung ein Verständnisrahmen zur Verfügung stünde.

Ein solcher Verständnisrahmen könnte sein: Werte sind immer relativ. Was für den einen Zweck gut ist, ist für den anderen schlecht. Wenn wir einem Kind beibringen wollen, bei Rot vor einer Ampel stehen zu bleiben, ist es wohl besser, selbst bei Rot stehen zu bleiben, zumindest während das Kind zuschaut. Wenn wir jedoch möglichst schnell die Straße überqueren wollen, um die auf der anderen Straßenseite abfahrbereit stehende Straßenbahn zu erwischen, ist uns etwas anderes wichtiger als das Befolgen der Verkehrsregeln. Unser Verhalten sieht deswegen anders aus. Dies ist ein banales Beispiel, prinzipiell aber auf viele Bereiche unseres Lebens übertragbar. Werte sind immer bezogen auf einen bestimmten Zweck gültig oder nicht. Das größte Unheil auf Erden richten Menschen an, die ihre Werte für absolut gültig erklären, seien es Kommunisten oder Kapitalisten, dogmatische Christen oder Islamisten. Auch die meisten Beziehungskonflikte haben damit zu tun, dass Partner unterschiedliche Werte haben, sich dessen aber nicht bewusst sind oder darüber nicht offen und ehrlich kommunizieren.

Wenn Werte immer nur relativ gültig sind, sind sie dann nicht auch auf gewisse Weise beliebig? Dürfen wir uns dann überhaupt an ihnen orientieren? Wer sagt uns, dass sie uns nicht in die Irre führen? Ja, es kann unbequem werden, wenn wir anerkennen, dass unsere Werte relativ sind. Wir werden auf uns selbst und unsere persönliche Verantwortung für unsere Werte zurückgeworfen. Wenn ich bislang einer wie auch immer gearteten Autorität die Verantwortung für meine Wertmaßstäbe überlassen habe, kann mich diese Relativierung enorm verunsichern. Wer bestätigt mich in meiner Einschätzung? Habe ich Recht oder liege ich voll daneben? Wer ist autorisiert, dies zu entscheiden? In unseren Beziehungen stehen wir plötzlich vor der Wahl, zu uns zu stehen oder möglicherweise unseren Standpunkt zu verlassen, zugunsten eines vielleicht Besseren. Um zu uns zu stehen, müssen wir allerdings uns selbst und unsere Werte kennen. Speziell wenn unser Partner uns nicht versteht oder kritisiert, ist es nicht leicht, ihm verständlich zu machen, welche Werte unser Handeln leiten. Dafür lohnt es sich, dass wir sie selbst kennenlernen.

Es ist ein intensiver Prozess und eine spannende Entdeckungsreise, die eigenen Werte zu entdecken. Je mehr wir ihnen auf die Spur kommen, desto mehr kann es sein, dass wir uns überraschen. Dazu gehört auch, dass wir auf unterschiedlichen Ebenen unseres Seins verschiedene Werte besitzen, das ist sogar die Regel. Dem Sex geht es um Lust, dem Herzen um Liebe, dem Verstand um Vernunft. Das ist vollkommen normal. Werte, die auf einer bestimmten Ebene sehr wichtig sind, können auf einer anderen Ebene hinderlich oder sogar verboten sein. Wenn wir uns dessen nicht bewusst sind, werden wir mit hoher Wahrscheinlichkeit manche unserer Werte für uns selbst reklamieren, die anderen jedoch auf unseren Partner projizieren und dort bekämpfen.

Ich verwende den Begriff Werte hier in einem umfassenden Sinn. Genau genommen könnten wir differenzieren zwischen Werten, Bedürfnissen, Zielen, Instinkten, Glaubenssätzen und einigem anderen mehr. Wenn ich dennoch allgemein von Werten spreche, geht es mir darum zu erkennen, dass wir all den inneren Impulsen, die unser Handeln leiten, einen Wert zusprechen. In unserer Psyche existiert ein komplexes System von Werten, welches hierarchisch angelegt ist. Diese Hierarchie entsteht durch wertendes Vergleichen: Dieses ist mir wichtiger als jenes. Ich esse lieber Pizza als Sauerkraut. Ich habe lieber ein sexuelles Abenteuer als treu zu sein. Ich verdiene lieber viel Geld als mehr freie Zeit zu haben. Oder umgekehrt. Ohne dass wir es immer merken, sind wir permanent damit beschäftigt, innerlich abzuwägen. Und wir sind widersprüchlich. Zwei Herzen schlagen – ach! – in unserer Brust. Nein nicht zwei, sondern ganz viele. Das ist nicht immer leicht auszuhalten. Auch unsere Eltern oder unsere Lehrer konnten das nicht immer gut aushalten. Manchmal haben sie kurzen Prozess gemacht und uns erklärt, was richtig ist und was falsch. Basta!

Mit der Zeit haben wir dabei etwas Wichtiges verloren: das Vertrauen in unsere Selbstwahrnehmung und – was vielleicht noch wichtiger ist – das Vertrauen in unsere Widersprüchlichkeit und Vielfältigkeit. Es gibt nicht nur einen Weg nach Rom. Ein Umweg kann manchmal schneller zum Ziel führen als der direkte Weg. Manchmal macht der vermeintliche Umweg auch mehr Spaß als der direkte. Durch den kurzen Prozess, den wir irgendwann verinnerlicht haben, verlieren wir viel von unserer Lebendigkeit. Wir reiben uns damit auf herauszufinden, was richtig ist und was falsch, was gut ist und was böse. Schon in der Bibel gilt das als die Vertreibung aus dem Paradies.

Zu unseren inneren Befindlichkeiten, die eng mit unseren Werten verbunden sind, gehören auch unsere Gefühle. Die meisten Menschen unterteilen ihre Gefühle in positive und negative Gefühle. Dass diese Unterscheidung nicht hilfreich ist und der Natur unserer Gefühle nicht gerecht wird, habe ich in meinem Buch Herzenslust[16] ausführlich dargestellt. Gefühle funktionieren nicht nach den Gesetzen des wertenden Verstandes, sie wollen vor allem gefühlt werden und dann machen sie auch wieder einem anderen Platz, sie sind permanent in Bewegung. Das ist Leben.

Näher beleuchten möchte ich hier, wie wir manche Gefühle durch Bewertungen überhaupt erst erschaffen. Wir erleben unsere Gefühle oft als eine Art Naturgewalt und interpretieren ihre Botschaft als Wahrheit. Dabei spiegeln sie vor allem die innere Wertung, die wir einer Situation oder einem Menschen entgegenbringen. Angenommen mein Arbeitgeber kündigt mich. Wie fühle ich mich?

- Wütend?
- Traurig?
- Ängstlich?
- Voller Scham?
- Oder freue ich mich sogar?

Oft erscheint uns unsere Gefühlsreaktion als unmittelbare Folge des Verhaltens eines anderen und dann sagen wir: „Du machst mich wütend!" oder: „Du machst mir Angst." Wenn wir näher hinschauen, entdecken wir, dass wir unsere Gefühle selbst produzieren, und zwar durch die Art und Weise, mit der wir eine Situation interpretieren und damit auch werten.

- Die Kündigung ist eine Respektlosigkeit? *Dann werde ich wütend.*
- Die Kündigung ist eine Befreiung? *Dann werde ich mich freuen.*
- Ich werde arbeitslos und womöglich meine Miete nicht mehr zahlen können? *Dann bekomme ich Angst.*

Wenn wir anerkennen, dass unsere Interpretationen und die damit verbundenen Bewertungen nicht absolut wahr sind, sondern unsere subjektive Sicht der Dinge wiedergeben, können wir sie relativieren. Wir können zu ihnen stehen, wir können sie aber auch verändern, wenn wir das wollen. Oft ist es ein ganzes Gemisch von Gefühlen und Bewertungen, das unser Erleben prägt. Gerade dann hilft es, die damit verbundenen Werte aufzuspüren und innerlich Prioritäten zu setzen. Was ist mir am wichtigsten? Manchmal bleiben innere Widersprüche bestehen. Können wir sie stehen lassen? Wie bewerten wir die Widersprüche?

Je mehr Spielraum wir haben, unsere innere Widersprüchlichkeit auszuhalten und zu besichtigen, desto mehr Spielraum gewinnen wir auch, Widersprüche zwischen uns und unserem Partner auszuhalten. Viele Paare tragen Konflikte so aus, als ob es darum ginge herauszufinden, wer Recht hat. Es haben aber immer beide Recht. Jeder tut das, was der – meist unbewussten – inneren Wertehierarchie am meisten entspricht. Wenn Paare begreifen, dass es nicht darum geht, wer Recht hat, sondern wie sie mit ihrer Unterschiedlichkeit umgehen, lösen sich manche Konflikte in Luft auf. Stattdessen kommt ein Prozess in Gang, in dem wir neugierig aufeinander werden. *Was hat dich dazu getrieben, es so zu machen? Ich wäre nie auf diese Idee gekommen. Ich finde es auch vollkommen daneben. Unangemessen. Widersinnig. Aber ich würde gerne erfahren: Was hat dich dazu veranlasst? Das würde ich gerne verstehen.*

Wenn wir auf diese offene, neugierige Weise zu unseren Motiven befragt werden, antworten wir meistens bereitwilliger, weniger defensiv. Vielleicht nehmen wir sogar den Ball auf und fragen uns, ob unser Verhalten überhaupt uns selbst dient. Es kann gut sein, dass die Fragen unseres Partners uns helfen, uns selbst zu hinterfragen. Solche neugierig-empathischen Fragen haben einen völlig anderen Charakter als die kritischen Fragen, die wir gewohnheitsmäßig sowohl stellen als auch abwehren. Offene Fragen sind hingegen eine Einladung, uns selbst besser zu verstehen. Aus diesem Verständnis heraus werden wir auch unserem Partner leichter verständlich und einfühlbar machen, was uns eigentlich reitet. Und manchmal werden wir darauf aufmerksam, dass unsere Wertehierarchie ein Update gebrauchen kann.

Hier wird es besonders spannend. Sehr oft werden wir feststellen, dass unser Wertesystem aus einer Zeit stammt, die weit zurückliegt, meistens aus unserer Kindheit. Wir verhalten uns so, als seien wir immer noch von anderen so abhängig, wie wir es von unseren Eltern waren. Wir verhalten uns so, als sei es überlebenswichtig, Anerkennung und Zuwendung zu bekommen. Bei Lichte besehen stellen wir fest, dass viele der Strategien, die in unserer Kindheit sinnvoll waren, uns jetzt im Wege stehen. Wir stellen zum Beispiel fest, dass wir in unserer Sucht nach Anerkennung oft nicht das tun oder das von uns zeigen, was uns wirklich wichtig und wertvoll ist.

Indem wir mehr Transparenz in unser inneres Wertesystem bringen, können wir es auch verändern. Die Auswirkungen auf unser Erleben, auf unser Handeln und vor allem auf die Resonanz, mit der das Leben uns spiegelt, sind gigantisch. Wir werden zum Regisseur unseres eigenen Lebens. Das heißt nicht, dass uns alles gelingt. Es heißt auch nicht, wie in Büchern der Kategorie „The Secret"[17] suggeriert wird, dass alle unsere Wünsche erfüllt werden, wenn wir nur fest genug davon ausgehen. Es heißt nicht mehr und nicht weniger, als dass wir mehr Bewusstsein darüber erlangen, wie und wo wir die Weichen für unser Leben stellen. Unsere Werte spiegeln, was uns wichtig ist. Je mehr wir uns dessen bewusstwerden, desto leichter können wir aushalten und sogar genießen, dass andere Menschen andere Werte haben und uns auf diese Weise auch bereichern.

Im Kontakt mit anderen Menschen – und natürlich ganz besonders mit Menschen, die wir lieben – erweitern wir in jedem Moment unsere Welt. Unsere Werte sind darin ein Kompass. Ohne ihn können wir uns leicht verlieren. Aber fixiert auf unseren Kompass werden wir kein Auge für die Schönheit der Welt haben. Wir werden immer nur sehen, ob etwas in der Richtung liegt, wo es sein sollte. Eines der größten Geschenke in nahen Beziehungen besteht darin, die Welt jenseits unserer eigenen Wertesysteme kennenzulernen. Wir dürfen erleben, dass die Welt nicht so ist, wie sie unserer Meinung nach sein sollte. Wir dürfen erleben, dass auch unser Partner nicht immer so ist, wie er sein sollte. Auf den ersten Blick erscheint das als Fluch, aber es ist ein Segen. Das Leben ist größer als wir. Das Leben hält es aus, dass wir es ablehnen. Was existiert, ist davon unabhängig, was wir davon halten.

In meiner Wertehierarchie steht es sehr weit oben, mit dem zu sein, was ist. Was *ist*, kann nicht falsch sein. Es kann sehr wohl sein, dass ich es nicht mag oder nicht verstehe oder dass ich es verändern möchte. Dafür braucht es aber zuallererst mein Verständnis: Was genau kommt darin zum Ausdruck? Erst durch unser Verständnis für das, was ist, bekommen wir die Informationen, die wir brauchen, um es zu verändern, aber auch, um es in seinem So-Sein zu würdigen und zu genießen.

Das Leben zu nehmen wie es ist und zugleich auf jede Situation, vor die uns das Leben stellt, unsere ganz eigene Antwort gemäß unseren ganz eigenen Werten zu finden, ist eine lohnende Herausforderung und Fähigkeit, die wir in nahen Beziehungen besonders gut üben können. Je mehr wir das anerkennen, desto mehr können wir unsere nahen Beziehungen genießen, egal ob das Hauptsache oder angenehmer Nebeneffekt ist. Und in besonderen Momenten entdecken wir den Raum jenseits aller Wertungen, das Paradies oder Mysterium des Lebens. Wir entdecken diesen Raum nicht, indem wir vermeiden zu werten, sondern indem wir in Werten das sehen, was sie sind: Perspektiven, die eine relative Gültigkeit besitzen. Nicht mehr, aber auch nicht weniger.

Werte sind ein zweischneidiges Schwert und werden selbst unterschiedlich bewertet. Sie speisen sich aus allen Ebenen, von Instinkten über Herzenswünsche bis zu spirituellen Erfahrungen.
Wir brauchen Werte zur Orientierung und doch sind sie nur relativ gültig. Absolutheitsansprüche führen in unlösbare Konflikte und Krieg. Wir sind herausgefordert zu lernen, ihren Einfluss auf unsere Gedanken, Gefühle und auf Beziehungen bewusst wahrzunehmen und zu erkennen, wann wir bestimmte Werte besser loslassen.

Das Gute ist nur gut wofür es gut ist

21. Die Magie des Augenblicks

Den Raum des Seins, den Raum jenseits von gut und schlecht, erreichen wir nicht, indem wir Wertungen abwerten oder vermeiden, sondern indem wir wertschätzend über sie hinausgehen. Der Königsweg dorthin heißt in den vielen spirituellen Schulen Präsenz, die vollständige Anwesenheit im Hier und Jetzt. Daraus ergibt sich bereits, dass es sich um einen „weglosen Weg" handelt. Wir sind schon da. Um das zu realisieren kann es helfen, die Augen zu schließen. Manche Schönheit sehen wir erst, wenn die Augen geschlossen sind. Wenn wir vergessen, was war, und nicht dran denken, was sein wird. Wenn wir ganz und gar anwesend sind mit dem, was gerade jetzt geschieht. Melanie hat das auf einem Tantraseminar erlebt, und sie ließ uns an einem Erlebnis teilhaben, das so gar nicht ihren Erwartungen entsprach:

„Ich hatte Angst vor dieser Übung. Ich hatte Angst vor gierigen Männerhänden, die sich im Schutz der Dunkelheit erlauben, was sie sich bei Lichte niemals erlauben würden. Ich hatte die Vorstellung, dass ich ständig auf der Hut sein müsste, um meine Grenzen zu wahren, und dass es bestimmt keinen Spaß machen würde. An meine Lust habe ich schon gar nicht gedacht.

Dann kam alles ganz anders. Ich empfand die Berührungen unglaublich achtsam. Etwas in mir entspannte recht schnell. Ich fühlte mich sicher. Je länger das so ging, desto mehr bekam ich Lust, mit genau den Grenzen zu spielen, um die ich mir vorher Sorgen gemacht hatte. Ich wünschte mir, dass ein Mann sich trauen würde, meine Brüste anzufassen. Ich zog Kleidung aus, allerdings nicht alles. Dann wagte ich sogar, mein Becken gegen das eines Mannes zu drängen und spürte, wie ihn das erregte, wie sein Becken antwortete, wie unsere Becken fast von allein miteinander schwangen. Ich spürte seine wachsende Erektion. Anstatt Panik zu bekommen, dass er jetzt gleich mit mir schlafen will, wie ich das sonst so kenne, konnte ich es diesmal einfach so genießen, wie es war. Ich genoss es, ihn so erregen zu können und mich von ihm anmachen zu lassen. Ich wusste, ich kann jederzeit weg, ohne mich entschuldigen zu müssen.

Dann kam es noch doller. Ein weiterer Mann kam hinzu und drängte sich von hinten an mich heran. Jetzt meldeten sich dann doch Stimmen in mir wie „Melanie, du bist ein Flittchen. Das ist ja total billig, was du hier abziehst! Hast du das nötig? Und außerdem hast du doch einen Freund!" Aber ich jagte diese Stimmen innerlich davon, denn es fühlte sich in dem Moment einfach gut an. Nein, nicht gut. Es fühlte sich geil an. Jetzt während ich das sage, melden sich Zweifel, ob geil denn auch gut sein kann.

Ich muss es mir selbst immer wieder sagen: Es war geil und gut und wunderschön. Schön, wahr und gut!
Jetzt schwitze ich wie ein Schwein und scheue mich euch anzuschauen. Als wenn ich in euren Blicken so etwas vermute wie: „Aha, so eine ist das also, die hat es ja ganz-schön faustdick … sie macht ja gar nicht den Eindruck, wenn man sie so sieht …"

Die Gruppe ist elektrisiert von Melanies Äußerungen. Jeder spürt, dass wir uns auf hochbrisantem Territorium bewegen. Eine Weile herrscht Schweigen. Dann traut sich Peter, etwas zu sagen:

„Melanie, du siehst unglaublich schön aus, wie du jetzt dasitzt. Ich könnte mich gerade in dich verlieben. Diese leichte Röte in deinem Gesicht, das Vibrieren deiner Mundwinkel. Und diese herzerfrischende Ehrlichkeit, mit der du dich mitteilst …"

Peter fährt noch eine Weile fort, Melanie Komplimente zu machen, als Martin plötzlich dazwischen platzt: *„Peter, gib's doch einfach zu, dass du mit ihr ins Bett willst. Ich beobachte das schon seit Tagen und ich finde es total nervig, dass du diese Situation dazu benutzt, um meine Freundin anzubaggern. Bleib mal bei dir! Rede von dir!"*
„Das musst gerade du sagen!" kontert Peter. *„Wer ist denn hier gerade nicht bei sich? Du bist eifersüchtig! Kann ich verstehen. Wäre ich auch, wenn ich so eine wunderschöne Frau an meiner Seite hätte, die gerade entdeckt, dass sie auch auf andere Männer scharf ist …"*
Mit einem lauten *„Stopp!"* bringt Melanie die beiden zum Schweigen. Die Luft im Raum ist zum Schneiden. Minutenlang sagt keiner ein Wort. Dann fährt Melanie fort: *„Ich bin total erschüttert. Gerade eben habe ich erzählt, wie schön diese Übung für mich war. Und jetzt finde ich sie plötzlich total hässlich. Jetzt denke ich wieder: ‚Siehst du, die Männer wollen alle nur mit dir ins Bett, um dich geht es dabei gar nicht. Und wenn sie sich gegenseitig in die Quere kommen, führen sie sich auf wie Platzhirsche, die ihren Konkurrenten aus dem Feld zu schlagen versuchen. Ich bin nichts weiter als ihre Beute …'"*
Leonie schaltet sich ein: *„Warum drehst du den Spieß nicht einfach um? Schließlich warst du ja auch geil! Du könntest dir doch einfach den Typen schnappen, den du willst, und ihn so richtig vernaschen …"*
„Genau!" ruft Peter, aber dann stoppt ihn Barbara:
„Seid ihr eigentlich noch zu retten? Wir sind hier in einem Tantrakurs! Seid ihr alle nur hier, um eure primitivsten Triebe auszuleben? Dann geht doch besser in einen Swingerclub! Ich bin hier, weil ich Sexualität als etwas Heiliges ansehe, und so möchte ich sie auch leben, und nicht wie Bonobos."

Spätestens an dieser Stelle fühle ich mich gefordert. Schließlich leite ich diesen Kurs und in dieser Funktion wird von mir sicher auch Orientierung erwartet, nicht zuletzt in der Frage, was Tantra eigentlich ist, aber auch, um einen sicheren Rahmen zu gewährleisten und fruchtlose Diskussionen rechtzeitig zu stoppen. Andererseits lasse ich solche Situationen gerne etwas laufen, denn es wird soviel darin deutlich.

Vor allem wird deutlich, dass gut und schlecht oder schön und hässlich nichts weiter sind als eine Frage der Perspektive. Tantra lehrt bekanntlich, das Leben so anzunehmen, wie es ist. Aber was machen wir dann mit unseren persönlichen Vorlieben und Abneigungen? Was machen wir mit unserer Sehnsucht nach Schönheit und unserer Abneigung dem Hässlichen gegenüber? Was machen wir mit unserem Wunsch, Gutes zu schaffen und Schlechtes zu vermeiden? Wir könnten meinen, dies seien nur ästhetische oder moralische Konditionierungen, die es loszulassen gilt. Wir könnten aber auch befürchten in völlige Belanglosigkeit und Beliebigkeit abzugleiten, wenn wir das Leben jederzeit so annehmen, wie es ist. Woran orientieren wir uns dann noch?

Ist es uns egal, wie sich unser Partner fühlt, wenn wir ihn mit unserer Eifersucht traktieren? Ist es uns egal, ob er sich verletzt fühlt, wenn wir uns sexuell verschließen oder uns einem anderen Menschen zuwenden? Oder – um noch mal auf eine ganz andere Ebene zu wechseln – ist es uns egal, ob wir in einem naturnahen Umfeld wohnen oder neben einem Handymast oder gar einem Atomkraftwerk? Ist es uns egal, wofür die Bank unser Geld verwendet, das wir dort anlegen? Nein, das alles ist uns nicht egal, wenn wir noch etwas Blut in den Adern haben. Es entspräche sicher nicht meiner Vorstellung von Tantra, dass uns das alles gleichgültig werden sollte. Aber ist es nicht im Sinne des Tantra, dass jede Manifestation des Lebens und der Existenz, also alles das, was ist, *gleich gültig* ist?

Tantra wird oft missverstanden. In Tantrakursen machen wir bestimmte Übungen, um die Räume jenseits unserer Urteile und Bewertungen kennenzulernen. Dazu gehört auch die oben beschriebene Übung mit den Augenbinden, in denen sich die Teilnehmenden begegnen, ohne sich zu sehen und oft ohne zu wissen, wem sie gerade begegnen. Die Begegnung hat keine Geschichte und keine Zukunft und das kann einen ganz besonderen Zauber, eine ganz besondere Schönheit erschaffen. Diese Art Schönheit steht nicht im Gegensatz zu etwas Hässlichem, sondern sie entsteht aus der Unmittelbarkeit der Erfahrung. Da ist – und sei es auch nur für Sekunden – kein Verstand und kein Kritiker, der etwas schlechtmachen könnte. Aber früher oder später ist es vorbei, die Übung ist zu Ende und der Verstand und all die kritischen Instanzen in uns melden sich zurück. Hier tritt das übliche Missverständnis auf den Plan: Wir assoziieren die Schönheit der Erfahrung mit den Umständen, die dabei geherrscht haben. Wir glauben, die Erfahrung sei schön gewesen, weil alle so achtsam waren. Wir glauben, die Erfahrung sei so schön gewesen, weil wir so mutig waren, oder so sexy, so einfühlsam, so vorsichtig, so frech. Oder weil so gute Musik lief. Oder weil die Augen zu waren. Oder weil bestimmte Regeln galten.

Das alles mag relativ gesehen wichtig gewesen sein, aber es ist nicht wesentlich. Es ist wichtig, weil es uns geholfen hat, einen Ausflug heraus aus der Begrenztheit unserer Vorstellungen zu machen, wie das Leben sein sollte, und uns in Kontakt damit gebracht hat, wie das Leben ist. Sobald dieses *Fenster zum Sein* wieder zugeht, greifen wieder unsere alten Interpretationsmuster. Wir werten die Erfahrung dahingehend aus, wie wir sie reproduzieren können. Dabei orientieren wir uns an den Umständen, woran auch sonst? Die nennen wir dann zum Beispiel „Tantra" und meinen damit – je nach persönlichen Vorlieben – ein bestimmtes Ambiente, bestimmte Umgangsformen oder auch bestimmte sexuelle Spielarten. Ja, manche kommen zum Tantra, weil sie ahnen, dass Sex ein Tor zum Göttlichen sein kann. Aber ist es dann weniger tantrisch, wenn wir unsere animalische Seite zulassen und genießen? Ist es göttlich, weil schließlich auch gottgegeben? Oder einfach tierisch geil? Oder gar beides?

Hier spielen unsere Bewertungen und Tabus mit hinein, die nicht zuletzt auch die Trennung von Sex und Herz spiegeln und unser ästhetisches wie moralisches Empfinden prägen. Was sagt dir mehr zu oder bringt dich auf die Palme, die Liebesschnulze oder der Porno? Welches Niveau brauchst du, damit du sagen kannst „Es ist schön!"?

Und ist es hässlich, wenn wir mit einer Frau nur ins Bett wollen, oder wenn wir genau das nicht zugeben wollen? Ist es hässlich, unseren Sex vorzuenthalten oder unser Herz zu verschließen? Oder liegt auch darin eine eigene Schönheit?

Offensichtlich ist das alles eine Frage des Standpunktes und der daraus resultierenden subjektiven Bewertungen. Wie im vorigen Kapitel ausgeführt, stecken wir alle voll von Bewertungen. Solange wir nicht über den Dingen schweben, haben wir einen Standpunkt, das ist unvermeidlich. Wir leben in der Welt der Relativität. Aus *meinem* Blickwinkel sieht die Welt anders aus als aus *deinem*. Was du schön findest, finde ich vielleicht schrecklich kitschig. Und was ich schön finde, findest du vielleicht abgehoben, obszön oder geschmacklos. Wir kommen aus dieser Relativität nicht hinaus, indem wir sie abwerten, ignorieren oder gar zu transformieren versuchen, sondern nur, indem wir voll und ganz *Ja* zu ihr sagen.

Dieses *Ja* schließt alle Widersprüche des Lebens und alle Hindernisse mit ein. Es ist ein Tanz und er lebt von unserer Unterschiedlichkeit genauso wie von unserer Verbundenheit. Wie langweilig, wenn wir alle nur die gleichen Schritte machen würden. Ich finde es schade, wenn Tantra dazu herhalten muss, neue Normen für Liebe und Sex zu definieren und festzulegen, was schön – oder spirituell – sein soll. Deswegen liebe ich ein gewisses Maß an Chaos in meinen Kursen, aus dem heraus sich etwas spontan ereignen kann, so wie nach der oben beschriebenen Übung. Es ging noch eine ganze Weile kontrovers hin und her. Dann wurde immer deutlicher, dass es immer die eigene Perspektive ist, die etwas schön oder hässlich aussehen lässt. Interessanterweise wird es aber nicht beliebig, wenn wir dies anerkennen, sondern es entsteht eine Schönheit, an der wir alle teilzunehmen beginnen. Indem wir ganz zu dem stehen, was uns anmacht und was uns missfällt, sind wir nicht mehr davon absorbiert uns darum zu kümmern, sondern bekommen Raum, auch andere Perspektiven einzunehmen und Gefallen daran zu finden. In Melanies Worten, einen Tag später:

„Ich spüre jetzt einen Teil in mir, der möchte gerne die fette Beute von Männern sein. Ich hätte mir das niemals eingestehen können, wenn ich mir nicht auch eingestehen könnte, wie abscheulich Männer sind, die in Frauen nur Sexobjekte sehen. Aber ich kann mich ja jederzeit dagegen zur Wehr setzen und es gibt eben auch die andere Seite, die alle Verantwortung abgeben möchte und sich ganz dem Triebhaften hingeben. Ich habe mit Martin darüber gesprochen. Ich möchte unsere Beziehung nicht auf's Spiel setzen, aber wir werden Wege finden, das zu leben. Heute Nacht gab's einen verheißungsvollen Anfang." Etwas verlegen schaut sie Martin an.

Nach kurzem Schweigen fährt er fort: *„Ich erkenne meine Frau nicht wieder. Jahrelang habe ich trainiert, achtsam und vor allem langsam zu sein, wenn ich Sex mit ihr möchte. Nie hätte ich mich getraut, sie so penetrant anzumachen, wie das manche Hengste hier getan haben. Erst hat mich das total genervt, aber jetzt bin ich euch dankbar, Jungs! Ich bekomme eine Ahnung davon, wie schön es ist, Mann zu sein, und einfach geil, mal nur das Eine zu wollen. Einfach göttlich, das Tier in mir zu erleben. Meine animalische Lust in Melanies erregten Augen gespiegelt zu sehen, hat mich schier umgehauen. Ob wir das wohl nach Hause mitnehmen können?"*

Manche Schönheit sehen wir erst, wenn wir die Augen schließen. Die größere Herausforderung steht uns aber bevor, wenn wir die Augen wieder öffnen, wenn wir weder unsere Geschichte noch unsere Zukunftswünsche ausblenden müssen, wenn wir mit unserer ganz persönlichen Perspektive verbunden sind, aber nicht darauf fixiert. Wenn wir unseren Standpunkt in Ehren halten und ihn dennoch zuweilen loslassen, entdecken wir eine größere Schönheit: die Schönheit der Existenz. Das ist Hingabe. Uns ohne Urteil für das zu öffnen, was größer ist als wir, größer als alle unsere Überzeugungen, Vorlieben und Abneigungen, kann sich anfühlen wie Sterben. Es ist ein Loslassen hinein ins pralle Leben. Und auch diese Vision werden wir früher oder später ... loslassen.

Ist alles gleich gültig? In der Magie des Augenblicks erscheint es so. Im Nachhinein verwechseln wir diesen Bewusstseinszustand, in dem der Verstand sich abmeldet und wir ganz anwesend sind, mit den äußeren Bedingungen zu jener Zeit.
Bedingungen sind nicht per se, sondern nur im Auge des Betrachters schön oder hässlich. Das Ja zur Subjektivität unserer Wahrnehmung verbindet uns mit etwas jenseits davon, wir erleben Hingabe an das Sein. Doch der Verstand und mit ihm Vergangenheit und Zukunft melden sich immer wieder zurück.

Nur der Augenblick währt ewig

22. Das Leben annehmen

Erfahrungsräume jenseits von Wertung – wie in den vorigen Kapiteln angedeutet – sind in unserer auf Leistung und materiellen Wohlstand orientierten Kultur selten. Diese ist von einer weit verbreiteten Kritiksucht geprägt. Nörgeln und Mäkeln sind Volkssport und Nachrichten handeln in der Regel von Ereignissen, bei denen etwas schiefgelaufen ist und um die Frage, wer daran schuld ist.

Ganz anders sieht es in der spirituellen Szene aus. Hier denkt man gerne positiv, sucht nichts mehr, sondern findet, und *Annehmen* oder *Sein mit dem was ist* gilt als Kernkompetenz bewussten Lebens. Aber bedeutet das, keine Wünsche und Sehnsüchte mehr zu haben? Kein Bedürfnis nach Veränderung? Auf den ersten Blick steht das Annehmen in Widerspruch zum Wunsch nach Veränderung und erst recht zu einem Engagement für eine bessere Welt. Aber bedeutet Annehmen tatsächlich, dass wir alles gut finden, gegen nichts mehr kämpfen, für nichts mehr eintreten und uns auf diese Weise in vollständiger Hingabe an die Existenz üben?

Ich halte diese „Ja-und-Amen"-Version des Annehmens für ein weit verbreitetes Missverständnis, das leicht in innere und äußere Stagnation führt. Vielleicht hängt mit diesem Missverständnis zusammen, dass spirituelles Leben und politisches Engagement selten eine gelungene Verbindung eingehen. Politisches Engagement ist oft blind für den eigenen Anteil am kritisierten Geschehen, spirituelle Praxis blind für veränderungsbedürftige individuelle und gesellschaftliche Strukturen.

Ein tieferes Verständnis von dem, was *Sein mit dem was ist* wirklich bedeutet, kann weiterhelfen. Nehmen wir ein konkretes Beispiel: Ich habe Lust, mit dir zu schlafen, du aber gerade nicht. Was bedeutet es nun, damit *zu sein*? Dich damit anzunehmen, dass du keine Lust hast? Das könnte den möglichen Konflikt entschärfen. Aber gilt auch der Umkehrschluss? Wärst du auch bereit, mich mit meiner Lust anzunehmen? Und dann mit mir zu schlafen?

Irgendwie kann es das wohl nicht sein, aber was dann? Scheinbar zieht jeweils einer von uns den Kürzeren und – wenn wir Gewalt als Mittel der Durchsetzung mal ausschließen – trifft es immer denjenigen, der mehr will. Steckt darin eine spirituelle Botschaft? Sollten wir aufhören etwas zu wollen, um inneren Frieden zu finden? Manche religiös-spirituelle Lehren wollen uns das glauben machen. Mich haben sie noch nicht vollständig überzeugt, auch wenn Loslassen wie oben ausgeführt durchaus seinen Wert hat und ungeahnte Glücksgefühle bescheren kann.

Das Missverständnis löst sich auf, wenn wir begreifen, dass das *Sein* kein eindeutiger, statischer Zustand ist, sondern ein höchst widersprüchliches, dynamisches Mysterium. Sein ist Werden, oder um es mit Heraklit zu sagen: Nichts ist so beständig wie der Wandel.

Was bedeutet das für unser Beispiel? Ich habe Lust, mit dir zu schlafen, du aber gerade nicht. Damit wirklich *zu sein,* bedeutet, mich mit der ganzen Widersprüchlichkeit und Dynamik dieses Augenblicks zu verbinden: mit meiner Lust, mit deiner Unlust, mit all den Geschichten und Gefühlen, die diese Situation in uns wachruft, mit der Hoffnung und Verzweiflung, mit Machtkämpfen und Manipulationsstrategien und vor allem … mit dem Nichtwissen. Denn wenn wir *mit dem sind, was ist,* wissen wir nicht, was im nächsten Moment geschieht. Wenn wir es zu wissen glauben, sind wir nicht hier, nicht jetzt, mithin gerade nicht mit *dem, was ist.*

Das immer gegenwärtige Sein anzunehmen bedeutet nicht, nichts mehr zu wollen. Auch etwas zu wollen ist Teil dessen, was ist. Es ist Teil dieses unglaublichen, mysteriösen Phänomens, das wir schnörkellos Sein nennen. Ich will etwas, du willst das nicht, beides gehört zum Sein. Es ist eine große Herausforderung, sich auf Widersprüche und Konfliktsituation einzulassen, aber nur das, auf was wir uns einlassen, nehmen wir wirklich zu uns und damit an. In einer Demokratie wird im Falle eines Konfliktes früher oder später abgestimmt und die Mehrheit setzt sich durch. Im Bett hilft uns das aber nicht weiter – und in der Politik langfristig auch nicht, denn wir verhelfen auf diese Weise nur einer Seite zum Erfolg, die andere drängen wir in die Opposition oder ins Abseits. Der Zustand unseres Planeten illustriert deutlich, wohin das auf lange Sicht führt.

Aber kehren wir nochmal zurück ins Bett, zu unserem ungelösten Beispiel: Ich will immer noch mit dir schlafen, du jedoch nicht. Ich ziehe mich nicht beleidigt, großmütig oder spirituell wunschlos zurück, sondern ich bleibe bei dem, was ich möchte. Ich nehme aber auch dich und dein Nein wahr und ernst. Indem ich mich auf die Widersprüchlichkeit der Situation einlasse, werde ich neugierig: Wie fühlt sich meine Lust an? Was veranlasst dich dazu, meiner Lust deine Unlust entgegen zu setzen?

- Hat das mit mir zu tun?
- Vielleicht damit, wie ich dir meine Lust zeige?
- Damit, dass ich ein Mann bin?
- Wäre es anders, wenn ich eine Frau wäre?
- Fühlst du dich unter Druck?
- Glaubst du, wenn du nachgibst, läuft wieder alles nach Schema F?

- Mehr Zeit haben?
- Direkter zur Sache kommen?
- Vorher die Zähne putzen?
- Oder bist du dir nicht sicher, dass meine Lust wirklich dir gilt und hast deswegen keine Lust?

Nachdem ich diesen Fragen nachgegangen bin, könnte ich wieder tiefer in mich selbst hinein lauschen:

- Meine ich wirklich dich?
- Was heißt das überhaupt, dich zu *meinen*?
- Habe ich vielleicht tatsächlich nur den Wunsch nach Sex und da du gerade mal da bist …
- Oh nein, so darf ich nicht denken! Wenn du wüsstest! Dann wird da ja erst recht nichts draus …
- Oder vielleicht doch? Vielleicht hast du keine Lust, weil ich immer alles so kompliziert mache?

Die meisten Menschen können wohl mühelos diese Situation weiter ausschmücken. Wenn wir uns auf *das, was ist,* einlassen, entdecken wir unter der Oberfläche des Offensichtlichen ein geheimnisvolles Universum. Macht es Sinn, den Deckel der Oberflächlichkeit zu lupfen? Wenn ein Deckel lange verschlossen ist … wir ahnen, wie es da drunter riecht und modert, aber auch, wie es lebt und pulsiert.

Vielleicht wird dadurch aus der simplen Entweder-Oder-Situation ein vielfältiges, multidimensionales Geschehen. Habe ich Lust auf diese Vielschichtigkeit? Oder will ich lieber einfach mit dir vögeln? Wenn Letzteres zutrifft, ist dann meine Lust mit dir zu schlafen die Kehrseite meiner Unlust, mich tiefer auf das Leben einzulassen, so wie es gerade unter der Oberfläche brodelt? Deine Unlust könnte ein Spiegel dafür sein. Umgekehrt könnte meine Lust dir spiegeln, dass tief in dir ebenfalls saftige Lust auf Befreiung wartet, vielleicht sogar schamlose Geilheit, und du wirst neugierig: Auf was hast du so richtig Lust?

Wir blenden die Szene hier dezent aus, aber du ahnst schon, was ich in solchen Situationen schon alles erlebt habe, in den verschiedensten Rollen. Deswegen bin ich Fan vom *Sein mit dem, was ist.*

Wenn wir unzufrieden sind, macht es keinen Sinn, für Veränderungen zu kämpfen, bevor wir uns auf das eingelassen haben, was bereits da ist. Lassen wir dies außer Acht, sitzen wir am kürzeren Hebel. Den längeren Hebel hält das Sein in der Hand. Hat nicht *das, was ist,* schon durch seine pure Existenz eine gewisse

Manifestationskraft bewiesen? Wir Menschen haben die Fähigkeit, uns Alternativen vorzustellen oder uns ganz andere Welten zu erträumen, doch wenn wir unsere Vorstellungen nicht an etwas anbinden, das bereits existiert, bauen wir bestenfalls Luftschlösser. Im schlimmsten Fall werfen wir Bomben, um das Vorhandene zugunsten unserer Ideen zu vernichten. Fanatiker glauben, auf diese Weise einen Gottesstaat errichten zu können.

Gott wohnt in allem, was existiert. Diese Ansicht ist nicht zuletzt im Tantra weit verbreitet. Für mich bedeutet das nicht, zu allem Ja und Amen zu sagen, und auch nicht, mein Wollen und Begehren gering zu schätzen. Wenn wir uns mit unserem Begehren und unseren Träumen, mit unseren Ideen und unserer Sehnsucht verbinden und all das in uns spüren als *etwas, das bereits da ist,* wird all das womöglich zu einer göttlichen Kraft. Sie hilft uns dabei, unser persönliches und ganz spezifisches Geschenk zum Gesamtkunstwerk *Leben auf Erden* beizusteuern.

Am Anfang dieses Prozesses steht immer wieder die Frage: Bin ich bereit, mich auf das einzulassen, was ist, und darauf zu vertrauen, dass darin alle nötigen Informationen und Impulse enthalten sind, das Leben ggfs. in meinem Sinne zu beeinflussen? Sein ist vielfältig, unergründlich, widersprüchlich und immer im Fluss. Sein ist Werden und ich bin Teil dieses Werdens.

Annehmen, was ist, heißt, uns in den Strom des Lebens hinein zu begeben, Impulse von außen zu empfangen und Impulse von innen zu äußern. Wir nehmen am Tanz des Lebens teil. Ich bin dabei. Wenn du auch dabei bist ... wer weiß, was wir noch miteinander anstellen. Hast du Lust?

Spirituelle Reife zeigt sich darin, annehmen zu können, was ist. Doch Annehmen ist etwas Dynamisches, denn auch unterschiedliches Wollen und Begehren ist Teil dessen, was ist.
Sein ist sowohl dynamisch als auch widersprüchlich. Was existiert beweist damit Manifestationskraft. Wir sind gut beraten, uns auf das, was ist, einzulassen. Daraus schöpfen wir die Kraft, es möglicherweise zu verändern. Wir nehmen am Leben teil.

Alles ist, nichts bleibt

23. Glauben, wissen, erfahren

Die Mysterien des Lebens begegnen uns im Sex und in der Liebe, in der Magie des Augenblicks und im dynamischen Annehmen dessen, was ist. All dies müssen wir selbst erfahren, es reicht nicht, dies zu wissen oder daran zu glauben. Insofern reicht es auch nicht, dieses Buch zu lesen, wenn es nicht auch zu eigenen Erfahrungen anregt. Ohne Erfahrung ist alles nur Schall und Rauch, erst durch Erfahrung wird es lebendig. Doch Erfahrung allein ist noch kein Garant dafür, nicht doch wieder in die Fallen unseres Glaubens und Wissens zu tappen und in Gewohntem verhaftet zu bleiben.

„Mama! Die haben mich alle ausgelacht, als ich von meinem Wunschzettel für den Weihnachtsmann erzählt habe!" Jasper legt seinen Kopf schief und schaut seine Mutter mit hochgezogenen Augenbrauen an. „MAMA? Hast du mir vielleicht was zu sagen?", fragt der kleine Knirps mit drohendem Unterton in seiner piepsigen Stimme.

Unser Verhältnis zum Glauben ist getrübt, wir sind alle im Laufe unseres Lebens enttäuscht worden und haben die Erfahrung gemacht, dass wir der einen oder anderen vermeintlichen Wahrheit besser keinen Glauben schenken. Der Glaube an den Weihnachtsmann ist sicher eine der harmlosen Varianten, dramatischer wird es beim Glauben an die ewige Verdammnis, oder zeitgemäßer, beim Glauben an saubere Atomkraft oder die Selbstheilungskräfte der Wirtschaft.

Seit dem Zeitalter der Aufklärung gilt die Wissenschaft als Hüterin der Wahrheit, als legitime Erbin des Glaubens. Wissenschaftliche Erkenntnisse gelten zwar immer nur so lange, bis sie widerlegt werden. Dieser Sachverhalt wird aber gerne verdrängt, unsere Kultur ist *wissenschaftsgläubig*. Aber auch dieser Glaube ist nicht mehr ungetrübt. Die auf wissenschaftlicher Forschung basierenden technischen Errungenschaften offenbaren längst ihre Schattenseiten und die schulische Fixierung auf Wissensvermittlung gilt aufgeschlossenen Eltern und Experten als nicht mehr zeitgemäß. Sogar der Wert des Nichtwissens wird hier und da bereits gewürdigt und als Quelle von Kreativität anerkannt.

Dennoch stehen wir uns mit unserem gesammelten Wissen oft genug selbst im Weg. Wir sind „zu sehr im Kopf", wir spüren uns kaum oder können unser Herz nicht öffnen, weil der Verstand es nicht zulässt. Zu gefährlich.

Wer sich in der Psycho- oder Tantraszene bewegt, kennt längst die Lösung aus diesem Dilemma: „Raus aus dem Kopf, rein in den Körper!" und vor allem „Rein in die *Erfahrung*!", heißt die Devise. Was wir selbst erfahren haben, erscheint uns als wahr. Das kann uns niemand streitig machen. In manchen spirituellen Schulen gilt unmittelbare Erfahrung als der Königsweg zu absolutem Gewahrsein, daran zu zweifeln als Neurose verkopfter Skeptiker oder schlicht: Ego.

Chronische Zweifel am eigenen Erleben können Ausdruck einer Neurose oder fehlender Liebe für uns selbst sein. Beides geht in der Regel auf alte Verletzungen unseres Selbstgefühls zurück. Dann kann es heilsam sein, das zwanghafte Zweifeln am eigenen Erleben zu begrenzen. Ein rigides „Mir sagt niemand, was ich zu tun habe, und schon gar nicht, was ich zu denken oder zu fühlen habe!", ist allerdings ein ebenso deutliches Indiz dafür, dass wir tief verwundet sind. „Ich habe es selbst erlebt und erfahren, da kann mir niemand was vormachen!" ist das ultimative Schachmatt, mit dem jeder Andersdenkende oder –fühlende auf Distanz gehalten werden kann.

Besonders dramatisch wird diese Haltung, wenn wir den Geltungsbereich der durch Erfahrung gewonnenen Erkenntnisse ungeniert auf andere ausdehnen. „Ich weiß, wie Frauen ticken, ich habe ja selbst eine zuhause!" wäre eine derartige Anmaßung, oder „Männer wollen einfach immer nur Sex. Die einen geben es zu, die anderen versuchen es zu verschleiern. Ich hab's nie anders erlebt." Dass diese Aussagen logisch betrachtet unzulässige Verallgemeinerungen darstellen, ist unschwer zu erkennen. Aber lassen wir einmal diese Art Anmaßung außen vor und wenden uns den Erkenntnissen zu, die wir aus eigener Erfahrung gewonnen haben und in aller Bescheidenheit nur auf uns selbst anwenden: „Wenn ich sexuell erregt bin, muss ich irgendwann abspritzen, sonst werde ich kirre – oder ich bekomme Hodenschmerzen" oder „Sex mit einem Menschen, den ich nicht näher kenne, gibt mir nichts. Ich weiß nicht, ob es allen Frauen so geht, aber bei mir ist das so. Ich habe es probiert." Hast du schon einmal riskiert, solche Erkenntnisse bei deinem Gesprächspartner – oder gar bei deinem Lebenspartner – in Frage zu stellen? Gut möglich, dass die Antwort in etwa so lautet: „Ich habe es oft genug erlebt! Mag ja sein, dass du das anders siehst, aber bei mir ist das eben so! Punkt."

Wir ahnen es bereits, der vermeintlich überwundene Wahrheitsanspruch von Glauben und Wissen kommt durch die Hintertür wieder herein. Er kommt in neuem Gewand, das da heißt … *Erfahrung*. Allzu gerne erliegen wir der Versuchung, Erfahrung mit – zumindest für uns selbst gültiger – Wahrheit zu verwechseln. Wir haben es doch selbst erlebt! Aus unseren Erfahrungen haben wir im Laufe der Jahre unsere Identität geschmiedet. Wir glauben zu wissen, wer oder was wir sind und wie wir uns in bestimmten Situationen erleben und verhalten.

Das gibt Sicherheit und Stabilität. Könnte ja sonst jeder kommen und uns sagen, wer wir sind. Unsere Identität ist unser Immunsystem gegenüber Unterstellungen und Anmaßungen anderer.

Immunsysteme können aber – wie im Falle einer Allergie – auch über das Ziel hinausschießen. Unsere Identität wird zum Gefängnis, wenn wir glauben, sie gegenüber jeder Art von Zweifel oder auch nur Neugier verteidigen zu müssen. Die Bausteine unserer Gefängnismauern sind unsere Erfahrungen.

Was ist Erfahrung? Erfahrung entsteht aus einer Interaktion von sinnlichem, emotionalem und sozialem Erleben mit unseren Gedanken. Es gibt keine Erfahrung unabhängig von Interpretation, wobei diese meist unbewusst erfolgt. Jede neue Erfahrung wird von unserem Gehirn rasend schnell mit längst abgespeicherten Daten abgeglichen und entsprechend in unser vorhandenes Interpretationsschema eingeordnet. Unser Schema kann mehr oder weniger komplex sein, aber ohne seine Strukturen könnten wir schlicht nichts wahrnehmen …, außer der Einheit von allem, was ist. Wir könnten nichts unterscheiden. Andersherum bedeutet das: Sobald wir Unterscheidungen treffen, tun wir dies auf dem Hintergrund dessen, was wir bereits auf der Basis unserer Erfahrungen glauben, wissen oder zu wissen glauben.

Und wie steht es mit dem Fühlen? Sind nicht unsere Gefühle unbestechliches Indiz dafür, wie etwas wirklich ist, ganz unabhängig von all unseren Vorannahmen? Wenn Menschen den Wahrheitsgehalt ihrer Erfahrung betonen wollen, sagen sie gerne: „Ich fühle das so", oder „Das fühlt sich für mich so an". Darüber lässt sich dann sinnvollerweise nicht mehr diskutieren. Wenn jemand traurig ist, dann ist er traurig. Ja, die Trauer ist vielleicht wahr, aber nicht unbedingt der Grund, den wir ihr zuordnen. Schon wenn wir sagen „Das macht mich traurig", ist eine Interpretation im Spiel. Und oft ist es unsere Interpretation, die unser Gefühl überhaupt erst auslöst. Weiter oben haben wir schon am Beispiel einer Kündigung erforscht, wie wir unsere eigenen Gefühle erschaffen. Hier ein weiteres Beispiel:

Stell dir vor, jemand kommt zu spät zu einer Verabredung und du wartest. Was fühlst du? Wahrscheinlich fühlst du bei jedem der folgenden Gedanken etwas anderes:

- Bestimmt nimmt er die Verabredung mal wieder nicht so wichtig.
- Hoffentlich ist ihr nichts zugestoßen!
- Schade, ich hätte gerne diesen Sonnenuntergang mit ihm geteilt.
- Gut dass ich noch Zeit habe, mich auf die Begegnung einzustimmen!

Wut, Angst, Trauer, Freude, alles ist möglich, obwohl die Situation die gleiche ist. Auch Gefühle als wesentlicher Bestandteil unserer Erfahrungen stehen in enger Interaktion mit unseren Gedanken und dadurch mit unseren Interpretationen, mit unserer Identität und allem, was wir glauben und wissen.

Erfahrung allein bietet uns kein Entkommen vom Gefängnis des Glaubens und Wissens. Diese Behauptung mag so mancher Lebenserfahrung widersprechen. Viele Menschen haben doch selbst erlebt, dass sie durch Erfahrung die Grenzen ihres Glaubens und Wissens überschreiten konnten. Dies geschah dann aber nicht durch irgendeine Erfahrung, sondern durch eine *neue* Erfahrung. Nur durch *neue* Erfahrungen lösen wir uns aus dem Gefängnis von Glauben und Gewissheit.

Neue Erfahrungen machen wir aber nicht einfach so. Sicher, wir können etwas völlig Neues tun und wir machen eine neue Erfahrung. Das erste Mal Sex, das erste Mal einer Geburt beizuwohnen oder das erste Mal Bungee Jumping sind Erfahrungen, die mit hoher Wahrscheinlichkeit neu sind. Ob dabei aber unser Selbst- und Weltbild erweitert, verändert oder gar erschüttert wird, hängt nicht allein vom neuen Tun ab.

Es gibt viele äußerlich neue Erfahrungen, die innerlich nicht wirklich neu sind, sondern nur eine Erweiterung des Bekannten darstellen. Als die deutschen Fußballer im Sommer 2014 Weltmeister wurden, war das für das ganze Team eine neue Erfahrung. Vielleicht war es gefühlt aber auch nur eine besonders intensive Variante des Siegestaumels, den sie schon bei früheren Siegen oder Meisterschaften erlebt hatten.

Um eine essenziell neue Erfahrung zu machen, braucht es die Bereitschaft, uns der Begrenzungen unseres Glaubens und unserer Gewissheiten bewusst zu sein und anderes für möglich zu halten, als wir für möglich halten. Das ist paradox und deswegen allein kaum zu bewerkstelligen, denn wir sind uns unserer Begrenzungen meist gar nicht bewusst. Wir sind eben so. Ein echtes Dilemma.

Doch der Ausweg ist nah! Er ist nur so weit entfernt wie der nächste Mensch, der anders ist als du, bei genauerem Hinsehen also jeder und jede. Es ist die Begegnung mit einem Du, die uns aus unserem Gefängnis befreien kann. Allerdings geschieht dies nicht von allein, es braucht unsere Bereitschaft, uns in ein Gegenüber einzufühlen und uns von ihm spiegeln zu lassen, um dem Gefängnis unserer Voreingenommenheit zu entkommen.

Kehren wir zu obigen Beispielen zurück. Du glaubst, wenn du sexuell erregt bist, musst du irgendwann abspritzen? Aber nun lernst du Marianne kennen, sie ist ziemlich taff, und schon beim zweiten Date sagt sie dir auf den Kopf zu: „So angespannt wie du bist, Süßer, kein Wunder, dass du hohe Erregung nicht lange halten kannst." Du schnappst nach Luft, aber dann fängst du nicht an, dich zu verteidigen, sondern lässt nur einfach den Mund offenstehen. Sie fragt: „Darf ich dich genussvoll massieren? Und wenn wir dann zusammen schlafen, lassen wir uns gaaaaanz viel Zeit." Sie legt ihre Hände auf deinen Lingam und mit einem Augenzwinkern fügt sie hinzu: „Und immer schön den Beckenboden entspannen! Du wirst nicht kommen …, lass dich überraschen! Bist du bereit?" Stunden später, du kannst dein Glück kaum fassen, bist du weder gekommen noch hast du Hodenschmerzen. Du hättest es nie für möglich gehalten.

Oder du lernst in einem Tantraseminar Piet kennen. Der will das intime Ritual gerne mit dir, aber innerhalb einer Vierergruppe machen. „Ich hab's dir doch gesagt, Piet, ich kann mich Fremden gegenüber nicht öffnen! Selbst dich kenne ich ja erst seit vorgestern …" Piet sieht dich voller Liebe an, dann sagt er: „Vielleicht hast du Recht, aber vielleicht weißt du gar nicht, was du verpasst. Wie wäre es, wenn du eine Augenbinde trägst und gar nicht weißt, wer dich berührt? Und du kannst es jederzeit beenden …" Du wägst innerlich deine Optionen ab, dann schaust du ihm in die Augen und plötzlich sagst du „Ja". Du weißt selbst nicht so genau, warum.

Stunden später liegt dein Selbstbild in Schutt und Asche, aber du strahlst. Nie zuvor hast du dich so lustvoll gefühlt wie in dieser Stunde, als du von drei Menschen, die du kaum kennst, berührt wurdest.

Zugegeben, so idealtypisch verläuft der Ausstieg aus alten Glaubensmustern selten und auch nicht immer so lustvoll. Aber wir alle kennen wohl dieses kleine Wunder, dieses Mysterium. Eine intime Begegnung verwandelt uns und wir erkennen uns selbst nicht wieder.

Die innige Begegnung mit einem Du ist ein erster Schritt aus unserem selbstgestrickten Gefängnis. Der nächste, noch folgenreichere Schritt geht noch darüber hinaus, er bezieht deinen gesamten Lebenskontext mit ein. Er besteht in der Bereitschaft, uns als Teil von etwas zu erleben, was größer ist als wir selbst. Wir alle sind Teil von etwas Größerem, aber wir sind es nicht gewohnt, uns beständig auch so zu erleben, gewissermaßen als Teil eines Wir. Wir blenden es aus, indem wir uns entweder getrennt fühlen („Das hier hat nichts mit mir zu tun") oder indem wir glauben, Kontrolle ausüben zu müssen („Ohne mich läuft das hier nicht"). In beiden Fällen schmoren wir im eigenen Saft.

Wenn ich mich jedoch dafür öffne, Teil von etwas zu sein, dann bemerke ich Folgendes: Ich habe Einfluss, aber keine Kontrolle. Die Impulse, mit denen ich mich einbringe, zeitigen eine Wirkung, sogar dann, wenn ich sie zurückhalte. In Gruppen haben zurückgehaltene Impulse manchmal sogar eine größere Wirkung als geäußerte. Bereits meine pure Existenz macht einen Unterschied. Ob ich das nun wahrnehme oder nicht, das größere Ganze wirkt jederzeit auf mich zurück.

Eine Gruppe von Menschen kann unseren gesamten Lebenskontext repräsentieren, manche kennen das aus der Aufstellungsarbeit. Auch als Rebellen oder Außenseiter können wir der Dynamik einer Gruppe nicht entkommen. Doch die Interaktion innerhalb einer Gruppe kann uns verwandeln und aus dem Gefängnis fixer Vorstellungen befreien. Auch hier geschieht dies nicht von allein. Wir brauchen die gleiche Bereitschaft wie in der Begegnung mit einem Du: die Bereitschaft, eine neue Erfahrung zu machen, die in unserem System noch nicht vorgesehen ist.

In einer Tantragruppe kann die neue Erfahrung beispielsweise sein: *Ich schäme mich und fühle mich dabei richtig sexy* oder *Ich liebe dich und respektiere zugleich meine Grenzen*. Die Wirkung einer neuen Erfahrung ist umso stärker, je mehr Zeugen uns in diesem Prozess spiegeln. Alle wachstumsorientierten Gruppen nutzen die Kraft der Gruppendynamik, aber manche Gruppenleiter übersehen dabei, wie wichtig die Phase der Orientierungslosigkeit, des Nichtwissens und Nichtglaubens ist. Stattdessen füttern sie Glaubenssätze, die in der Tiefe nur Varianten der alten sind.

Was ist nun dieses Wir, mit und in dem wir neue Erfahrungen zulassen können? Braucht es dafür spezielle Gruppen, in denen die Gemeinschaft auf besondere Weise gepflegt wird? Hilfreich ist dies schon, aber keine Bedingung. Alles, wovon wir bereit sind, uns als Teil zu erleben, wird unser Wir und kann uns verwandeln. Unsere Partnerschaft, unsere Familie, der Freundeskreis, die Stadt, die Natur, der Planet Erde, das Universum …

Leider haben wir vor wirklich neuen Erfahrungen oft mehr Angst, als dass wir uns danach sehnen. Wenn wir unsere Angst nicht annehmen und einen großen Bogen um sie herummachen, richten wir uns lieber in einer Komfortzone ein. Das ist verständlich, denn das Risiko ist hoch: Wir werden womöglich in den Grundfesten unserer Identität erschüttert. Nichts gibt uns mehr Gewissheit. Was sollen wir tun? Was ist richtig, was ist falsch? Wer sind wir? Nachdem unser Vertrauen in den Glauben und in das Wissen längst erschüttert worden sind, ist nun auch das Vertrauen in unsere eigene Erfahrung brüchig geworden. Und wenn es bricht?

Was glaubst du, wird passieren?
Oder weißt du es schon?

Es gibt keine Erfahrung jenseits von Interpretation. Durch übersteigertes Vertrauen in die Wahrheit von Erfahrung kommen Überzeugungen durch die Hintertür wieder herein und bestimmen die Show.
Glaubenssätze prägen maßgeblich unsere Identität und unsere Gefühle. Wenn wir frei sein wollen, brauchen wir neue Erfahrungen, die Begegnung mit einem Du oder das Einlassen auf ein Wir. Die Bereitschaft zur Ungewissheit kann uns verwandeln und für die Mysterien des Lebens öffnen.

> *Nichts ist gewiss.*
> *Auch das nicht.*

24. Regressive Idealisierung

Vertrauen in die eigene Erfahrung ist unverzichtbar auf dem Weg innerer Entwicklung, allzu leichtgläubiges Vertrauen wird jedoch, wie wir gesehen haben, schnell zum Hindernis. Das Gleiche gilt im Umgang mit äußeren Autoritäten, von den Eltern über Lehrer und Gelehrte bis hin zu spirituellen Führerinnen oder Führern. Ohne Vertrauen lassen wir gar nicht an uns heran, was sie uns zu vermitteln haben, doch die Grenzen zu blindem Vertrauen oder kindlich-regressivem Vertrauen sind fließend und lohnen eine nähere Betrachtung. Unser Vertrauen wird nämlich missbraucht, wo andere glauben, schon weiter zu sein als wir und sich – offensichtlich oder subtil – anmaßen, den Weg, den wir zu gehen haben, bereits zu kennen. Diese Art Arroganz ist für Außenstehende offensichtlich, wir finden sie überall, wo Experten zu Wort kommen: In der Wissenschaft, im Bildungsbereich, in den Kirchen, in der Politik und nicht zuletzt in der Partnerschaft, wo wir alle Experten in der Frage sind, ob wir geliebt werden oder nicht.

In spirituellen Kreisen drückt sich Arroganz oft so aus: „Ich bin da schon etwas weiter als du!" Weil dies je nach Kontext albern oder arrogant klingt, wird es oft nur gedacht und nicht offen ausgesprochen. Es ist gleichwohl ein prägendes Merkmal unserer Kultur, und zwar auch und gerade der esoterisch-spirituellen. Da wimmelt es nur so von selbsternannten Propheten, Neuerwachten und Heilsbringern jeder Gewichtsklasse. Das alles ließe sich leicht mit einem Augenzwinkern als esoterische Folklore hinnehmen (oder besser: annehmen) und dann abhaken. Es lohnt sich aber, den darin wirksamen Mustern näher auf die Spur zu kommen, denn sie verhindern allzu oft, dass wir wirklich weiterkommen.

Wenn wir die Augen aufmachen, ist Arroganz unübersehbar und auf sie lässt sich leicht mit dem Finger zeigen. Aber warum nur scharen sich viele Fans um diejenigen, welche von sich unerschütterlich überzeugt sind und sich mit einer Aura von Weisheit geschickt in Szene setzen? Worin liegt deren enorme Anziehungskraft?

Arroganz hat eine kleine, weniger auffällige Schwester, von der sie gerne bewundert wird: regressive Idealisierung. Wenn wir beide im Zusammenhang sehen, wird einiges, was wir in der spirituellen Szene beobachten können, leichter verständlich und einfühlbar. Was diese Geschwister verbindet: Sie schauen ungern über den Zaun der eigenen Überzeugungen und bleiben dadurch für diese blind.

„Arroganz ist eine Krankheit, die in der heutigen Gesellschaft sehr weit verbreitet ist. Der Befallene hat ständig das Bedürfnis den Mitmenschen zu zeigen, wie toll er ist und merkt nicht, dass das gar niemanden interessiert."[18] Diese Definition trifft nur auf einfältige Arroganz zu. Der ambitioniert Arrogante hingegen gibt nicht auf, bis er einen Fanclub um sich geschart hat. Dieses Phänomen gilt nicht nur in der Esoterikszene. Stars und Groupies gehören zusammen wie Gurus und Jünger. In der Unterhaltungsbranche sind die Mechanismen des schönen Scheins offensichtlich und können als Gesellschaftsspiel durchgehen. In der Politik werden sie schon ernster, mit zuweilen bitteren bis fatalen Folgen. In Religionen wird Hochstapelei regelmäßig zur Institution. Sie wird hinter Ritualen getarnt und mit Dogmen legitimiert. Trotzdem kaufen beispielsweise Katholiken ihrem Oberhirten seine Unfehlbarkeit kaum noch ab und ein gut beratener Papst nimmt sie auch kaum noch für sich in Anspruch.

In der spirituellen Szene sind die gleichen Mechanismen am Werk, allerdings weniger offensichtlich. Auch hier finden Hirten und Schafe gerne zusammen. Dabei bleiben nicht nur die Schafe weit hinter ihren Möglichkeiten zurück.

Regression ist ein zeitweiliger Rückzug auf eine frühere Entwicklungsstufe in der Persönlichkeitsentwicklung mit einfacheren, weniger komplexen Reaktionsweisen. Ein typisch regressives Verhaltensmuster ist es, andere zu idealisieren. So sucht jemand, der auf niedrigerem Niveau unterwegs ist, gerne einen, der schon weiter ist. In der Psychologie heißen solche doppelblinden Konstellationen Kollusion. Sie bilden ein perfektes Team. Auf der Strecke bleibt das Bewusstsein für das, was hier eigentlich geschieht. Das hat eine gewisse Tragik, denn ist Bewusstsein nicht das, worum es in spiritueller Entwicklung geht? Warum sind wir gerade in unserer spirituellen Entwicklung so anfällig für den Rückfall auf vorherige Stufen?

Es mag manchem arrogant vorkommen, wenn ich hier pauschal eine ganze Szene der Regression bezichtige. Sind das denn alles Hochstapler, die auf dem spirituellen Marktplatz ihre Weisheit und ihr Mitgefühl anbieten und dabei dankbare Abnehmer finden? Sind alle, die deren Dienste in Anspruch nehmen, einfältige Schafe? Nein. Meister und Jünger, Lehrerin und Schüler, Therapeut und Klientin können wichtige und wertvolle Beziehungen miteinander eingehen. Regression ist in Beziehungen mit Statusdifferenz immer mit im Spiel. Es geht nicht darum, sie zu meiden oder zu verurteilen. Das wäre selbst eine Form von Regression und würde nur dazu führen, sie besser zu tarnen. Regression und die daraus resultierenden Projektionen sind normal und alltäglich. Ich regrediere jeden Tag, meine Partnerin kann das bezeugen. Und auch ich biete meine Dienste auf dem spirituellen Markt an, finde dankbare Abnehmer und bin froh darüber. Aber damit ist das Thema nicht erledigt.

Ich kenne niemanden, der nicht hin und wieder regrediert. Ich finde das weder ehrenrührig noch problematisch. Regression kann uns allerdings eine Menge Probleme bereiten – wie wir das wahrscheinlich alle aus unseren nahen Beziehungen kennen. Die Probleme entstehen regelmäßig daraus, dass wir uns unserer Regression nicht bewusst sind und groß tun, obwohl wir uns klein fühlen, oder umgekehrt. Ich möchte daher dazu anregen, uns der regressiven Idealisierung spiritueller Moden und Persönlichkeiten bewusster zu werden.

Lernen geschieht oft so, dass einer vom andern beigebracht bekommt, was dieser schon kann oder weiß, jener jedoch nicht. Die Rollen können natürlich wechseln, insoweit wir das jeweils zulassen. Dann lernen auch Eltern von ihren Kindern und Lehrer von ihren Schülern. In der spirituellen Szene scheinen mir jedoch auffällig oft die Rollen fixiert zu sein. Ab einem bestimmten Status scheint kein Rücktritt mehr möglich, wie bis vor nicht zu langer Zeit beim Papst. Die Rolle des Erleuchteten, der davon überzeugt ist, in der absoluten Wahrheit angekommen zu sein, geriet inzwischen schon manchem zum Gefängnis. Es häufen sich Berichte über „Unerleuchtungen". Einige Betroffene behaupten, dass die eigentliche innere Reise erst nach der Erleuchtung begänne. Das kommt mir wie ein Versuch vor, die eigene *Unerleuchtung*, die kaum noch zu verheimlichen ist, ohne Gesichtsverlust einzugestehen.

Das asymmetrische Setting hat in der menschlichen Bewusstseinsentwicklung seinen Platz. Es aktiviert aber, ob wir wollen oder nicht, Regressionen in innere Zustände, in denen kindliche Bedürfnisse und deren Abwehrmuster nicht voll integriert sind. Das zeigt sich darin, dass sie entweder unser Bewusstsein überfluten oder abgespalten werden. Es gibt eine ganze Reihe Bewusstseinszustände, die nicht als das gesehen werden, was sie sind: Regressionen im Mantel fortgeschrittener Spiritualität. Sie äußern sich in typischen Botschaften, die so attraktiv klingen, dass wir ihren regressiven Charakter gerne übersehen. Dieser wird jedoch offensichtlich, sobald wir uns die entsprechende Botschaft im Kontext einer symmetrischen Beziehung vorstellen. Kaum jemand würde sie einem Menschen auf Augenhöhe abkaufen. Dafür müssen wir schon den Sender der Botschaft mit besonderer Autorität ausstatten, ihn also auf den Sockel stellen. Dann können wir an alles glauben, so wir nur wollen.

Ich möchte anhand typischer und beliebter spiritueller Leitsätze (es gibt sie alle auch als Buchtitel) näher beleuchten, wovon hier konkret die Rede ist:

1. **„Wünsch es dir einfach!"** Was wir quengelnden Kindern gerne empfehlen, wenn es auf Weihnachten zugeht, findet auch höchsten Zuspruch in der Esoterikszene. Ob als *Bestellung beim Universum* oder als millionenfach veröffentlichtes *Secret*, das Resonanzgesetz wird vermarktet, indem es sehr vereinfacht kindlich-magischen Wunderglauben bedient. Da bekommen auch erwachsene Kinder glänzende Augen, wie damals beim Ausfüllen der Wunschliste fürs Christkind.

2. **„Sei einfach du selbst!"** Dass es sich bei diesem Imperativ um eine paradoxe, unerfüllbare Aufforderung handelt, hat Paul Watzlawik schon vor Jahrzehnten in seinem Kultbuch „Anleitung zum Unglücklichsein" entschlüsselt. (Wenn wir diesem Imperativ nachkommen, hören wir gerade nicht auf uns selbst, sondern auf den Sprecher dieser Botschaft). In der Psychologie nennt man das double-bind. Doppelbotschaften stehen in Verdacht, naive Gemüter wie zum Beispiel Kinder langfristig verrückt zu machen. Das stört aber kaum jemanden, der Satz wird geradezu inflationär angewandt. Es klingt einfach zu attraktiv, dass wir nur auf uns selbst hören müssen und dann gar nicht mehr danebenliegen können. Ein Universalspezifikum! Dass wir diese Maxime auch benutzen, um uns alles, was uns nicht in den Kram passt, elegant mit einem „Das stimmt jetzt nicht für mich" vom Leibe zu halten, blenden wir gerne aus.

3. **„Erfüllung Jetzt!"** Für Neugeborene gibt es kein Gestern und kein Morgen. Wenn sie Hunger haben oder etwas weh tut, schreien sie solange, bis sie bekommen, was sie brauchen. Sie lassen sich nicht vertrösten. Sie leben ganz im Hier und Jetzt. Folgt man manchem spirituellen Lehrmeister, dann wären Kinder in dieser Hinsicht schon am Ziel ihrer spirituellen Entwicklung. Warum sollen wir Verluste in der Vergangenheit betrauern, warum Mühen für die Zukunft auf uns nehmen, wenn es beides gar nicht gibt? Es gibt immer mehr Erwachsene, die in fortgeschrittenem Alter tatsächlich das Bewusstsein von Vergangenheit und Zukunft verlieren. Im klinischen Alltag spricht man dann allerdings weniger von Erleuchtung als von Demenz.

4. **„Alles ist gut!"** Das Leben so anzunehmen, wie es ist, ist eine spirituelle Kernkompetenz, die leider oft verwechselt wird mit Beschönigung, Wahl- und Kritiklosigkeit oder dem Weg des geringsten Widerstandes. „Ich bekomme zwar nicht immer, was ich will, aber immer, was ich brauche!" oder „Es ist immer für alles gesorgt!" sind ähnlich beliebte

Botschaften, die uns tiefen inneren Frieden schenken. Was aber, wenn Unfrieden unseren engagierten Einsatz verlangt, damit wieder für Frieden gesorgt ist, Gott also durch die uns verliehene Sensibilität gegenüber dem Unfrieden für Frieden sorgt? Es ist verführerisch, uns an dieser Möglichkeit vorbei zu mogeln und unsere persönliche Verantwortung abzuwehren.

Für jede dieser spirituellen Wahrheiten und ihre Varianten lassen sich prominente Vertreter finden, viele sind Titel von Bestsellern. Können wir so danebenliegen, wenn wir daran glauben? Wenn wir auf unseren Bauch hören, auf unsere innere Stimme, dann wissen wir doch, dass an all dem etwas Wahres dran ist.

Doch machen wir uns die Mühe der Differenzierung? Sind wir bereit, den wahren Kern aus dem Geflecht von Illusionen herauszuschälen, um letztere zu verabschieden? Unser inneres Kind kann davon traurig oder richtig wütend werden! Das Innere Kind – eine Metapher für kindliche Erlebniswelten, die noch nicht vollständig in unser Bewusstsein integriert sind – möchte nämlich allzu gerne

- sich alles wünschen und an die grenzenlose Erfüllung glauben.
- einfach das machen, wozu es gerade Lust hat, dabei Gebote und Verbote von Mama, Papa und weiteren Autoritäten komplett ignorieren und dennoch weiter von ihnen geliebt werden.
- ganz im Hier und Jetzt aufgehen und keinerlei Verpflichtungen nachgehen, die aus einem Vorher oder Nachher resultieren könnten.
- sich keine Gedanken machen müssen, was in seinem Leben vielleicht suboptimal läuft und wie das zu ändern wäre.

Ein Kind, das auf Dauer auf diesen Bewusstseinsebenen verharrt, hört auf zu wachsen und zu reifen. Es lebt in einem Pseudoglück wie in einem Kokon. Dieser ist dem goldenen Palast vergleichbar, in dem Siddhartha Gautama, der spätere Buddha, Kindheit und Jugend verbrachte, bevor er ihn verlässt und das Elend der Welt zu Gesicht bekommt. Genauso ergeht es uns in unserer spirituellen Entwicklung, wenn wir uns von verführerischen Fastfood-Wahrheiten ernähren. Sage mir, dass die Entwicklung des Bewusstseins einfach, mühe- und schmerzlos geschehen kann, und ich preise dich ob deiner Klarheit! Sage mir, dass ich ohne großen Aufwand alles erreichen kann, und ich erkenne in dir meinen Meister!

Auf diese Weise wird aber kaum etwas wirklich klar, und gemeistert haben wir auch noch nichts. *Bequem* wäre der passendere Ausdruck, *in Watte gepackt* würde es auch treffen. Beides kann sich wohlig anfühlen, so wie ein Kind sich fühlt, wenn die Windeln schön flauschig sind. Wie schön wäre es, wenn spirituelle Transformation uns von den seligen Erfahrungen früher Kindheit oder sogar aus dem Uterus direkt in den Schoß eines allliebenden Universums überführen könnte! Theorien, die ähnliches suggerieren, klingen teilweise sehr anspruchsvoll und benutzen Vokabeln wie *Quanten, transpersonal* oder *Verwirklichung*. Das klingt alles sehr erwachsen und bedient doch allzu oft kindliche Bedürfnisse. Daran ist an sich überhaupt nichts Verwerfliches, es bleibt nur meistens unbewusst. Und nicht nur das: Diese „Wahrheiten" bilden zuweilen ein regelrechtes Bollwerk gegen die bewusste Wahrnehmung dessen, was ist.

Für solche Bollwerke eignen sich asymmetrische Beziehungen besonders gut. Autoritäre Strukturen, die sonst gesellschaftlich immer weniger Akzeptanz erfahren, sondern als kulturelle Dinosaurier ihrem baldigen Aussterben entgegensehen, finden in der spirituellen Szene erstaunlichen Anklang. Frontalunterricht vor hunderten von Schülern? In der Esoterikszene kein Problem, doch damit nicht genug. Der spirituelle Lehrer wird auf einer geschmückten Bühne inthronisiert und empfängt gütig, nein nicht den armen Sünder, aber doch den im Nebel seines Verstandes herumirrenden Suchenden, der dankbar die klärenden Worte des Weisen entgegennimmt, auch wenn er sie nicht versteht. Es reicht, dass es sich gut anfühlt und dass die Frage, die eben noch so dringlich schien, zwar nicht beantwortet wurde, aber jetzt doch so vollkommen irrelevant erscheint, dass es einem spirituellen Durchbruch gleichkommt, ja kommen muss. Wie sonst ließe sie sich erklären, die süße Seligkeit des No-Mind?

Spirituelle Moden kommen und gehen, manche Strukturen kehren jedoch immer wieder: das große Glück, das vollständige Erwachen, die Verwirklichung deines wahren Wesens, der Anschluss an das universelle Quantenfeld … all diese Verheißungen zielen auf regressive Bedürfnisse, auf die unreif zurückgebliebenen Teile unserer Kinderseele, deren zuweilen mühevolle Weiterentwicklung in unserer eigenen Obhut und Verantwortung weitaus weniger verlockend erscheint als die Hoffnung, mit einem Quantensprung von allem irdischen Elend befreit zu werden.

Es ist kein Zufall, dass asymmetrische Beziehungen hier eine Hauptrolle spielen. Es sind die ungelösten asymmetrischen Beziehungen aus der Kindheit, meistens mit Mutter und Vater, die ein sehnsüchtiges Kind in uns hinterlassen haben, das eine ideale Mama oder einen idealen Papa herbeisehnt, so wie er oder sie eigentlich hätte sein sollen. Das Innere Kind verdient alles Mitgefühl und jede Unterstützung für seine Sehnsucht. Es kann, ja es darf sie nicht aufgeben. Wir brauchen aber erwachsenes Bewusstsein, das dem Inneren Kind vermittelt, wie es Sehnsucht als inneren Kompass wertschätzen lernt. Anstatt auf die wundersame Erfüllung von außen zu warten oder sie an Christkind oder Guru zu delegieren, kann es selbst, seinem Alter entsprechend, zunehmend Verantwortung übernehmen und somit zu dem werden, nach dem es sich zutiefst sehnt.[19]

Alle die hier angesprochenen und viele weitere kindliche Sehnsüchte sind wichtige und wertvolle Wegweiser. Auch wenn ich sie hier schonungslos ans Licht zerre, so erkenne ich ihren tiefen und wahrhaftigen Kern mit großer Ehrfurcht an. Im Unterschied zur regressiven, das Bewusstsein vernebelnden Spiritualität, die uns verführt, Verstand und Verantwortung abzugeben, führt uns eine aufgeklärte, erwachsene Spiritualität jedoch in die Integration unserer Wünsche und deren Hindernisse in unser Bewusstsein. Wenn unser Bewusstsein so weit wird, dass Paradoxien darin Platz haben, sind wir gegen allzu flache Instant-Erleuchtungs-Verheißungen gefeit.

Die obigen spirituellen Halbwahrheiten bilden erst nach der Integration ihres jeweiligen Gegenteils eine Ganzheit. Schauen wir sie uns anhand der vier Beispiele noch einmal an:

1. **Wünsch es dir einfach.** Wir können uns einfach alles wünschen und die bestmögliche Resonanz zu deren Erfüllung aufbauen, wenn wir zugleich in der Lage sind, unsere Wünsche vollständig loszulassen.

2. **Sei einfach du selbst.** Wer sollen wir denn sonst sein? Wir können allerdings das beglückende Gefühl der Authentizität am besten in uns wachrufen, wenn wir uns nicht der Erkenntnis verweigern, dass wir genauso gut auch ein anderer sein könnten. Je mehr wir uns in anderen Menschen gespiegelt sehen, desto mehr sind wir wirklich wir selbst.

3. **Erfüllung Jetzt.** Das ewige Hier und Jetzt ist in der Tat die einzige Zeit, in der wir leben. Doch hier und jetzt existieren auch Vergangenheit und Zukunft, sie geben der Gegenwart ihre Tiefe. Als Erwachsene können wir aus der Vergangenheit lernen und unsere Zukunft planen. Wir können uns für eine lebenswerte Perspektive auf unserem wunderbaren Planeten engagieren. Allerdings ist der einzige Moment, in dem wir das tun können: Jetzt. Der einzige Ort: Hier. Der gegenwärtige Moment ist mit integrierter Tiefendimensionen kein flüchtiger Augenblick mehr, sondern erfüllender Kontakt zur Ewigkeit.

4. **Alles ist gut.** Dies muss kein kritikloses Hinnehmen sein, sondern bedeutet zu akzeptieren, dass alles Existierende Gründe hat und vor allem,

dass es *ist*. Was *ist*, braucht zunächst unsere Anerkennung und Einfühlung. Darauf aufbauend können wir unsere Ausrichtung im Leben durchaus ändern. Alles ist für etwas gut und für etwas anderes schlecht. Wenn wir diese Erkenntnis auf die aktuelle Situation anwenden, können wir jederzeit eine neue Wahl treffen.

Es gibt ein tiefes Bedürfnis in uns, Menschen zu idealisieren, die sich dazu eignen. Wir könnten auch sagen: Wir alle sind immer noch auf der Suche nach unserem idealen Vater oder unserer idealen Mutter. Wir sind auch auf der Suche nach der idealen Welt, in der wir uns als Kinder zuweilen gewähnt, von der wir zumindest geträumt haben. Diese Welt ist unsere Natur, unser Wesen. Sie gibt uns die Richtung an, sie gibt uns Kraft, ihren Werten entsprechend zu handeln. Es gibt heute viel Unterstützung auf dem spirituellen Markt, diese Welt wieder zu entdecken, uns selbst zu entdecken.

Um diese Welt aber wirklich zu manifestieren und zum Leben zu erwecken, um unsere innere und unsere äußere Welt unserer Natur entsprechend zu gestalten, sind wir herausgefordert zu wachsen und zu reifen, indem wir kindliche Regressionsbedürfnisse wahr- und annehmen, ohne ihnen aufzusitzen. Der Verlockung durch spirituelle Marktschreier können wir auf den Grund gehen, wir dürfen ihr entsagen oder sie auch mal eine Weile genießen, um später enttäuscht zu werden. Wir stellen fest, dass es den idealen Papa und die ideale Mama nicht gibt, jedenfalls nicht da draußen als Guru und – nur nebenbei erwähnt, aber sehr beliebt – auch nicht als Partner. Aber die idealen Eltern sind beide – und waren schon immer – unser innerer Schatz.

Menschen gehen asymmetrische Beziehungen ein, um sich weiter zu entwickeln. Der regressive Anteil darin bleibt oft unbewusst und steht irgendwann dem weiteren Wachstum im Weg.
Das Innere Kind freut sich über vereinfachende Botschaften wie „Alles ist gut", aber erst nach der Integration des jeweiligen Gegenpols reifen wir zu unabhängiger Bewusstheit. Die ideale Mutter und der ideale Vater existieren nur in uns selbst – als Sehnsucht und innerer Wegweiser.

Wir ersehnen, was unbemerkt in uns wohnt

---

25. Tore in höheres Bewusstsein

Wahrlich, keiner ist weise, der nicht das Dunkel kennt. (Hermann Hesse)

Die Entwicklung unseres Bewusstseins in seinen verschiedenen Facetten ist der Kern spiritueller Lehre und Praxis. Wir haben inzwischen verschiedene Ansätze kennengelernt, wie wir unsere Bewusstseinsentwicklung unterstützen können. Wir können vieles dafür tun, um uns selbst zu erkennen, uns mit unserer wahren Natur zu verbinden, uns unserer Essenz gewahr zu werden oder uns für die Mysterien des Lebens zu öffnen. Wir können meditieren, uns auf eine Psychotherapie einlassen und tiefsinnige Bücher lesen. Wir können unsere Sexualität als Lehrmeister verstehen, uns auf wirklich intime Beziehungen einlassen und wir können lernen, unsere Nächsten zu lieben wie uns selbst. Vielleicht besuchen wir auch Workshops oder suchen die Nähe spiritueller Meister.

Was auch immer wir unternehmen, von Zeit zu Zeit werden wir scheitern. Vielleicht ist es sogar am wichtigsten, scheitern zu lernen. Das Leben ist nicht immer so, wie wir uns das vorstellen, und auch unsere spirituelle Reise läuft meist nicht nach Plan. Zum Glück! Denn genau darin liegt eine große Chance für die wirkliche Erweiterung unseres Bewusstseins. Diese Chance wird von vielen Menschen weit unterschätzt.

Wenn wir scheitern, bedeutet das vor allem, dass unsere Vorstellungen im Widerspruch stehen zu dem, was tatsächlich geschieht. Solche Widersprüche sind kein Unglück, sie sind eine Chance aufzuwachen und zu realisieren, was *ist*. Anstatt Widersprüchen aus dem Weg zu gehen oder sie lösen zu wollen, können wir sie für uns nutzen. Es sind die manchmal offensichtlichen, manchmal eher subtilen Widersprüche des Lebens, die uns entscheidend dabei helfen, erfüllt zu leben, zu lieben und zu leuchten.

Bewusstseinsentwicklung erfolgt nicht immer kontinuierlich, sondern auch in Sprüngen. Wir sind darauf schon bei der Entwicklung unserer Liebesfähigkeit zu sprechen gekommen. Ohne echte Bewusstseinssprünge stagnieren wir früher oder später. Wie aber diese Sprünge geschehen und was ihnen vorausgeht, ist ein großes Geheimnis. Die meisten spirituellen Lehren sind sich darin einig, dass Erleuchtung oder spirituelles Erwachen nicht planmäßig herbeigeführt werden kann. Selbsterforschung ist hilfreich, aber was ist es genau, was zum Durchbruch einer Wahrheit in unser Bewusstsein führt? Karma? Liebe? Gnade?

Bei Kindern lassen sich Bewusstseinssprünge gut beobachten. Irgendwann findet jedes Kind heraus, dass es von anderen gesehen wird, obwohl es sich die Augen zuhält. Dann realisiert es, dass es einen Unterschied von mein und dein gibt. Noch später erkennt es – mit etwas Glück –, wie befriedigend es sein kann, mein und dein wieder loszulassen und sich für die Bedürfnisse anderer zu interessieren. An letzterem Beispiel erkennen wir, dass Bewusstseinsentwicklung nicht zwangsläufig geschieht. Manche Menschen kleben bis zum Tod an Eigentum und Egoismus. Sie sind nicht gesprungen. Warum springen die einen, die anderen jedoch nicht?

Um der Beantwortung dieser Frage näher zu kommen, lohnt es sich zu untersuchen, was unmittelbar vor einem Bewusstseinssprung geschieht. Folgendes Phänomen ist mir bei dieser Untersuchung immer wieder begegnet: Vor einer entscheidenden Weiterentwicklung unseres Bewusstseins sind wir mit einem unüberwindbaren Hindernis oder unlösbaren Widerspruch konfrontiert, laufen aber nicht mehr davor weg. Wir versuchen nicht, mit einer Scheinlösung nach altem Muster zu entkommen, sondern lassen den Widerspruch existentiell an uns heran. Wir lassen uns an genau dieser Stelle innerlich nieder, packen unsere Picknickdecke aus und verweilen im Gewahrsein der Unlösbarkeit. Dann kann es geschehen – das Gefäß aus alten Überzeugungen bekommt einen Sprung, unser Selbst- und Weltbild bekommt Risse, eine neue Dimension scheint auf.

Ich bin immer wieder darüber gestolpert, dass den wichtigsten Veränderungen in meinem Leben vermeintlich ausweglose Situationen vorangingen: Beziehungskrisen, Krankheiten, Geldsorgen, Pechsträhnen. Wenn gar nichts mehr ging, öffnete sich eine Tür, von deren Existenz ich nicht einmal zu hoffen gewagt hatte. Es scheint ein universelles Prinzip zu sein: Widersprüche und Hindernisse sind Tore in höhere Bewusstseinsebenen. Wenn sonst nichts mehr geht, ist die Erweiterung unseres Bewusstseins die einzige Möglichkeit, die uns bleibt. Manche nennen dieses Phänomen die dunkle Nacht der Seele. Wenn die Nacht am schwärzesten ist, ist die Dämmerung nicht mehr weit.

Muss es immer erst soweit kommen, bis wir bereit sind, unsere einengenden Glaubenssätze über Bord zu werfen? Allzu oft leider ja. Sei es Dummheit, sei es menschlich, wir vermeiden doch gern, unsere Wahrnehmung in Frage zu stellen, wenn es nicht unbedingt sein muss. Es ist bedrohlich. Wenn ich eine völlig neue Perspektive auf all die vertrauten Phänomene meines Lebens einnehme, bin ich dann noch ich selbst? Verliere ich mich? Finde ich mich neu, indem ich bereit bin, mich zu verlieren? Es macht Angst, den vertrauten Rahmen vermeintlicher Gewissheiten zu verlassen und sich auf Phasen des Nichtwissens einzulassen. Aber es lohnt sich!

Wir alle bekommen im Leben wiederholt vermeintlich unlösbare Situationen präsentiert. Wir machen Erfahrungen, die wir mit unserem bisherigen Verständnis nicht bewältigen können. Das Kind, das gefunden wird, obwohl es sich die Augen zu hält, staunt so lange, bis die Wahrheit durchscheint. Es wurde die ganze Zeit schon gesehen, auch wenn es das nicht für möglich hielt, weil es selbst nichts sah. Uns Erwachsenen erscheint das banal. Aber in Situationen, wo wir selbst mit Unlösbarem konfrontiert sind, sind wir erstmal genauso blind wie das Kind, mit dem Unterschied, dass wir meist verlernt haben zu staunen. Stattdessen halten wir überzeugt und entschlossen an dem fest, was schon lange nicht mehr funktioniert.

In vielen Lebensbereichen werden wir mit unlösbaren Aufgaben konfrontiert, aber am heftigsten trifft es uns in einer Liebesbeziehung, oder auf der Suche danach. Sich zu verlieben ist bekanntlich genauso wenig planbar wie Erleuchtung. Trotzdem lassen wir Menschen kaum etwas unversucht, um die große Liebe zu finden. Wenn wir nach einigen Fehlschlägen nicht resignieren, sondern im Gewahrsein der Unmöglichkeit planmäßig herbeigeführter Liebe innerlich loslassen … oft geschieht es genau dann. Wir verlieben uns und die Welt erscheint in einem anderen Licht.

Ob Verliebtheit immer eine echte Weiterentwicklung unseres Bewusstseins ist oder manchmal nur eine temporär-rosarote geistige Umnachtung, sei hier mal dahingestellt.

Wenn wir Liebe über die Verliebtheitsphase hinaus leben wollen, braucht es inneres Wachstum. Wir müssen von liebgewordenen Glaubenssätzen Abschied nehmen. Ein beliebter Glaubenssatz ist zum Beispiel die Vorstellung, eine gelungene Liebesbeziehung zeichne sich dadurch aus, jederzeit so angenommen zu werden, wie wir sind. Wir haben uns bereits damit beschäftigt. „Ich möchte so sein dürfen, wie ich bin!" klingt zunächst ganz harmlos. Doch da dieser Wunsch eine unbewusste Erwartung in sich trägt, verwandelt er sich in eine Bedingung an unseren Partner und steht genau dem im Weg, was wir uns eigentlich wünschen. Vor allem dann, wenn unser Partner auch bedingungslos geliebt werden möchte, was wohl naheliegt. Aus diesem Dilemma heraus nehmen viele Beziehungsdramen ihren Lauf. Jeder lebt in der berechtigten Gewissheit, dass er nicht voll und ganz angenommen wird und blendet aus, dass er selbst gerade ebenso wenig dazu in der Lage ist.

Was hilft uns an dieser Stelle? Wir können uns genau hier niederlassen und der Unmöglichkeit purer bedingungsloser Liebe in menschlichen Beziehungen ins Auge schauen. Wir laufen nicht davor weg. Vielleicht spüren wir abgrundtiefen Schmerz, niemals das zu bekommen, was wir so unbedingt zu brauchen scheinen. Dann kann es geschehen: Etwas bricht auf und wir realisieren, dass bedingungslose Liebe auch die Liebe für unsere Bedingtheit umfasst, für unsere Grenzen. Wie könnte es anders sein? Wir schauen unseren Partner, der uns gerade noch höllisch genervt hat, neu an und unsere Liebe kommt wieder in Fluss – obwohl unser Partner noch immer der gleiche ist.

Unsere Liebe im Alltag leben zu wollen ist ein wunderbares Lernfeld, um unser Gewahrsein zu erweitern, weil wir immer wieder in Widersprüche verwickelt werden:

- Sie will mehr Liebe, er will mehr Sex.
- Sie will mehr Freiheit, er will mehr Verbindlichkeit.
- Sie will mehr Nähe, er will mehr Anerkennung.

So gut wie jede Partnerschaft bringt mindestens ein unlösbares Dilemma mit sich, und natürlich kann es genau umgekehrt sein wie hier beschrieben, doch das ändert nichts. Je tiefer wir gehen, desto mehr landen wir bei der paradoxen Natur unseres Seins. Wir können einander nur lieben, wenn wir zwei sind, voneinander verschieden, mit Respekt für unser Anderssein. Andernfalls verlieren wir uns allzu leicht in einer Symbiose oder vereinnahmen den anderen in narzisstischer Selbsterweiterung. Zugleich bedeutet Liebe aber auch, dass wir uns als eins erfahren, als untrennbar miteinander verbunden, als ein Herz und eine Seele. Unsere althergebrachte Logik – von zwei entgegengesetzten Behauptungen kann nur eine wahr sein – bricht entzwei. Es gibt einen Sprung in der Schüssel, das Gehirn spreizt sich. „Tertium non datur" gilt nicht mehr, es gibt ein Drittes, das beide Gegenpole wahr erscheinen lässt.

Risse in unserem Verständnis von uns selbst, von Gott und der Welt können bedrohlich sein. Einen Sprung in der Schüssel zu haben bedeutet normalerweise die Einweisung in die Psychiatrie oder zumindest eine tiefe Krise. Ich behaupte kühn: Wer hier keine Bedrohung sieht oder fühlt, hat noch nicht an sich herangelassen, worum es eigentlich geht. Es steht alles auf dem Spiel, alles, woran wir jemals geglaubt haben!

Die Bedrohung unseres Selbstbildes wehren wir auf vielerlei Weise ab. Eine bei aufgeschlossenen Menschen beliebte Variante ist die „offene Verteidigung", die sich etwa so anhört: „Wo ist das Problem? Alles darf doch so sein wie es ist!" Wer diese Haltung einnimmt, ist sich meistens seiner eigenen Grenzen nicht bewusst. Denn wenn alles sein darf, darf auch ein Hitler an die Macht kommen, der dann aber keinesfalls alles so sein lässt, wie es ist. Die Haltung „Alles darf sein" zerstört sich am Ende selbst, wenn sie nicht auch ihren Gegenpol anerkennt, der heißt: Es gibt Grenzen und wir brauchen sie genauso wie wir Grenzenlosigkeit brauchen. Die Polarisierung rund um das Thema Flüchtlinge, Asyl und dessen umstrittener Einschränkung ist ein eindrückliches Beispiel für diese konfliktträchtige Dynamik.

Derartige Dilemmata finden wir sowohl auf der persönlichen als auch auf der gesellschaftlichen Ebene. In unserer Kultur sind wir stolz darauf, Widersprüche tolerieren zu können und nennen dies Pluralismus. Wir fühlen uns anderen Kulturen überlegen, die ihr Weltbild als für alle verbindlich festlegen wollen. Fundamentalismus gilt als Hauptfeind westlicher Zivilisation. In dieser Beurteilung sind wir allerdings selbst fundamentalistisch. Wir blenden aus, dass Toleranz auch Nachteile hat, zum Beispiel den, dass Widersprüche keine bewusstseinserweiternde Sprengkraft mehr entfalten. Sie werden kurz zur Kenntnis genommen, abgenickt und vergessen. Diese Gleichgültigkeit – als sei alles gleich gültig! – wird inzwischen lebensbedrohlich für unseren Planeten. Dahinter offenbart sich eine Dominanz wirtschaftlicher Interessen, deren Einfluss auf unser Leben weit fundamentaler ist, als derjenige feindlicher Fundamentalisten.

Wir Menschen leisten uns ein Finanz- und Wirtschaftssystem, das mit seinem Zwang zum Wachstum das Überleben der Menschheit bedroht. Regelmäßig titeln große Zeitungen oder Zeitschriften mit Schlagzeilen wie dieser: „Stirbt unsere Erde?" Niemand kann behaupten, nichts gewusst zu haben. Doch was geschieht? Global gesehen kaum mehr als ein Stirnrunzeln und dann weiter so. Politiker, die sich vom Wachstumszwang abwenden, sind rar und werden abgewählt, weil sie „Arbeitsplätze vernichten". Wir leben lieber unser gewohntes Leben, als uns der Wahrheit zu stellen, dass, wenn wir so weitermachen, spätere Generationen dazu keine Chance mehr haben.

Widersprüche an uns heran zu lassen, ist zuweilen unbequem und bedrohlich. Aber es ist noch bedrohlicher, sie leichtfertig auszublenden. Ken Wilber beschreibt die Borniertheit, die in der Annahme vermeintlicher Gleichrangigkeit aller Bewusstseinsebenen zum Ausdruck kommt, sehr eindringlich und bissig in seinem Roman „Boomeritis" und spricht von spirituellem Flachland. Die boomende Beliebigkeits-Esoterik, die von „Sorgenfrei in fünf Minuten" bis hin zu „Erleuchtung in sieben Tagen" alles verspricht, was nachgefragt wird, hilft grundlegende Widersprüche zu vermeiden. Aber ohne Erschütterung gibt es keine echte Bewusstseinserweiterung.

Ein Leben inmitten von Widersprüchen kann durchaus voller Freude, voller Lebenslust und praller Lebendigkeit sein. Wo könnten wir das besser erforschen als in unserem Liebesleben? „Frauen sind anders, Männer auch" heißt es, und das treibt viele Paare in die Verzweiflung. Wenn Paare sich jedoch auf ihren kleinsten gemeinsamen Nenner einigen, so bringt das die Erotik zum Erliegen. Je mehr sich Paare auf die Feuerprobe der Differenzierung einlassen, die wir bereits erwähnt haben, desto mehr können auch auf Dauer die Funken überspringen.

Der Differenzierungsprozess beinhaltet in seinem Kern vor allem zu lernen, sich in seiner Einzigartigkeit seinem Partner zuzumuten, diesen zugleich in seiner Andersartigkeit wahrzunehmen und vor den sich daraus ergebenden Widersprüchen nicht davonzulaufen. Stattdessen verweilen wir bewusst in deren Mitte, bis sich der nächste Schritt wie Phönix aus der Asche offenbart. Oft bringt dies auch die sexuelle Leidenschaft zu neuer Blüte. Die Qual kurz vor einem Orgasmus, wenn wir unbedingt kommen wollen, aber dennoch innehalten und so lange verweilen, bis wir selbst ein einziger Orgasmus sind, diese Qual gibt uns einen Geschmack von der wilden Lust, inmitten von Widersprüchen.

Im Sex können wir üben, uns mit Widersprüchen anzufreunden, denn dort offenbaren sie ihre lustvollsten Seiten. Daraus schöpfen wir Kraft und Mut, uns auch in anderen Lebensbereichen den Widersprüchen zu stellen. Beides werden wir brauchen.

Je tiefer wir im Prozess der Bewusstseinserweiterung voranschreiten, desto mehr geht es ans Eingemachte, an unsere Identität. Was der Mathematiker Kurt Gödel für komplexe logische Systeme herausgefunden hat, dass sie nämlich niemals zugleich vollständig zusammenhängend und widerspruchsfrei sein können, gilt auch für unser Ich. Die Grundfrage spiritueller Selbsterforschung „Wer bin ich?" kann niemals vollständig beantwortet werden. Viele Suchende machen folgende Erfahrung: Je tiefer sie in diese Frage eintauchen, desto weniger scheint da jemand zu sein, der fragt. Manche halten diese Erfahrung bereits für den Verlust ihres Ego oder für Erleuchtung. Doch zunächst einmal stoßen wir hier auf den Kern der meisten Paradoxien: Sie beruhen auf selbstbezüglichen Aussagen oder Fragen, wobei der Verfasser der Aussage sich selbst – zumindest teilweise – ausblendet. „Wer bin ich?" ist ein Prototyp solcher Fragen.

„Diese Aussage ist eine Lüge" ist eine weitere selbstbezügliche Paradoxie, die wahr ist, wenn sie falsch ist, und umgekehrt. Auch wenn wir uns fragen „Wer bin ich?" produzieren wir unweigerlich eine Paradoxie, denn was immer ich für eine Antwort finde, sie ist nie ganz identisch mit dem, der fragt, also mit mir – es sei denn ich sage „Ich bin der, der fragt" oder einfach „Ich bin ich!"

Unsere tiefste Wahrheit entdecken wir, wenn wir lange genug in die Widersprüchlichkeit all dessen hineinlauschen, was wir für unser Selbst halten.

Plötzlich wird uns klar, dass da niemand ist, den wir greifen könnten. Unser Ich, eine subjektiv gesehen lebensnotwendige Instanz, entpuppt sich als Illusion, und doch scheint sie unser Leben zu steuern. Viele Weise beschreiben die Bewusstseinsebene, auf der dies kein Widerspruch mehr ist, als glückselige Leere und Fülle zugleich.

Auch diesem Quantensprung des Bewusstseins geht Ähnliches voraus wie jedem anderen Sprung zuvor. Es ist das Innehalten und Gewahrwerden inmitten von Ausweglosigkeit, das unsere Entwicklung vorantreibt. Im Zen ist diese Praxis als Auseinandersetzung mit Koans bekannt, mit Sätzen, deren Sinn sich mithilfe des Verstandes nicht erschließen lässt, sondern allenfalls intuitiv, jenseits von Definitionen und Konzepten. In existenzieller Hinsicht gibt es für uns Menschen letztlich nichts zu erreichen, wir sind ja immer schon da. Das zu erkennen ist aber oft ein weiter Weg.

Allerdings ... soweit müssen wir gar nicht unbedingt gehen. Es reicht, beim nächsten Hindernis innezuhalten. Zum Beispiel genau *jetzt*!

Bewusstseinsentwicklung geschieht kontinuierlich und in Sprüngen. Jedem Sprung geht ein unlösbares Dilemma voraus.
Wir begegnen den Dilemmata sowohl in nahen Beziehungen als auch auf gesellschaftlicher Ebene. Wenn wir vor ihnen nicht davonlaufen, sondern uns für sie öffnen, kann ein Quantensprung geschehen. Liebe im Alltag zu leben ist ein aussichtsreiches Lernfeld für Einweihungen in die Mysterien des Lebens.

Es geht nur weiter, wo es nicht weitergeht

26. Sex im Kopf

Seit einiger Zeit schreibe ich an meinem ersten Roman, einem erotischen Liebesroman. Ich habe dabei durchaus auch Sex im Kopf, aber wie wir sehen werden, ist in diesem Kapitel etwas anderes gemeint. Belletristik zu schreiben ist ganz anders als ein Sachbuch wie dieses zu verfassen. In einem Sachtext möchte ich komplexe Zusammenhänge möglichst auf den Punkt bringen. Ganz anders in einem Roman. Wenn dessen Geschichte so erzählt wird, dass die Logik dahinter deutlich wird, wirkt er voraussehbar, realitätsfern und langweilig.

Im realen Leben sind die Überraschungen, die einen Roman lesenswert machen, nicht sonderlich beliebt. Stattdessen leben wir in einer Kultur, in der man sich gegen die Wechselfälle des Lebens abzusichern versucht. Auch auf Gegenspieler oder gar Feinde glauben wir gut und gerne verzichten zu können. Doch nicht so im Roman! Hier braucht es Antagonisten, Widerstände und Hindernisse, an denen die Hauptfigur zur Heldin heranreifen kann. Wir wollen miterleben, wie sie mit dem Leben ringt, sich von ihrer Sehnsucht antreiben lässt und auch bei widrigsten Umständen nicht aufgibt. Wir identifizieren uns nicht mit perfekten Alleskönnern, sondern mit Menschen wie du und ich, die uns nur eines voraushaben: Wo wir Normalsterblichen bereits zurückweichen, trauen sie sich noch einen Schritt weiter.

Indem ich also das belletristische Schreibhandwerk lerne, wird mir einiges über die Mysterien des Lebens klar. Das Leben ist nicht so eindeutig, wie wir es manchmal gern hätten, sondern lässt vielfältige Interpretationen zu. Romanfiguren wirken erst lebendig, wenn Widersprüche zum Vorschein kommen. Und auch wenn wir auf ein Happy End stehen, allzu leicht darf es nicht sein, sonst fühlen wir uns gelangweilt anstatt berührt und erfüllt. Daher gehört in jeden guten Roman ein Konflikt, oder anders ausgedrückt: eine Polarität. Erst im Gewahrsein der alles durchdringenden Polaritäten des Lebens bekommen wir Zugang zu den Geheimnissen, die unser Leben ausmachen.

Führen Polaritäten immer in einen Konflikt? Nicht unbedingt, aber sie sind auch nicht so harmlos, wie manche gerne glauben möchten. Im Tantra beispielsweise steht die Polarität von Shiva und Shakti hoch im Kurs. Die beiden in inniger Vereinigung – welch schönes Bild für eine Polarität in vollständiger Harmonie! Tag und Nacht, Geben und Nehmen, Feuer und Wasser, Körper und Geist, Himmel und Erde ... wie wunderbar könnte das Leben sein, wenn wir das Wechselspiel der Gegensätze stets als sich ausbalancierenden Tanz erfahren, vielleicht sogar als durch und durch erotisches, weiblich-männliches Liebesspiel.

Manche Tantrabücher suggerieren auf diese Weise ihre heile Welt und illustrieren sie mit perfekten Körpern voller Anmut und Sinnlichkeit. Aber kann der Umgang mit Polarität wirklich immer so harmonisch und ästhetisch sein wie der *Pas des Deux* im klassischen Ballett? Oder handelt es sich bei manchen süßlichen Darstellungen von Shiva und Shakti um subkulturelle Folklore, die uns der tieferen Dramaturgie und Komplexität des Lebens zu entkommen hilft?

Es gibt Polaritäten, bei denen hört der Spaß auf. Mit denen zu tanzen fällt uns in aller Regel nicht so leicht. Wir haben sie bereits kennengelernt: richtig und falsch, gut und böse, Wahrheit und Unwahrheit, Krieg und Frieden. Diese Art von Polarität liegt nicht in der Natur der Existenz, sondern ist Ausdruck unseres unterscheidenden, wertenden Verstandes. Wie bereits ausgeführt haben sie ihren Wert, doch sie können vielfältiges Leid erzeugen. Nicht ohne Grund gilt die mit der verbotenen Frucht gewonnene Erkenntnis von Gut und Böse als Ausgangspunkt für die Vertreibung aus dem Paradies. Die Beschäftigung mit Tantra hilft vielen Menschen, das Paradies der Wertfreiheit zeitweilig wieder zu erleben, indem wir Bewertungen außenvorlassen.

Aber es macht keinen Sinn und wäre unmöglich, dauerhaft auf Wertungen zu verzichten. Wir werden Wertungen nicht los, denn sie sind eine wesentliche Fähigkeit unseres Verstandes und gehören zur menschlichen Grundausstattung. Allerdings können wir sie relativieren, in dem wir uns immer mal wieder daran erinnern: Alles ist für *etwas* gut und für *etwas anderes* schlecht. Es ist immer eine Frage der Perspektive. Meine Werte sind andere als deine.

In vielen spirituellen Schulen ist von Wahrheitssuche die Rede, manchmal sogar von der absoluten Wahrheit. Ist Wahrheit auch ein Wert, den wir relativieren können oder gehen wir in der Erkenntnis der Wahrheit nicht gerade über alle Relativität hinaus oder sollten dies zumindest versuchen? Der frühere Papst Benedikt sprach in diesem Zusammenhang von der Diktatur der Relativität, die einer wahren Gotteserkenntnis oder dem wahren Glauben gar keinen Raum mehr ließe. Ich bin schon lange nicht mehr katholisch, doch möglicherweise ist da etwas dran, dass Relativität in unserer Kultur einen gottgleichen Status genießt und sich echte Wahrheit nicht mehr durchsetzen kann. Sogenannte Populisten haben das längst erkannt und orientieren sich in ihren Aussagen viel mehr an der Aufmerksamkeit, die sie dafür bekommen, als an deren Wahrheitsgehalt.

Was kann überhaupt als wahr gelten? Ist Wahrheit tatsächlich die Erfindung eines Lügners, mithin pure Illusion? Ist Wahrheit wie alle anderen Werte polar angelegt oder gibt es eine Wahrheit jenseits aller Dualität? Wenn in spirituellen Lehren von absoluter Wahrheit oder wahrer Natur gesprochen wird, ist meist die eine Wirklichkeit gemeint, die jenseits aller Dualität liegt und alles umfasst. Ist die letzte Wahrheit unseres Seins tatsächlich nondual? Ist Dualität eine Illusion, aus der es aufzuwachen gilt, wie es im Buddhismus gelehrt wird? Ist auch unsere Persönlichkeit, die ja nur innerhalb von Dualität existiert, reine Illusion? Gibt es uns – mich, der dies schreibt, und dich, der dies liest – überhaupt? Sind wir letztlich und eigentlich alle eins?

Angenommen, wir halten letztere Aussage für wahr, wäre dann ihr Gegenteil falsch? Du und ich sind zwei; wir sind unterscheidbare Wesenheiten, haben unterschiedliche Körper, Gefühle, Gedanken, Wahrnehmungen, Bedürfnisse, Perspektiven, Werte, Sehnsüchte und Lebensläufe – vielleicht sogar unterschiedliche Wahrheiten. Ist diese Aussage etwa nicht auch wahr?

In der klassischen Logik gilt ein solches Sowohl-als-auch als ausgeschlossen. „Denn es ist unmöglich, dass dasselbe demselben in derselben Beziehung zugleich zukomme und nicht zukomme", heißt es bei Aristoteles. Auf deutsch: Das Gras kann nicht zugleich grün und nicht grün sein. Eine These kann nicht wahr und unwahr zugleich sein.

Es gibt allerdings längst Beispiele aus der Physik, die diese klassische Logik erschüttern. So ist Licht sowohl Welle als auch Teilchen, obwohl sich dies theoretisch ausschließt. Die meisten Physiker haben diesen Schock weitgehend verdaut, vor allem indem sie die Versuchsanordnung und damit das Subjekt der Forschung selbst mit ins Boot holen: Wie wir in den Wald hineinrufen, so schallt es zurück. In unserem Alltagsbewusstsein sind wir noch weit davon entfernt. Wie können unterschiedliche oder gar sich gegenseitig ausschließende Wahrheiten beide zugleich wahr sein? Wenn wir dem zustimmen, hätte Wahrheit dann überhaupt noch eine Bedeutung?

Nicht zuletzt Paartherapeuten haben herausgefunden, dass streitenden Paaren geholfen werden kann, indem man ihnen erklärt, dass jeder seine eigene Wahrheit besitzt. Wenn Paare ihre beiden Wahrheiten nebeneinander stehenlassen können, kehrt Frieden ein. Aber leider ist dies oft nicht mehr als ein Waffenstillstand, wenn es bedeutet: Schwamm drüber, schauen wir nicht mehr so genau hin! „Willst du Recht haben oder glücklich sein?" benennt eine bekannte Suggestivfrage diese Strategie. Was aber, wenn ich beides will? Das Bedürfnis, Recht zu behalten, können wir vielleicht loslassen, wenn es sich um alltägliche Rechthaberei handelt. Wenn es aber um Wahrheitsfindung vor Gericht geht? Oder vor meinem Gewissen? Werde ich glücklich, wenn ich meine Wahrheit loslasse? Oder sind Wahrheit und Glück vielleicht sogar voneinander abhängig? Manche spirituellen Lehren weisen darauf hin, dass uns erst das Aufwachen zur Wahrheit dessen, wer wir wirklich sind, dauerhaftes Glück beschere.

Treiben wir den Zweifel noch etwas weiter. Kann es eine absolute, widerspruchsfreie Wahrheit überhaupt geben? Es gibt Widersprüche, die hat noch niemand gelöst. Eines der bekanntesten ist die Lügenparadoxie. Wenn ein permanenter Lügner behauptet „Ich lüge!", lügt er damit oder sagt er die Wahrheit? Wie man es dreht und wendet, man kommt zu keinem widerspruchsfreien Schluss.

Wir können daraus schließen, es gäbe keine absolute Wahrheit, in der sich alle Widersprüche auflösen. Aber auch das scheint unmöglich, denn wenn dies absolut wahr wäre, gäbe es ja doch eine absolute Wahrheit, nämlich die, dass es keine gibt. Zu jeder ausgesprochenen Wahrheit gibt es mithin eine andere, die zu ihr im Widerspruch steht. Wir könnten sogar noch eins draufsetzen: Eine Wahrheit, deren Gegenteil nicht auch wahr ist, ist gar keine. Ist das nicht fantastisch? Und so vollkommen unlogisch! Wer bekommt da keinen Knoten im Hirn?

Was soll's, könnte man sagen, ähnlich wie der berühmte Philosoph Søren Kierkegaard zum Lügenparadox: *„In gewisser Weise ist es sehr merkwürdig, dass sich jemals einer den Kopf darüber zerbrochen hat. (...) Man kann auf diese Weise fortfahren, bis man schwarz wird."*

Tantriker sind nicht dafür bekannt, sich gerne den Kopf zu zerbrechen. Und überhaupt steht der Verstand in den meisten zeitgenössischen spirituellen Lehren nicht hoch im Kurs. Oft gilt er sogar als *das* Hindernis auf dem Weg zum Erwachen. Also hören wir lieber auf zu denken? Lassen wir Verstand, Ego und Persönlichkeit los, um einfach zu *sein*? Liegt darin das Ziel menschlicher Bewusstseinsentwicklung und das Geheimnis erfüllten Lebens? Doch auch hier ist das Gegenteil ebenso wahr: Unsere existenzielle Bestimmung besteht darin, ganz wir selbst zu werden, unsere Einzigartigkeit und Unverwechselbarkeit in Denken, Fühlen und Handeln zu entdecken, anzunehmen und zum Ausdruck zu bringen.

Rein logisch kann nur eins von beiden zutreffen: Entweder gibt es uns als Individuum oder es gibt uns nicht. Weil Anhänger der Nondualität der letzteren Wahrheit zuneigen, halten sie folgerichtig auch die Freiheit des Einzelnen und damit jede Verantwortung für pure Illusion. Sie sehen Befreiung darin, dass der „Körpergeist" einfach sein Ding abzieht und wir gut beraten sind, nicht dagegen ankämpfen zu wollen. Aber kann ein niemand oder illusorisches Ich nicht kämpfen wollen oder sich von einer Illusion befreien, die es genauso wenig gibt wie ihn selbst? Wer sind wir, wenn wir erwachen? Eine Illusion, die nicht mehr der Illusion anheimfällt, gegen eine Illusion zu kämpfen? Ein wunderbares Koan.

Wenn es aber individuelle Freiheit gibt und damit individuelle Verantwortung für Denken, Fühlen und Handeln Sinn macht, kann dann zugleich wahr sein, dass wir gar nicht getrennt sind und alles, was wir anderen antun, letztlich uns selbst antun? Wie beim Lügenparadox können wir es drehen und wenden, wir können den Widersprüchen nicht entkommen. Ist dies nun Fluch oder Segen? Wie wäre es, die sich widersprechenden Wahrheiten auf der Bühne unseres Bewusstseins miteinander tanzen oder tantrischen Sex haben zu lassen? Was viele als beglückenden Tanz von Körper und Seele erleben, könnte sich auf das Terrain unseres Geistes ausdehnen. So müssten wir nicht mehr den Kopf abschalten, um Ganzheit zu erleben. Was sollte das auch für eine Ganzheit sein, für die der Kopf abgeschaltet werden muss? Sie impliziert eine Ganzheit jenseits von unserem Kopf, mithin eben doch keine Ganzheit.

Wir Menschen sind sowohl alle eins als auch unterschieden. Wir sind sowohl hundertprozentig frei als auch hundertprozentig gebunden. Wir können uns voll und ganz mit unserem Körper, unseren Gefühlen und unserer Persönlichkeit identifizieren, wir können diese Identifikation aber auch als das durchschauen, was sie ist, als etwas, was wir selbst hergestellt haben, mithin auch wieder auflösen können. Identität – unser Ego – existiert nicht unabhängig vom Akt der Identifikation, besitzt also keine eigene Substanz. Aber ist sie deswegen sinnlos, wertlos oder gar unser Gegner?

Spirituellen Lehrer, die ihre Anhänger vom Ego befreien wollen, kommen mir vor wie komische Kauze, die im Zuschauerraum eines großen Theaters aufstehen und dem Schauspielerensemble zurufen „Wacht auf! Seht, dass ihr nur eine Rolle spielt. Das Stück steht von vorneherein fest! Setzt euch hier auf einen Zuschauerplatz, entspannt euch und genießt das Schauspiel!" Das wäre eine lohnende Intervention, so lange den Schauspielern nicht bewusst ist, dass sie eine Rolle spielen. Aber wenn alle aufwachen und lediglich Zeuge sind, wer spielt dann noch? Wie schade wäre das denn?

Ein anderes Bild: Bei einem Fußballspiel greift ein Prediger zum Mikro und beschwört die sich verausgabenden Fußballer mitsamt tosender Fans: „Hört auf zu kämpfen! Niemand ist besser als der andere, ihr seid nur anders! Nehmt euch nicht gegenseitig den Ball weg, sondern spielt *miteinander*! Egal ob aus Bayern oder Dortmund, aus Manchester oder Barcelona, wir sind doch alle eins!" Offensichtlich verkennt dieser Prediger, dass das Spiel ohne Identifikation und Polarität keinen Spaß macht. Wenn die Identifikation allerdings total wird und keinerlei Bewusstsein mehr dafür existiert, dass es sich um ein Spiel handelt, hören wir besser auf den Prediger, bevor wir die Fans der gegnerischen Mannschaft umbringen. Ein Fan von Steffi Graf ging seinerzeit tatsächlich soweit, ihre Top-

Konkurrentin abzustechen, um ihr die Nummer eins im Welttennis weiterhin zu sichern. Identifikation kann tödlich sein.

Wenn wir allerdings die Spannung des Lebens annehmen, erleben und genießen wollen, brauchen wir Identifikation. Das beginnt sogar schon dann, wenn wir einen Roman lesen. Wenn wir uns mit keiner der Figuren identifizieren können, berührt er uns nicht.

Umso mehr gilt dies für unser Leben. Wenn uns nicht alles *gleichgültig* sein soll, dann brauchen wir Präferenzen, für die wir eintreten und kämpfen. Dann sagen wir nicht „Lasst uns das Schauspiel der Umweltzerstörung entspannt als Zeuge genießen", sondern wollen eingreifen, Stellung beziehen und Wirkung erzielen.

Lassen wir die sich widersprechenden Wahrheiten in unserem Bewusstsein lustvoll miteinander vögeln. Das größte Sexualorgan befindet sich zwischen den Ohren, heißt es. Damit ist gewöhnlich nicht Mindfuck oder Hirnwichserei gemeint, aber … warum nicht? Mit einer guten Portion Eros wächst auch unser angeblich so spröder Verstand über sich hinaus und bringt neue Erkenntnisse hervor. Hier ein paar weitere lohnende Widersprüche für den Sex im Kopf:

Sei ganz im Hier und Jetzt	*Werde dir klar, woher du kommst und wohin du gehst*
Sei ganz du selbst	*Nimm dich selbst nicht so wichtig*
Setze eine klare Absicht	*Lass los*
Von nichts kommt nichts	*Alles kommt aus dem Nichts*
Du weißt nichts	*Wisse, dass du nichts weißt*
Wir sind existenziell allein	*Wir sind existenziell verbunden*
Übernimm die Verantwortung	*Es liegt alles in Gottes Hand*
Du brauchst einen Meister	*Höre auf deine innere Wahrheit*
Sei ganz Mann, ganz Frau	*Sei einfach Mensch*
Der Orgasmus ist der Höhepunkt	*Ohne Orgasmus ist Sex schöner*

Den Sex mit unserem Körper dürfen wir natürlich weiterhin genießen. Dazu das passende Koan-Bonmot von Woody Alan: „Sex ist nicht schmutzig – außer er ist wirklich gut …"

Gilt das auch für den Sex im Kopf? Ich glaube, ich kann jetzt wirklich nicht mehr denken. Du auch nicht? Können wir in diesem Zustand verweilen oder ihn sogar genießen?

Ein Leben ohne Polarität wäre langweilig wie ein Roman ohne Spannung und Konflikt, doch Polaritäten fordern uns existenziell heraus. Einige erschaffen wir selbst mit unserem Verstand, indem wir werten und beurteilen, aber es gibt auch grundlegende Polaritäten der Existenz, die mächtiger sind als wir.

Wahrheit erweist sich – wenn wir näher hinschauen – als widersprüchlich und unauflösbar paradox. Das Gegenteil einer Wahrheit erscheint ebenfalls wahr, obwohl es logischerweise nur falsch sein kann.

Identifikationen sind für uns wahr, solange wir uns mit ihnen identifizieren, sind aber das Salz in der Suppe. Gegensätze, die in unserem Bewusstsein miteinander „Sex" haben, können und dürfen sich gegenseitig befruchten.

> *Wir sind des Lebens Schöpfer, Zeuge und Protagonist*

27. Einfach sein

Niemals steht Existenz als Objekt vor mir, vor meinen Augen; sie steht vielmehr immer hinter meinem Denken, hinter mir als Subjekt. So ist Existenz letzten Endes ein Mysterium. (Viktor Frankl)[20]

Wir haben eine weite Reise durch unterschiedliche Gefilde von Lust und Liebe, von innerer Entwicklung und bewusstem Erleben zurückgelegt. Ich bin zuversichtlich, dass die Fragen nach den Mysterien des Lebens nicht erschöpfend beantwortet wurden. Vielmehr wünsche ich, dass meine Zeilen dazu beitragen, neugieriger auf das Leben zu schauen und sich auf das ein oder andere Risiko bewusst einzulassen.

Bewusst heißt nicht – soviel sollte inzwischen klar sein – unter der Kontrolle des Verstandes. Der Verstand darf durchaus hin und wieder überfordert abschalten, doch er kann auch ein wertvoller Diener sein, wenn er nicht – wie in unserer Kultur üblich – chronisch seine Kompetenzen überschreitet. Wir können mit dem Verstand bis an die Klippe des Verstehbaren vordringen, die Klippe aus Widersprüchen und logischen Unvereinbarkeiten. Dann können wir nur noch springen, hinein in die Unwägbarkeiten eines wirklich lebendigen Lebens, wie beispielsweise in frischer Verliebtheit oder erotischer Verzückung. Wenn wir daraus wieder auftauchen, und das wird aller Voraussicht nach geschehen, kann uns der Verstand erneut wertvoller Diener sein, der uns hilft, dem Erlebten einen passenden inneren Raum zu geben. So können wir leichter zu weiteren Wundern des Lebens finden, wenn uns wieder einmal danach ist.

Kommen wir zur anfänglichen Frage zurück, was uns wirklich wichtig ist. Welche Themen und Lebensbereiche stoßen auf deine besondere Resonanz?

- Wenn dir Sex wichtig ist, was darin magst du besonders? Das Abenteuer? Die Intimität? Unwahrscheinliche Erotik oder die Polarität des Lebens, die im Sex besonders lustvoll erfahren werden kann?
- Wenn dir die Liebe wichtig ist, was schätzt du an ihr besonders? Die Treue zu dir selbst oder zu deinem Partner? Die Freiheit, das Loslassen, die Wahrheit?
- Was macht gewisse Augenblicke magisch? Deine Präsenz? Die Bereitschaft zu Hingabe oder gar Ohnmacht? Unvorhersehbare Kreativität? Die Ausweglosigkeit, die neue Tore öffnet?

Den Mysterien des Lebens begegnen wir aus drei verschiedenen Perspektiven, die wir auch besonders gut im Bereich von Lust und Liebe erforschen können.

Die erste Perspektive gilt ganz uns selbst. Was brauchen wir, was wünschen wir uns, wonach sehnen wir uns, wovon wollen wir uns abgrenzen, wie können wir für uns sorgen und Verantwortung übernehmen? Diese Perspektive öffnet uns für das Wunder der Selbstliebe. Wir sind ganz bei uns, das Leben tanzt in jeder unserer Zellen, wir nehmen uns genau so, wie wir sind, und fühlen uns zur rechten Zeit am rechten Ort.

Die zweite Perspektive richtet sich auf das Du. Bist du mir ähnlich oder ganz anders? Kann ich mich in dich einfühlen? Wie kann ich unsere Verbundenheit spüren und mich doch weiter frei fühlen? Was spiegelst du mir, für was ich ohne dich blind bleibe? Diese Perspektive öffnet uns für die Liebe.

Die dritte Perspektive weitet den Blick auf das, was größer ist als wir selbst, wovon wir jedoch Teil sind: für das Wir. Darf ich zu etwas Größerem dazu gehören und gleichzeitig mein Ding machen? Was ist meine Rolle und meine Aufgabe in diesem umfassenderen Organismus, auf den ich zwar Einfluss nehmen kann, über den ich aber keine Kontrolle habe? Was bedeutet für mich universelle Verbundenheit? Diese Perspektive öffnet uns für Demut und Gnade.

Ich, Du und Wir könnten wir als eine Dreifaltigkeit des Lebens verstehen. Die Fähigkeit, zwischen diesen Perspektiven zu wechseln, gibt dem Leben die Chance, uns umfassend zu berühren. Unsere Fixierungen lösen sich auf. Manchmal erleben wir uns und handeln als individuelle, abgegrenzte Wesen und tragen damit unsere unverwechselbare Einzigartigkeit zum Leben bei, zu der nur wir selbst in der Lage sind. Manchmal begegnen wir dem Anderen, dem Du, der Verbundenheit und der Herausforderung von echtem Kontakt mit einem Gegenüber. Und zu guter Letzt lassen wir alle Begrenzungen gegenüber unserer sozialen Gemeinschaft, unserer Umgebung, unserem Planeten oder gegenüber der gesamten Existenz los und erleben uns als untrennbaren Teil des großen Ganzen.

Doch das ist nicht das Ende vom Lied. Es ist eher der Refrain, der immer wiederkehrt und dem Tanz zwischen Ich und Du, zwischen mir und dir Halt und Struktur gibt. Indem uns bewusst wird, dass wir unsere Einzigartigkeit leben können und sie zugleich auch immer wieder zugunsten der Öffnung für ein anderes – für ein Du – erweitern und loslassen dürfen, kommen wir dem Kern des Mysteriums sehr nahe, das wir Leben nennen. Manche nennen es auch „einfach sein".

Als Embryo und als Baby haben wir die Erfahrung des „Einfach-Seins" machen dürfen. Die Erinnerung steckt uns noch in den Zellen und übt große Anziehungskraft aus. Als Baby waren wir uns unserer selbst und der Verbundenheit jedoch nicht bewusst. Sie war einfach da.

Wenn wir uns unserer selbst bewusster werden, kann nicht alles so einfach bleiben. Ganz im Gegenteil wird erst mal alles komplexer und differenzierter. Im Sinne einer gesunden Entwicklung muss das so sein, und unser Ego gehört sicher dazu. Die Fähigkeit zur Differenzierung ist eine Schlüsselkompetenz für inneres Wachstum und besonders für die Entwicklung von Liebesfähigkeit. Wer Differenzierung zu vermeiden sucht, bleibt unreif. Hier unterscheidet sich, ob unser Wunsch nach einfachem Sein ein regressiver Wunsch nach dem sorglosen Leben ist – wie im Uterus – oder eine spirituelle Sehnsucht nach der Vereinigung mit der Existenz.

Einfaches Sein, das sich seiner selbst bewusst wird, schließt das Gewahrsein von vielfältigen Differenzen und komplexen Zusammenhängen nicht aus, sondern ein. Wenn wir bereit sind, alles zu sein und zu erleben, weil wir nichts zurückweisen müssen, können wir wahrhaftig einfach sein. Dann entdecken wir, dass es immer schon so einfach war. Es ist unsere Akzeptanz der ewigen Veränderung, der fortlaufenden Differenzierung und der unüberschaubaren Fülle des Lebens, die das Leben einfach macht. Jeder Moment ist neu. Das ist wirklich exquisit und bleibt immer gleich.

„Es ist was es ist – sagt die Liebe". So bringt es Erich Fried bestechend einfach auf den Punkt und damit zum Ausdruck, dass einfach zu sein gleichbedeutend damit ist zu lieben.

Die Mysterien des Lebens erreichen uns durch den Wechsel zwischen drei möglichen Perspektiven. Die erste Perspektive gilt uns selbst, die zweite richtet sich auf ein Du, die dritte weitet den Blick auf das, was größer ist als wir selbst, uns jedoch miteinschließt.
Einfach zu sein schließt das Gewahrsein von Differenzen und komplexen Zusammenhängen nicht aus, sondern ein.

Die Existenz erlebt sich als Ich, Du und Wir

Der Autor

Saleem Matthias Riek ist Tantralehrer, Paar- und Sexualtherapeut und Diplom-Sozialpädagoge und lebt bei Freiburg im Breisgau. Er leitet seit 1989 Seminare und Trainings rund um Liebe, Sexualität, Partnerschaft und die Kunst des Seins.

Geboren 1959 in Düsseldorf, baute er in den 80er Jahren eine Männer-Beratungsstelle in Berlin auf. Seit 1992 leitete er Seminare und Trainings unter dem Dach des „The Art of Being©" Instituts, 2010 gründete er die „Schule des Seins".

Seine große Leidenschaft gilt der Verbindung von Liebe, Sexualität und Spiritualität und dem offenen Raum, in dem uns das Leben immer wieder staunen lehrt. Er ist Autor folgender Bücher:

- Herzenslust. Lieben Lernen und die tantrische Kunst des Seins (J.Kamphausen 1999, Auszüge auch als Hörbuch erhältlich)
- Leben, Lieben und Nichtwissen (BoD, 2006)
- Herzensfeuer. Eine Liebeserklärung an die Paradoxien des Lebens (Hans-Nietsch-Verlag, 2008)
- Lustvoll Mann sein. Expeditionen ins Reich männlicher Sexualität (zusammen mit Rainer Salm, J.Kamphausen 2015)

Kontakt: Schule des Seins, Vaubanallee 43, 79100 Freiburg, Deutschland
Tel: +49 (0)761 453690, E-Mail: info@schule-des-seins.de

www.schule-des-seins.de

Interview mit Saleem Matthias Riek[21]

Wie lautet Ihr Lebensmotto?
Sein mit dem, was ist, heißt das Dasein zu lieben. Wir sind hier um lieben zu lernen und uns immer wieder daran zu erinnern, wenn wir gerade überzeugt sind, anderes sei wichtiger.

Auf welche Ihrer Eigenschaften werden Sie lieber nicht angesprochen?
Ich tue mich nicht leicht, spontan auf fremde Menschen zuzugehen. In meiner Tätigkeit als Seminarleiter können sich manche das nicht vorstellen und halten mich daher für unnahbar. Das höre ich nicht so gern. Aber eigentlich werde ich doch gerne direkt darauf angesprochen, weil es sich dann damit schon verändert.

Welchem Menschen würden Sie gerne begegnen? Er kann auch bereits verstorben sein ...
Maria Magdalena. Ich würde zu gerne erfahren, wie sie Jesus erlebt hat und wie ihrer Ansicht nach ein Christentum aussähe, das auch von weiblicher Spiritualität durchdrungen ist und in dem Sinnlichkeit und Sexualität keine religiösen Tabus sind.

Was war Ihre tiefste Erfahrung während einer Yogastunde?
Wenn das Denken aussetzt und ich nur noch den Augenblick wahrnehme. Das geschieht manchmal, ist aber nicht so spektakulär, dass ich eine einzelne Erfahrung herausheben könnte. Und wenn ich darüber nachdenke, ist es ja schon vorbei.

Ist Meditation für Sie wichtig. Wenn ja, warum?
Früher hielt ich Meditation eher für die Praxis still zu sitzen. Diese Praxis wird weniger wichtig für mich. Meditation wird immer mehr zu meinem Gewahrsein inmitten aller Betriebsamkeit des Lebens, und das ist mir enorm wichtig.

Was geht Ihnen in der spirituellen Szene so richtig gegen den Strich?
Das Ausblenden der grundlegenden Polaritäten des Lebens wie Licht und

Schatten. Unheilvolle Heilsversprechen, Patentrezepte, Personenkulte und plumpe Wünsch-dir-was-Spiritualität. Ich staune oft, dass immer noch viele Menschen bereitwillig die Verantwortung für ihre innere Entwicklung an einen Lehrer oder Meister abgeben.

Warum sind Sie hier auf der Welt?
Ich bin hier, um lieben zu lernen, und andere dazu zu ermutigen, sich ebenfalls auf dieses Abenteuer einzulassen. Es geht nicht ohne Schmerz, aber es lohnt sich.

Wem oder was können Sie nicht widerstehen?
Italienischem Eis vom Feinsten. Kirschschokonusskuchen mit einer großen Portion Sahne. Einer üppigen Saunalandschaft mit Dampfbad. Sonntag-Abend-Tatort. Von meiner Partnerin mit allen Raffinessen verführt zu werden, und alles was darauf folgt.

Wer ist Ihr persönliches Vorbild?
Da bin ich immer noch auf der Suche und mir nicht sicher, ob es mir an Hingabe fehlt oder ich doch schon erwachsen genug bin, keinen Idolen mehr hinterherlaufen zu müssen.

Wenn Sie bestimmen könnten, wie oder wo Sie wiedergeboren werden. Was würden Sie wählen?
Ich las kürzlich ein Buch über Bhutan, einen kleinen Staat im Himalaya, der vom tantrischen Buddhismus inspiriert ist. Das wäre eine Option. Oder vielleicht doch lieber auf einer noch weitgehend unzivilisierten Insel in der Südsee? Ich bin selbst überrascht über die große Sehnsucht nach dem einfachen, unkomplizierten Leben, die darin zum Ausdruck kommt.

Anmerkungen

[1] Mehr dazu in Clement, Ulrich: Systemische Sexualtherapie, Stuttgart 2004
[2] Ausführliche Erfahrungsberichte von Männern finden sich in Riek/Salm: Lustvoll Mann sein – Expeditionen ins Reich männlicher Sexualität, Bielefeld 2015
[3] Bibel, Matthaeus 18,3
[4] Mehr dazu in Riek/Salm: Lustvoll Mann sein, s.o.
[5] Vgl. Bergner, Daniel: Die verborgene Lust der Frauen. Ein Forschungsbericht, München 2014
[6] Den Mythos unterschiedlicher Erregungskurven untersucht Bartels, Eilert: Männliche und weibliche Erregungskurven: Plädoyer für eine sexuelle Selbstbestimmung jenseits von Scham und Rollenklischee, Norderstedt 2016
[7] www.spiegel.de/wissenschaft/mensch/sex-frauen-sind-experimentierfreudiger-als-frueher-a-1033918.html
[8] www.sein.de/weiblickeit-und-maennlichkeit-von-archetypen-und-stereotypen/
[9] Riek/ Salm: Lustvoll Mann sein, s.o.
[10] www.schule-des-seins.de/warumeineschule-de-3692.html
[11] Andro, Margot Anand, Diana Richardson und Daniel Odier sind Tantralehrer mit jeweils eigenen Veröffentlichungen.
[12] Aus Hesse, Herrmann: Stufen
[13] Die „Heldenreise" beschreibt nach Joseph Campbell die Grundmuster der Mythologien weltweit. Autoren von Romanen und Filmen orientieren sich oft daran. Das Konzept wurde auch in den Bereich der Psychologie übertragen und beschreibt dort typische Etappen inneren Wachstums.
[14] Vgl. Riek, Saleem Matthias: Herzensfeuer. Eine Liebeserklärung an die Paradoxien des Lebens. Freiburg im Breisgau 2008
[15] Schnarch, David: Die Psychologie sexueller Leidenschaft, Stuttgart 2006
[16] Riek, Saleem Matthias: Herzenslust – Lieben lernen und die tantrische Kunst des Seins. Braunschweig 1999
[17] Byrne, Ronda: The Secret, München 2010
[18] www.stupidedia.org/stupi/Arroganz
[19] Stahl, Stefanie: Das Innere Kind muss Heimat finden, München 2015
[20] www.aphorismen.de/zitat/81747
[21] Das Interview erschien 2011 in der Zeitschrift „Yoga Aktuell"

Ein Buch über Lust und Liebe und davon, wie wir beides zusammenbringen können. Die Grundlage dafür bildet die vom Tantra inspirierte Kunst des Seins, eine provozierend einfache Haltung dem Leben gegenüber: Lieben heißt, dich selbst so sein zu lassen, wie du bist.

Zahlreiche Beispiele, berührende Erlebnisberichte und bewährte Übungen machen deutlich, wie die Kunst des Seins auch im Alltag gelebt werden kann.

"Dieses Buch ist eine Einladung, sich von dem echten Leben berühren zu lassen, das in uns allen fließt." Alan Lowen

Saleem Matthias Riek: Herzenslust.
Lieben Lernen und die tantrische Kunst des Seins
Broschur 280 Seiten * ISBN 978-3-89901-451-8
Hörbuch 3 CDs * ISBN 978-3-86266-038-4

Nach einem kurzen Blick auf gängige Männerbilder und -klischees und deren jüngsten Veränderungen führen 15 berührende und intime Gespräche von Mann zu Mann mitten in die Vielfalt und den Reichtum männlicher Sexualität.

Mutig, verletzlich, nachdenklich und provokant offenbaren sich hier Männer, die sich weit über die Grenzen klassischer Männlichkeit hinausgewagt haben, jeder auf seine eigene Weise.

"Ich empfehle allen Sexual- und Paartherapeuten aller Geschlechter die Lektüre dieses Buches."
Prof. Dr. Volkmar Sigusch

Saleem Matthias Riek und Rainer Salm: Lustvoll Mann sein. Expeditionen ins Reich männlicher Sexualität * Broschur 312 Seiten und E-Book * ISBN 978-3-89901-920-9

Liebe, Intimität und Sexualität lassen uns im Himmel hoch jauchzen, im Feuer der Sehnsucht schmoren und manchmal verzweifeln. Liebe Leben fordert uns aus den gewohnten Bahnen heraus.

Für Menschen, die ganz konkret lieben lernen wollen, ist dieses Buch eine Schatztruhe. Es ist kein Ratgeber "So gelingt jetzt meine Beziehung mühelos!" und auch kein Rezeptbuch für kosmische Orgasmen.

Wer auf einfühlsame Weise im ganz alltäglichen Suchen nach Glück und Erfüllung angeregt werden möchte, findet hier vielfältige Unterstützung.

"Eine Quelle der Inspiration, auch für die Stolpersteine, die einem so im alltäglichen Liebesleben begegnen" Judit Suman, amazon.de

> **Saleem Matthias Riek: Leben, Lieben und Nicht Wissen.** Einblicke in die tantrische Kunst des Seins * Broschur 184 Seiten und E-Book
> ISBN 978-3-88334-4544-0

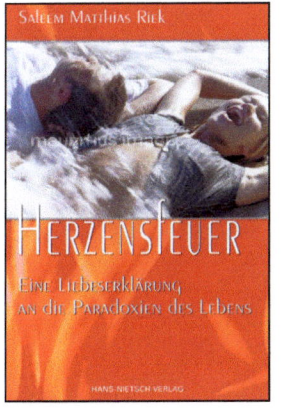

Wer mag sie schon, die Widersprüche in unserem Leben? Sie sind eine Last, rauben uns den letzten Nerv und lassen uns verzweifeln. Doch was geschieht, wenn wir sie nicht länger lösen wollen, sondern von ganzem Herzen annehmen lernen?

Mit Begeisterung, Klarheit, Humor und vielen alltagsnahen, berührenden Beispielen beschreibt der Autor, wie Widersprüche uns Tag für Tag aufwecken und zu innerer Heilung, größerem Gewahrsein und tieferer Liebesfähigkeit führen können.

"Herzensfeuer ist ein konfrontierender, aber immer freundlicher Augenöffner." Connection Spirit Magazin

> **Saleem Matthias Riek: Herzensfeuer.** Eine Liebeserklärung an die Paradoxien des Lebens * Broschur 280 Seiten und E-Book
> ISBN 978-3-88334-4544-0